国家出版基金项目
NATIONAL PUBLICATION FOUNDATION

西方社会文化生活丛书

陈晓律 / 主编

守护正义

西方司法之路

宋 涛 / 著

长 春 出 版 社

国家一级出版社

全国百佳图书出版单位

图书在版编目（CIP）数据

　　守护正义：西方司法之路 / 宋涛著. — 长春：长
春出版社，2016.1
　　（西方社会文化生活丛书 / 陈晓律主编）
　　ISBN 978-7-5445-3851-0

　　Ⅰ.①守… Ⅱ.①宋… Ⅲ.①司法制度－研究－西方
国家 Ⅳ.①D912

中国版本图书馆 CIP 数据核字(2015)第 239856 号

守护正义：西方司法之路
SHOUHU ZHENGYI: XIFANG SIFA ZHI LU

著　　者：宋　涛
责任编辑：张中良
封面设计：尹小光

出版发行：长春出版社　　　　　　　　　总编室电话:0431-88563443
　　　　　　　　　　　　　　　　　　　 发行部电话:0431-88561180
地　　址:吉林省长春市建设街 1377 号
邮　　编:130061
网　　址:http://www.cccbs.net
制　　版:长春市大航图文制作有限公司
印　　刷:长春第二新华印刷有限责任公司
经　　销:新华书店
开　　本:787 毫米×1092 毫米　1/16
字　　数:223 千字
印　　张:16.25
版　　次:2016 年 1 月第 1 版
印　　次:2016 年 1 月第 1 次印刷
定　　价:38.00 元

总　序

中国国力在改革开放后的变化，使中国在最近几十年开始真正走向了世界。这并不是指在此之前国人与世界的接触不多，而是大规模的、普通民众与外部世界的"亲密接触"的机会是从近期才开始拥有的。由于这个原因，对西方世界的了解，也就不限于学者的兴趣，而逐渐地成为我国普通民众也十分关注的"日常事务"了。

相对于西方而言，这种关注已经晚了 500 多年。在中世纪晚期与近代早期，西欧的国王们对遥远的中国总是充满了好奇心。1508 年，葡萄牙国王给其派往马六甲的使臣塞凯拉的命令中有这样一段话："汝须问中国人何时来马六甲或其贸易之地，来自何方，其来远否，贸易何物，每年到此有若干艘船，其船有何模样，是否于本年内回国，有无商行在马六甲？彼等为懦夫，抑或战士，有无武器或炮兵及所穿何种衣服，其身躯是否伟大？遵守何种习惯，国境伸张至何处，与何国人邻近。"[1] 当时中国的皇帝若知道这种事，一定会感到非常奇怪。因为坐等万方来朝，已经是"中国"人的习惯。从我国历史来看，以中国为世界中心的历史观一直在史学领域占主导地位。因此，在 1840 年前，中国甚至没有真正意义上的世界史，有的只是《镜花缘》一类的异域风情书，严肃的史书则只有中国史。在鸦片战争之后，中国才被迫接受中国之外还存在一个世界这一事实。但对西方的研究主要是以急功近利的原则为出发点，缺少系统的基础研究。直到新中国成立前夕，在我国的高校中，世界史都还不能算是能与中国史相提并论的学科，一些十分有名望的老先生，也必须有中国史的论文和教中国史的课程才会得到承认。美国的历史学者对我们这样划分世界史和中国史十分不理解，他们最大的疑问是，

1　王加丰. 500 年前西欧人的海洋意识和实践［N］. 光明日报，2013 - 02 - 21（11）.

中国为何不将自己的历史列入世界整体的发展中？他们认为，人类的历史就是世界的历史，在世界历史的版图上细分才是国别史，很难理解在中国还有一个与世界史相对应的中国史。从这一点看，中国人要真正了解外部的世界，尤其是当代的西方世界，不仅需要各种信息的沟通，还需要从根基上调整自己的心态。

当然，时代的潮流迫使国人的观念迅速地做出改变。在中国经济发展与外部世界联系逐渐密切之后，每个普通中国人的生活也随之发生了一些重要的变化。从 20 世纪 90 年代以来，出国留学对一般民众而言已经不再是一个遥远的梦。一旦获得出国留学的机会，第一件要办的事情，就是去申领自己的护照。或许你会问：出国为什么要护照，我国通行的身份证难道不可以证明自己的身份？与此同时，你还必须将自己的出国费用从人民币兑换成相应的外汇。所以你会再次发问：为什么人民币与外汇不能通用？于是，在一些极为现实的事情中，人们开始逐步地与"外部"世界的知识亲密接触了。

因为在这样一些再正常不过的常识性问题后面，隐藏着十分复杂的世界政治、经济和社会原理，如果仔细地加以探询，你还会发现更多有趣的问题，比如：为什么这个世界要有国家？国家是怎样组成的，它又是如何运转的？国家有哪些不同的种类？这些不同国家护照有一些什么共同的功能？这些国家使用的货币有哪些？为什么有些坚挺，有些疲软？实际上，回答这些问题已经涉及国家、政府、国际事务、国际政治和世界经济等多方面的当今重大问题，也就是说，我们即便要办好一件只是属于私人的小事，也必须认真地了解外部世界。而这些问题，已经不能依靠我们原有的知识结构进行解答，我们必须拓展自己的知识领域，尤其是关于外部世界的知识领域。

为了增进国人对这些问题的了解，国内出版界已经出版了很多相关的著作。

大体上看，这些著作分为这样几大类：第一类是关于西方国家、政府等有关政治机构的常识性问题。这些现象我们虽然十分熟悉，但并不等于我们已经从理论上了解了它们。因此很多国内的著作对一些概念性的东西进行了提纲挈领的解析，有深有浅，大致可以满足不同人群的要求。第二类是关于各种国家的地理旅游的书籍，这类书籍种类繁多，且多数图文并茂，对渴望了解国外情况的人群，读读这些书显然不无裨益。第三类是各国的历史著作，这些著作大多具有厚实的学术根基，信息量大，但由于篇幅原因，或许精读的读者不会太多。最后一类则是对各种国际组织和机构的介绍，包括各国概况一类的手册，写作的格式往往是一条一款，分门别类，脉络清晰，这类知识对于我们了解外部世界，尤其是西方世界应该也很有帮助。

实际上，所有这些种类的书籍，都会直接或间接地涉及西方的历史，甚至有些知识就是直接构筑在历史基石上的，因为当今世界的很多国际组织、交往原则乃至外交礼仪等，主要出自 1500 年以后的西方世界。当然，我们不会奢望每一位读者自此成为历史研究的拥趸，但至少还是希望读者们通过上述几类书籍的阅读，能大致了解西方国家产生的原因、现代国家的强制性以及社会服务功能的多重交织性质，西方君主立宪制与共和制的特点，西方国家两党制或多党制产生的过程，政党与利益集团在其中的作用，议会制度的由来与发展，各种主要选举方式的形式与内容，法治与法制的联系与区别，各种国际组织及其机构的特点以及它们在当代国际社会中的作用，尤其是了解它们与中国的关系，等等；此外，还应该了解与西方社会相关的各种社会科学观念，因为正是这些知识结晶改变着人类社会的组织和结构，并引导着现代社会沿着理性的轨道前进。

然而，即便掌握了这些知识，我们是否就真正了解西方了呢？问题显然没有如此简单。

在海外长期生活的华人或是经常出国的人员常常会有一个共同的感受：在各种聚会或是宴请的活动中，只要有"老外"在，哪怕是一个人，气氛就很难避免那种浓厚的"正式"味道；而一旦没有"老外"，都是华人，气氛会一下轻松起来，无论是吃喝还是交谈，人们的心态转瞬之间就已经完全不同。我与一些朋友在经常讨论这一现象时，大家的基本看法是，中外之间，的确有一种文化上的隔膜。这种隔膜十分微妙，甚至并非是相互不能沟通的问题，而只是一种"心态"。

这种心态往往是只可意会，却难以言传。其难以言传的根源在于，人生活在一个由文化构筑起来的历史环境中，这种长期浸润，会不知不觉地对一个人的行为方式、心态产生巨大的、具有强烈惯性的影响，这种影响往往也不是通过学术著作而能轻易加以归纳的东西。因此，要体验这种微妙的文化隔膜，最好的方式就是对西方的文化有一种"生活式的"了解，读一些带一点趣闻轶事色彩的学术书籍，并在掩卷沉思中默默地体验西方人那种日常的生活方式。基于此，我们选择撰写了这套《西方社会文化生活丛书》。共分九册：《市民的世界：城市生活》《生命的解码：墓志铭》《绅士与淑女：西方社会的待人接物之道》《彼岸世界的幻化：西方人信仰的嬗变》《高贵的象征：纹章制度》《自由之翼：演讲术》《学者的伊甸园：西方的大学生活》《性与平等：一部简明的西方性伦理发展史》《守护正义：西方司法之路》。从题目上不难看出，我们力图给大家已经有一定了解的西方世界增加一些斑斓的色彩，使我们的读者能够在某种程度上"触摸"到外部的世界。很自然地，我们也会努力将趣味性与学术性融为一体，让读者们能够在轻松地阅读中获取应有的知识。无论如何，西方文化对中国人而言总归是一种"异文化"，而异文化间的相互尊重、相互吸收、相互学习，是世界发展的趋势。顺应这种趋势的第一步工作，当然是了解对方。但愿我们的这套丛书，能够为读者们了解西方，并进一步加强中外的文化交流做一些有益的事情。

　　如果你是一个依然保持着好奇心、对问题喜欢打破砂锅问到底的人，那么，请阅读这套有趣的丛书吧！它既能增加你的知识，又能丰富你的生活，或许还能在紧张的工作和生活之余给你带来一丝和煦的清风。同时，我也希望愿意睁眼看世界的同胞，阅读这套丛书后，能更深入和立体地了解外面的世界，从而为自己在处理各种公事和私事时有一个厚实的基础。当然，也希望方家和同好不吝赐教，以使此丛书在再版时的色彩能更加绚丽。

陈晓律

2015 年 11 月 27 日

于南京阳光广场 1 号 1505 室

前　言

康德在其经典著作《实践理性批判》中曾经说过："有两事充盈性灵，思之愈频，念之愈密，则愈觉惊叹日新，敬畏月益：头顶之天上繁星，心中之道德律令。"对于西方文化了解愈多，越明白这两句话实是对西方文化精神的高度概括。前者指的上帝，后者指的是良知，统一贯之，构成西方现代精神的两元结构基底。而这种精神外化为社会现实就成为人类在这个世界上的基本构架，其中关切的是良知、公平、正义，随时代而绵延变迁，累积发展，远远望去，实际上就是正义的追寻之路。

跟其他法系一样，西方法律也来自于早期的禁忌与习惯，其早期审判方式也遵从早期人类学的神判法则，正义的权利似乎是掌握在神灵手中；然而，自希腊开始，正义开始进入人间，先后经过希腊和罗马的努力，从思想到实践，东西相揖别，产生了具有典型西方特色的司法追索，这是本书第一章《开辟鸿蒙，何为正义？》，从中读者可了解西方法律文化早期的滥觞与发展。

进入4世纪左右，同其他文明相似，西方的古典文明也陷入崩溃，从而进入了漫长的"中世纪"。在这个时段里，具有另外渊源的文化开始注入到西方的文明肌体之中，这主要是早期质朴粗犷的日耳曼人与从虔诚向神的希伯来人，前者的民主质朴洗涤了罗马长期所积累的繁华琐屑，而后者的虔诚，则给了西方司法的另一个神圣而超然的向度。这一切的元素经过一千年的发酵酝酿，最终为近代文明的开启提供了良好的土壤，因此才出现了独具特色的英美法系，神与人、国家与个体有了崭新的定位。这是第二章《黑暗与曙光》，从中读者可以看到西方司法文化的转型与创造。

进入现代社会，重要的问题不再是以往的神人之际，而在此世的人人关系，日趋复杂的社会关系，也要求更专业的定位与探索。这当中包含了对国家与个人关系的重新定位，在巨大的利维坦下保留一份宁静的个人权利空间；也包含了专业司法阶层的培育与发展，以及由此所带来的司法程序的规范化，这一切都有赖于千千万万的律师、法官乃至普通人（陪审团）的不懈努力。至此，正义不仅是一种偶然性的靠信仰和激情所支撑的小众事业，相反，它建立在巍峨的司法大厦上，由无数的司法人员投身其中。这是第三章《怪兽与女神》。鲁迅说，怒向刀丛觅小诗，对西方来说，这是一个多元平衡、全民参与的伟大时代，正义不在神手，而在常人之手中。

西方正义的追索事业到美国又开新花，这主要体现在司法独立的实现。这一步并不是凭空产生，而是有着长期的积累与实践作为基础。首先是成文宪法的颁布，使得美国有法可依，确立了以法治国的至高原则，这是早期像华盛顿、麦迪逊、汉密尔顿等建国之父的伟大贡献；其次，创设专业而独立的司法机构，并赋予其独立的司法审查权，那些有着专业技术与虔诚信仰的司法从业者，像以马歇尔那样的诸位先贤，从此有了舞台以捍卫并守护着美国的正义事业，美国也因有了良好的司法环境而得到发展。这是第四章《上帝的馈赠》，治大国如烹小鲜，美国为西方提供了一份崭新的答卷。

本书的目的就是对西方社会与道德、自由与良知的渊薮——法律进行介绍，溯源而上，分段择要，以浅显通俗的案例故事，展现西方法律正义的源头活水、节段脉络，以求使读者对西方司法略有了解。

本书在写作过程中得到江苏教育厅 2011 年度高校哲社研究指导项目——英国转型时期的克伦威尔护国主制的研究（项目号：2011SJD770003）的资助，特此致谢。

宋　涛

2015 年 10 月

目　录

第一章　开辟鸿蒙，何为正义？

在无尽之中，自我重复
终要万川归一。无数拱顶
辐射交会，终为扶持
那巍峨的构型。万物之川流，只眷恋生命
巨星和泥土。
任由一切孜孜不止
终要在上帝那里得到永恒的安息。

——歌德

第一节 人异于禽兽？

> 如果我们能通过任何方法，断定法律概念的早期形式，这将对我们有无限的价值。这些基本观念对于法学家，真像原始地壳对于地质学家一样的可贵。这些观念中，可能含有法律在后来表现其自己的一切形式。
>
> ——梅因《古代社会》

不论东方西方，人人都谈正义，但什么是正义？不用说古代人，就是一个精通法律的现代法学专家，都可能会让他瞠目结舌，就像圣·奥古斯丁在《忏悔录》中所说：什么是时间？你不问我，我还清楚，你一问我，我便茫然了。奥古斯丁是一个很诚实的人，这句话道出了人类在定义基本范畴时的艰难。

因此，虽然我们经常会见到有人自称正义，或者骂别人不正义，但真要说清楚，就是包公再世也无能为力。因此，我们对正义的追索还要从法律与司法开始。

正义很难说清楚，但说起法律与司法，其历史实际上可以追溯到有人类产生以来。那时还没进入文明阶段，也尚无东西方之分。考古发现，早在300万年前就已经有了人类群居生活的痕迹。作为群体动物，人类具有与其他群居动物相同的一些特征，比如：为促进其群体利益进行集体行动，承认群体首领的地位与权威，接受一定的群体规范。正是有了这些行为规范，作为一个种群，才能在艰难的地球环境中生存下去，并繁衍开来。

不仅如此，动物学研究表明，在人类社会之前像猴子、猩猩、狒狒、长

图 1-1　埃及正义女神玛亚特

臂猿等灵长类动物就有着与人类的祖先类似的群居生活。考察它们的社会行为也许有助于解开人类社会行为的奥秘。我们知道，大多数灵长动物的社会是围绕着一个可以称为首领的统治者而组织起来的，如猴子就是围绕着"猴王"结群生活的。《西游记》中的孙悟空就是一个猴王，领着一群猴子住在花果山水帘洞。这样的首领通常至高无上，强力是其统治的基础。可以说，人类社会中的政权最初也可以追溯到那个作为"君王"的首领身上。

　　这一点得到了学术上的有力支持——弗朗斯·德瓦尔在著作《黑猩猩的政治》中研究表明，灵长类动物的社会在统治形态上是专制的。群体的首领在选择配偶与获得食物方面享受特权（这一点与古代的皇帝非常相似），剩下来的才由其他成员分享，普通的"民众"始终过着受压制的生活，这表明它们的社会系统里面也有有关的秩序与规则，而规则与秩序也可以看作法律与司法的萌芽。[1]　只是这种规则既不能以符号也不能以文字沿承和改造，只有经过深入的田野调查，才能看到它们默默地自古至今不断运行下去的轨迹。

────────────

1　弗朗斯·德瓦尔. 黑猩猩的政治——猿类社会中的权力与性 ［M］. 赵芊里，译. 上海：上海译文出版社，2009：250.

图1-2 女神的裁决

当然，人类毕竟不仅仅是动物，相比之下人类还有超出其他社会性群居动物的特征，即：他们能运用符号、语言、文字以及自己的推理能力和自觉意志来规范改造自己及自己所面对的社会，这种特有的能力，使人类能够超越本能，有目的、有系统地发展自己。这些特征，更集中地体现在西方早期的司法行动中——对此，我们可以称之为"法律意志"的体现。在这个过程中，有意识的大脑接替了本能的许多职能。

有了文明，有了意识，一个有文化的人要开始行动，则不免会出现这样的问题：我为什么必须这样干？这种意志与推理的力量，使人渐渐不满足于本能与习惯的条件反射式的支配，这样，人就难免陷入一种危机：心灵中的本能与自觉，个人欲望与群体需要，这两种矛盾的显现为法律文明的出现提供了深层的背景。也就是说，到底是按照个人利益，还是按照群体利益采取行动？这都需要权衡利害。由于害怕受到惩罚，早期人类意识到，人的行动不能仅仅听命于本能，因为这种越轨的行动可能会受到习俗或宗教及人的制裁——一切传统和巫术，一切宗教仪式和禁忌，一切物质和道德力量，都会为此发挥作用。在这种背景下，"责任"的概念开始形成。如此，萌芽中的群体规范，制定中的群体准则、责任、审判和制裁的概念都开始出现，有意识的社会管理时代开始了。

因此，我们可以说，就在人类诞生之初，有了人类的主动意识，就已经开始有法律的萌芽。而在国家产生前，禁忌、习惯或习惯法就是这种机制的表现形式，充当了初民社会的法律。

人类历史中法律最早的形态是禁忌。人类学家们倾向于认为，禁忌就是初民社会最早的法律，是法律的源头。

人类学中的"禁忌（taboo）"概念，来自南太平洋波利尼西亚汤加岛人的土语，意思为避免遭到惩罚，禁止用"神圣"的东西，禁止触犯和接触"不洁"的人和事。最早的禁忌是由于原始人对大自然充满崇拜、畏惧而产生的，在人类社会形成的蒙昧、低级的阶段，生产力和认识水平十分低下，原始人的思维相当简陋和感性，是一种本能的"纯粹畜群的意识"，它们不能把自身与外在世界、主体与客体、个体与群体、精神与物质区分开来，日月星辰的泯灭，春夏秋冬的交替，山川草木的枯荣兴衰，人自身的生老病死，都会令原始人感到不可思议。自然界作为一种现存的、外在的、给定的存在物，对于原始人来说是一种变幻莫测，既无法离开，又十分陌生、恐惧的世界。

当原始先民对外界超自然力（mana）的恐怖、畏惧无法解脱，对日月星辰变化的疑虑和担心无法理解，特别是各种矛盾缠绕他们又无法解决时，在生存本能的驱使和"万物有灵"观念的支配下，原始人为了避免灾难、保护自己、控制自然，便由对超自然力神秘力量的笃信和敬畏而给它加上若干禁制。祈求通过自我的约束控制，将鬼神的神秘力量转化为对自己有利的武器，从而避免可能招致的厄运和惩罚，这样就形成了最早的禁忌。禁忌，一方面表现了原始先民对不可触犯的万物有灵的乞求和恐惧，另一方面则是原始民族消极地为自己规定的这也不准那也不行的规范准则。它被原始先民恪守不移，奉若神明，受到严格的遵守。有这样一段话代表了我们的理解："我们怕天地之间的一切精灵，所以天长日久，我们的祖先才定下这么多规矩；这是从世世代代的经验和才气中得到的，我们不知道，也猜不出原因在哪里。我们遵守这些规矩，是为了平平安安过日子，凡是不知道的东西我们都怕，身边见到的东西我们怕，传说和故事里讲的东西也怕，我们只好按老规矩办，只好遵守我们的禁忌。"[1]

　　在各类禁忌中，无论是由自然崇拜、祖先崇拜、图腾崇拜产生的禁忌，还是各种生产禁忌、行为禁忌、宗教禁忌等禁忌形式，几乎都有一种共同的功能和特性，即对人的本能行为进行限制，制止和预防潜在的危险，保护原始先民的生存，达到控制危害性自然力的企图。可以说在初民社会，原始禁忌是一种最早的、最特殊的规范形式，它扮演着法律的角色，事实上发挥着法律的作用，是人类作为社会群体法律的萌芽。德国著名学者冯特说："禁忌是人类最古老的无形法律，它的存在通常被认为是远比神的观念和任何宗教信仰的产生还要早。"[2] 法国学者倍松说："说得好听一些，图腾主义便是原始人民的宪法。"[3]

　　不仅如此，禁忌还具有广泛的普遍性，它不是某一国家、某一民族的个别的、偶然的生活现象，也不是特定发展阶段的暂时生活现象，而是伴随人类产生以来的历史现象，是全世界共有的文化现象。在没有国家和成文法出现以前，禁忌事实上也必然是人类最早的行为规范，是法律的源头和种子，是初民社会的法，影响和支配着当时初民社会的各个方面。具体有以下几个特征：

　　1. 禁忌具有法律的警示、扼制、保护功能。

　　无论是哪类禁忌，都有一个共同点，就是提醒人们在生产劳动、婚嫁丧葬、祭祀仪式时必须小心行事，千万不能乱来。它就像一个"危险的符号"（犹如现代法律中的禁止性、义务性规范一样）随时指令人们的行为模式。警诫人们采取禁止、回避的方式尽量不与某些危险的事物相冲突或者发生接触，要一味地进行妥协、让步、屈服，否则将导致灾难，受到报应和惩罚。如果说现代法律是以"明确、肯定、具体"的规范形式指引着人们的行为，且这种规范指引依据的是客观、必然的现实，来源于社会物质生活方式的需要和统治阶级的共同愿望，那么禁忌则是通过几代人不断传承与重复，是被

　　1　刘稚、秦榕. 宗教与习俗 [M]. 昆明：云南人民出版社，1991：100－101.
　　2　威廉·冯特. 神话与宗教 [M]. 转引自：图腾崇拜与法的起源 [J]. 内蒙古社会科学，1991（1），60. 或参见西格蒙德·弗洛伊德. 图腾与禁忌 [M]. 杨庸一，译. 北京：中国民间文艺出版社，1986：32.
　　3　倍松. 图腾主义 [M]. 胡愈之，译. 上海：开明书店，1932：2.

模式化了的在潜意识中带有神秘的、传统的精神观念。依据这种精神观念和想象的因果关系，相沿成习，充当了在初民社会调整人类行为的功能，告诉了人们应当做什么，不应当做什么，并且人们也自觉地屈服于这种禁制，维护这种禁忌准则。

2. 禁忌具有法律的惩罚功能。

在我国《礼记·曲礼》中记载"入境而问禁，入国而问俗，入门而问忌"，这说明只有先了解了禁忌，才可能避免麻烦或遭受惩罚。《周礼》中说"犯禁者，举而罚""戮其犯禁者"，一般来说，对触犯禁忌者最常用的处置办法是献祭和忏悔，严重者则实行鞭打、罚款，甚或驱逐出村寨、处以死刑。如在埃及王朝形成之前，埃及人将鳄鱼、山羊等敬为图腾动物，凡有杀害者，概处死刑；"在南非有个野兔部落，倘若有人误食了野兔肉，无论他是一般部民，还是酋长、显贵，都要按照禁规敲掉他的若干颗牙齿。"[1]这种被禁制的行为，向人们设置了无数条警戒线，虽然没有任何文字上的公告，却没有人可以逃脱它。如有违反，就必须付出代价，遭到惩罚。有的学者将这种性能看作人类刑罚系统的一个基础，也就不无道理。当然禁忌绝非严格意义上的法律。法律是人类社会文明进步的标志，它对社会的规范和调控，除依靠人们对法的自觉遵守外，更多地带有国家的强制暴力作后盾。而禁忌主要依靠共同忌讳下的"自我扼制"的集体意识，靠人们精神上自发的力量来控制，它是非理性和缺乏真实验证的。它的约束力会随着社会的进步或生活的某些变化而逐渐削弱，也会随着人们认识水平的提高而慢慢弱化，甚至消失。

3. 禁忌具有法律的社会协调、整合功能。

禁忌作为一种较初级的社会控制形式，它是一种约束面极广的社会行为规范。从吃穿住行到心理活动、从行为到语言，人们都自觉地遵从禁忌的命令；禁忌更像一只看不见的手，暗中支配着人们的行为，起着一种社会协调、整合的功能作用，有助于社会关系和社会秩序的建立和延续。一般来说，禁忌的功能、目的可以概述为以下几条：（1）保护重要人物如酋长、祭

1　高明强. 神秘的图腾［M］. 南京：江苏人民出版社，1989：57.

司等免受伤害；（2）保护弱小者如妇女、儿童和普通人等不受酋长、祭司等有力的玛那（mana）所伤害；（3）预防由于抚摸或接触尸体，或误食某种食物等所引起的危险；（4）保护一些重要的生活行为，如生育、成人礼、婚姻和性机能等，免受干扰；（5）保护人类不受来自神的精灵的愤怒或力量的伤害；（6）防止个人的财产、庄稼、工具等被窃。显然，这些功能和作用为其后的法律所吸收，充实了法律的内容。可以说，禁忌对法律的产生和发展，起到了一种承先启后的过渡和推动作用。如调节食物分配、限制饮食本能的禁忌使人在质态上远远高于动物，乱伦禁忌和图腾外婚制保证了人类社会秩序的稳固和种族的繁衍，其后法律中的禁止打猎、捕杀动物、禁止通奸、实行一夫一妻制等无不是这种禁忌特性的缩影或扩张。

针对这种功能特性，人类学家弗雷泽指出："禁忌在很多场合是有益的，考虑到社会的状况，法律的缺少和民风的剽悍，它可以相当不错地代替一个政府的职能，并且使社会尽可能地接近有组织。"[1] 德国学者卡西尔说："禁忌是人迄今为止所发现的唯一的社会约束和义务的体系，它是整个社会秩序的基石，社会体系中没有哪个方面不是靠特殊的禁忌来调节和管理的。"[2] 因此，禁忌在繁衍后代、协调劳作、维系社会组织结构方面，都"和我们所谓'文明人'的生活中的道德、法律等有着同样重要的意义"。[3] 可以说，法律是从原始的禁忌习俗中摆脱出来的，是在原始禁忌的母体内孕育成长起来的，当建立在简单因果关系认识基础上的巫术、禁忌不能再直接调节重大的现实社会关系时，为了解决人与人之间复杂的接触、冲突、矛盾，法律就产生了。因此，禁忌成为初民社会唯一的社会约束力，是以后人类社会中家族、道德、文字、宗教、政治、法律等所有带有规范性质的禁制的总源头。[4]

一般说来，禁忌是不能做的事情，只是人类控制方式的初步阶段，随着生产力的发展、人们认识水平的提高，原始禁忌在实践的传承中发生了分化和变异，一部分禁忌被淘汰、废弃，一部分禁忌为习惯所吸收，经过一番扬

1　弗雷泽. 魔鬼的律师［M］. 阎云祥，龚小夏，译. 北京：东方出版社，1988：20.
2　恩斯特·卡西尔. 人论［M］. 甘阳，译. 上海：上海译文出版社，1985：138.
3　钟敬文. 中国神话之文化史的价值［M］. 上海：上海文艺出版社，1985：359.
4　任骋. 中国民间禁忌［M］. 北京：作家出版社，1991：14.

弃和改造，融入其后的法律、法规中。著名学者郑振铎指出：习惯"是从很古远很古远的时代遗留下来的原始的'禁忌'的一种。在古远的时代是一种'禁忌'，到了后来便变成了礼貌或道德或法律的问题"。[1]

可以肯定的是，习惯是在人们生产劳动过程中，逐渐养成的共同的行为模式或行为标准，这种许多人在实践中共信共行的规范，对法的产生和影响比禁忌更直接、更重要。在任何民族的法律体系中，习惯是一种"不仅最古老而且是最普遍的法律渊源"。[2] 为此，恩格斯曾指出："在社会发展的每个很早阶段，产生了这样一种需要，把每天重复着的生产、分配和交换产品的行为用一个共同规则概括起来，设法使个人服从生产和交换的一般条件，这个规则首先表现为习惯，后来便成了法律。"

在初民社会，习惯反映和受制于社会与人类自身发展的双重限制，尽管在很大程度上带有盲目性、神秘性和受动性，与法律相比，在调整层次上低下，在调整范围上狭小，然而它却是人类对自身外部行为自觉调节的开端，是人对动物性超越历史进程中了不起的胜利，比禁忌更前进了一步。种种理由表明，初民社会的习惯事实上已蕴藏着法的最一般规定，逻辑地构成了法的前身和萌芽状态的法。摩尔根在调查美洲土著民族时总结的几种原始习惯制度，事实上就是具有法律意义上的习惯制度。（1）部族成员有选举世袭酋长和普通酋长的权利；（2）部族成员有罢免世袭酋长和普通酋长的权利；（3）部族有继承已故部族成员遗产的权利；（4）在部族内部不得通婚；（5）部族成员有相互援助、保护和复仇的义务；（6）部族有给部族成员命令的权利；（7）部族有收养外人于本部族的权利；（8）部族有共同的宗教信仰；（9）部族有共同的墓地；（10）参加部族大会。显然，这些习惯和制度已为后来的成文法律所吸收，构成了法的一般基本要素。特别是复仇和对复仇限定的习惯规定，更能说明法律的产生和演变。复仇最早是一种本能的自卫行为，但复仇的无度和滥用，必然带来骚动和战争，为了维持社会的正常秩序，就必须在实践中做出限制，如复仇程度只准以同类同程度的损伤加于加

1　郑振铎. 原始崇拜纲要［M］. 北京：中国民间文艺出版社，1989：104.
2　H. W. 埃尔曼. 比较法律文化［M］. 贺卫方，高鸿钧，译. 上海：上海三联书店，1990：43.

害者，复仇的条件须经部族部落团体批准，复仇期间和次数只准对现在之侵害行为复仇；且复仇以一次为限。诸如类此的习惯规定，以及赔偿、抵押等变通方法，已含有刑事审判、民事诉讼等因素，部族及有关团体实质上承担着原始法官、原始法庭等社会职能。

根据习惯来调节社会关系、解决各种纠纷，在西方民族史的有关资料中，也能得到证实。

（一）初民社会的习惯是在一个特定的社会共同体内，由社会群体共同确定的社会行为规则，它是一代又一代通过模仿、权威和传统的力量而沿袭下来的。从时间上讲，它源远流长，经过了长期社会实践的检验；从内容上讲，它是在群体中统一而普遍适用的，人们彼此知晓，权利、义务清楚。习惯的这种规范性、统一性必将为法律所认可、吸收，也就是说，法律的产生和制定必须在原有的习惯中寻找立足点，深深根植于习惯之中。法律作为人类社会最基本的社会现象，不管其在历史发展中如何丰富完善，表现为千姿百态的存在形式，都应该贯穿着一些共同要素和共同规定，从而成为法的一般本质和特性。我们不难设想当法律抛开用来巩固社会、维持大众利益的习惯时，法律就一定会失去它本身的社会基础和权威，就潜伏着失去效能的可能性。所以，萨姆纳认为，"法律起源于或者说应该起源于民德，民德渐渐演化为法律，——立法必须在原有的民德中寻找立足点。立法为了自强必须与民德相一致。"[1] 法律运行的实践也清楚表明，违背习惯的法律不仅很难推行，而且有可能成为一堆废纸。美国著名法学家博登海默指出："在早期习惯法的实施过程中，大众的观点、惯例和实践同官方解释者的活动，始终是相互影响的。对早期社会生活中的基本法律模式，甚至连权力极大的统治者都不可能加以干涉。"[2]

对此，著名历史学家梅因说："在人类初生时代，不可能想象会有任何种类的立法机关，甚至于一个明确的立法者，法律还没有达到习惯的程度，它只是一种惯行。用一句法国成语，它还只是一种'气氛'。"[3] 正是得益于

1　罗杰·科特威尔. 法律社会学导论 ［M］. 潘大松，刘丽君，林燕萍，刘海善，译. 北京：华夏出版社，1998：22.

2　博登海默. 法理学——法哲学及其方法 ［M］. 邓正来，姬敬武，译. 北京：华夏出版社，1987：373.

3　梅因. 古代法 ［M］. 沈景一，译. 北京：商务印书馆，1984：5.

这种惯行或气氛，保证了初民社会的和谐和有条有理，保证"在大多数情况下，历来的习俗都把一切调整好了"。[1] 霍贝尔在《原始人的法》一书中对北极地带的因纽特人，菲律宾北吕宋岛的伊富高人，北美洲印第安人的科曼契、凯欧瓦和晒延部落，南太平洋的特罗布里恩人，非洲的阿斯蒂人等 5 个民族的原始法进行了研究，认为"法律是无法从全部人类行为方式中截然分开的"，"在尚无文字的人类文化中，我们称之为原始法律；如果在刚跨进文明门槛的古代社会，就称之为古代法律；在发达的文明结构中，我们称之为现代法律。"[2] 大量资料表明：习惯在经历了由偶然到必然，由经验到理性，由局部到全局的概括和上升，在经过自发到自觉的不断总结积累，特别是发展为习惯法之后，已成为调控初民社会人与自然、人与社会、人与人关系的普遍的一般的行为规定，历史地发挥着类似法律的功能作用。

但习惯毕竟不是法律，相比后世法律的特点，初民社会的习惯主要依靠道德舆论的调节、公共权威的约束和自由平等的管理办法维持、推行。事实上，原始先民刚摆脱动物状态，还带有很深的动物兽性的痕迹，如乱伦的血缘婚制，母系血统与父系血统之争，不同部族集团的冲突斗争等，都不可能如我们美化的那样美好、和谐，而是经常会出现各种违背习惯的野蛮行为。因此，为了维持社会不至于崩溃，保证习俗把一切都调整好，必须赋予习惯以一定的强制性，由部族集团或集团的代表以原始法官的身份行使原始的司法、审判职能，对于各种违背习惯的行为做出包括处死在内的严厉惩处。比如，夏之乾先生在其著作《神判》中指出："为了要有效地排除早期的血族相婚，从而实行一系列兄弟和不同血缘的另一系列姊妹之间的相互婚配，没有一定的制约手段是不可能的，因此，必然会产生某种限制措施。同样，为了保证集体的采集、狩猎和捕鱼等生产活动得以顺利进行，无一定形式的组织安排和纪律制度也是不可能取得成功的。"[3] 神判这种习惯法，实质上就是一种具有强制性的规范，所以，它是在当时依靠人类本身的智慧和力量，无法解决某些疑难纠纷时，不得不转而求助于"神"的意志而加以解决的最

---

1 马克思恩格斯选集：4 卷 [M]. 中共中央编译局，译. 北京：人民出版社，1972：93.
2 E. 霍贝尔. 原始人的法 [M]. 严存生，译. 贵阳：贵州人民出版社，1992：4 – 5.
3 夏之乾. 神判 [M]. 上海：上海三联书店，1990：96.

高的和最后的判决手段。荷马史诗《伊利亚特》中宙斯就不止一次求助于天平的神判，产生了时而支持、时而反对特洛伊的矛盾。也就是说，初民社会的习惯并不是凭简单的共同遵守、酋长的威信所能奏效的，习惯仍含有某种外部强制性，国家的出现，加剧了这种强制性，使法律带有了明显的国家意志性，对人人都有约束、强制力的习惯变成了一部分人对另一部分人进行暴力强制的法律。罗德菲尔德曾对此总结道："如果解决冲突的具体办法（包括支付罚金的数量）是由部落习惯根据不同案件的分类事先规定好的，那么必须会产生一种不成文的法典。由习惯来确定受害人采取的解决问题的方式（不论是用武力报复，还是收取罚金），这样就产生了法律程序的原始形态。"[1]

总之，法律与原始的禁忌、习惯在规范的性质上是一致的，从生物学的原理讲，禁忌、习惯是孕育法律的胚胎或种子，缺少了它，法律不可能突发产生；从唯物辩证法的发展的眼光分析，禁忌、习惯是法律孕育的准备过程。禁忌、习惯作为法律的过渡桥梁和联系中介，在法律形成演化的漫长过程中起着巨大的推动作用，保证了社会从非准则性规范向准则性规范的递进。弗洛伊德说："随着文化形态的改变，禁忌形成一种有它自己基础的力量；同时，也渐渐地远离了魔鬼迷信而独立，它逐渐发展为一种习惯、传统，最后则变成了法律。"[2]

而这正是西方追求正义事业的滥觞。辽阔的大海，渺茫难测；幽沉的高山，背后是一抹黑色。一群先民自由而又艰辛地生存于某个已过去多年的角落。他们简单朴实、重视荣誉，沉迷于宗教与禁忌、魔幻与现实，直观而又约定俗成，然而这是他们眼中与心中的世界，他们从此扬帆起步，他们的影子后来仍然会若隐如现地出现，影响并塑造着西方人追求正义的步伐。

1 彼得·斯坦，约翰·罗德菲尔德. 西方社会的法律价值 [M]. 王献平，译. 北京：中国人民公安大学出版社，1990：39.
2 西格蒙德·弗洛伊德. 图腾与禁忌 [M]. 杨庸一，译. 北京：中国民间文艺出版社，1986：39.

第二节　神判与天启

　　啊，神哪，公正的法官，你是和平的缔造者，你做出公平的审判，我们谦卑地祈求你赐福，让这块炽热的烙铁彰显神灵，凭它对未决的争执进行公正的检验。倘若此人欲洗刷嫌疑，证明自己的清白，就亲手拿起这块炽热的烙铁，他会安然无恙；倘若他有罪，便让你最公正的大能在他身上昭示真相。邪恶压不倒正义，谬误永远战胜不了真理，愿神保佑。

——罗伯特·巴特莱特《中世纪神判》

　　在西方的历史当中，最早的一种正义观念是"报应和报应正义"（或者叫同态复仇——tanlion）的观念，简单来说就是以眼还眼、以牙还牙（an eye for an eye，a tooth for a tooth），这种正义观念在人类社会中存在久远、根深蒂固。它源于复仇——一种极端的私力救济，并在此基础上发展为一种意识形态化的正义观念。报应正义深深影响着人类的生活和行动选择，并在法律中打上了鲜明的印记。

　　报应的概念没有确定的标准。《牛津法律大辞典》将"Retribution"一词译为"报复"，解释为"所受的损害之回复、回报或补偿"。[1] 只有很少人将报应概念维持在较早期的意义上，麦克尔等人认为，"报应已成为对行为人实施的恶行或善行的一种反应，是以均衡由于此善行或恶行造成的主动参

　　1　戴维·沃克主编. 牛津法律大辞典［M］. 北京社会与科技发展研究所，译. 北京：光明日报出版社，1988：772.

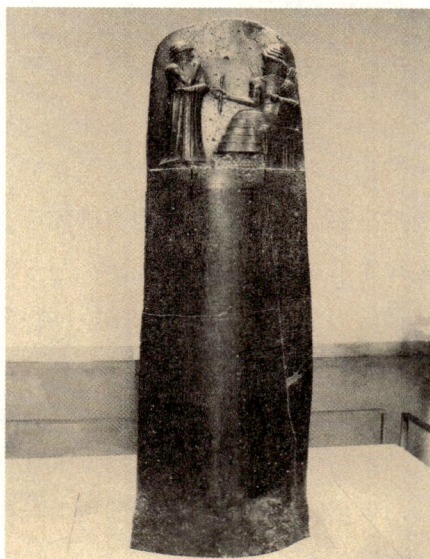

图 1-3 汉谟拉比法典

与和被动参与之间的不相称为目的。"[1]《圣经》上说，耶和华啊，申冤的神啊，求你发出光来。[2] 因为，耶和华是施行报应的神，必定施行报应，企盼上天和命运惩罚，故报应既有主动性，有时也表现出被动和无奈。除作为行动的报复外，报应还关注违法行为的道德性，侧重事后评价和事前引导功能：评价功能把后事与前事通过报应观念联结起来；引导功能指善恶报应观念作为一种劝善的说教引导人们向善，当然这种引导很大程度上建立在威慑的基础上。像《创世纪》中所言：

> 亚大，洗拉，听我的声音，
> 拉麦的妻子听我的话语，
> 壮年人伤我，我把他杀了。
> 少年人损我，我把他害了。
> 若杀该隐，遭报七倍，
> 杀拉麦，必遭报七十七倍。

1　弗兰茨·冯·李斯特. 德国刑法教科书 [M]. 徐久生，译. 北京：法律出版社，2000：24-25.
2　圣经 [M]. 中国基督教协会，译. 中国基督教协会，1996：94（1）.

报应观念之所以深入人心，是因为它贴近人性要求和生物本能，是最原始、最基本、最直觉和最具渗透力的正义反应。基于报应实现的报应正义，表现为一种"各得其所"的原始、朴素、直觉的正义观念、心理感受和道德感情。报应正义是生物世界的普遍法则，魏因贝格尔指出："正义的原则和理想是部分地以生物学为基础和部分地以文化为基础的决定行动的因素。"[1]法律映射出报应正义的要求，早期法律表现尤为明显，如《汉谟拉比法典》规定的同态复仇、罗马法确立的报复法则等。毫不夸张，不仅刑法，而且侵权法、合同法乃至整个法律制度，其实都建立在报应正义观念基础上。[2] 波斯纳认为：

报应正义和矫正正义（corrective juistice）的概念"根源于可以用社会生物学做出言之成理之解释的行为"，"复仇确实是原始的，是直觉的，就像爱一样"。[3]

总之，在初民社会，部族内部围绕着生产、分配、婚姻的纠纷或争执，一般情况下由部族成员即当事人自行解决，如同态复仇、血亲复仇。在部族之间的争端和冲突，如边界争执、人身伤害、财产抢夺，则往往通过战争来解决。这种私力救济方式既有直观、平等的优点，又充满了暴力和血腥。因此，它只适用于早期或无序的社会里。在一个高度发达、人员交往频繁的社会，需要更专业、更理性的矛盾处理手段，因此便催生出法律。法产生后，一切当事人不能自行解决的严重冲突则通过法律诉讼等公力救济来解决。由此出现了司法活动和不断专门化的司法机关。法律和诉讼的出现，标志着文明的诉讼程序取代了野蛮的暴力救济，使得人们之间的争端可以通过非暴力方式解决，从而避免或减少了给人类造成巨大灾难的暴力复仇现象，又使群体在一定程度上为避免丛林法则、强者全拿等非正义行为成为可能。

然而，正义并不会自动产生，要给予秩序、判断正义更非易事，且不说公说公有理、婆说婆有理，就是仲裁人用自己的知识与经验给出裁决，双方

1　麦考密克，魏因贝格尔. 制度法论［M］. 周叶谦，译. 北京：中国政法大学出版社，2004：254.

2　威廉·伊恩·米勒. 以眼还眼［M］. 郑文龙，廖溢爱，译. 杭州：浙江人民出版社，2009（1）.

3　理查德. A. 波斯纳. 法律与文学［M］. 李国庆，译. 北京：中国政法大学出版社，2002：472.

图 1 - 4 长老主持的火刑审判法

还可能会不依不休。因为他们可能并不认同这种裁决，因此，就需要在武力与声望以外，再增加一种判决手法，能使当事人对此无所争议、心服口服，而以当时的心理发展特点、社会发展阶段，最常用的一种方法就是让宗教与神参与其中的神判。别的人你可以不信，长老的话，你可以不听，你们看看，神都给你裁决了，一目了然，还不够吗？当心神降怒于你！对原始人来说，这是上苍的天启与神判，应该无条件地接受与服从。这样，原始人由此获得了心灵平静，群体获得了安宁与秩序，正义得到了实现。

那么什么叫神判法？神何以显现？所谓神判法，就是诉诸神灵来确认被告有无犯罪的一种验证方法。在中世纪前期，这一方法曾为欧洲许多国家所采用。在西方，神判法主要有火审神判法、水审神判法、吞食法、摸尸法和决斗法等几种形式。一句话，正义者要有"赴汤蹈火"的勇气和义举，还要有保全自己的本领和运气。在古代无法通过科学经验去分析一切，那"神意"就是最好的诠释理由了，即上帝只救正义者，正义者须自救。

第一种神判方式是蹈火式，即火审神判法，通过让当事人接触火焰或被烧至滚烫的硬物，事后观察其受伤程度来进行案件事实的裁判。公元9世纪，在法兰克人的《麦玛威法》中规定，"凡犯盗窃罪必须交付审判。如在审判中为火所灼伤，即认为不能经受火的考验，处以死刑。反之，不为火所灼伤，则可允许其主人代付罚金，免处死刑。"中世纪的欧洲盛行一种"热铁审"，即牧师先给烧红的铁块洒上圣水并说道："上帝保佑，圣父、圣子和圣灵请降临这块铁上，显示上帝的正确裁判吧！"牧师再让被告人手持热铁走过9英寸的距离，最后将被告人的手包扎起来，三天后进行检查，若有溃烂的脓血则视为有罪。当国王埃塞里德的妻子、忏悔者爱德华的母亲埃玛被指控同温彻斯特主教阿尔文有通奸行为时，法庭就通过这种神判法来验证她是否清白。当时的一个场面如下："让这个名声不好的女人赤脚在炽热的铁犁头上走上九步，四步为她本人的清白，五步为了那位主教的清白。如果她畏缩不前，如果她不用满脚在铁犁头上踩，如果她烧伤了一点点，就判她是一个通奸者。"[1]

如蹈火不成，还可赴汤，即水审审判法。水审神判法，分为冷水审和沸水审。冷水审一般是指将被告人投入河水中，就其是否能摆脱困境而进行案件事实的裁判。《汉谟拉比法典》第2条："设某人控他人行妖术，而又不能证实此事，则被控行妖术的人应走进河中。如果他能被河水制服，则揭发者可取得他的房屋；反之，如果河水为他剖白，使之安然无恙，则控他行妖术的人应被处死，而投河者取得揭发者的房屋。"第132条："妇女与别的男子通奸案件，在这类案件中，妇女为了表白自己没有通奸，应投入河中，接受河水的考验。"沸水神判法是将被告一只手臂浸入一桶滚开的热水中，一直伸到胳膊肘下，然后取出包扎，三天后解开查看，如果手臂化脓，就判为有

---

　　[1]　因此，在初民社会，犯罪与渎神是同义语。一个人如果没有神的保佑，把所有罪过加在他身上，也无所谓冤屈。

罪，如果手臂所烫之处已经愈合，就判其无罪。此外，古日耳曼人还将当事人的膝盖绑起来，再用一根绳系在腰部，慢慢放入水中。根据她的头发长度在绳上打个结，如果她的身体沉入水中的深度足以使那个绳结没入水中，则被告人清白。这是因为洗礼教派的"圣洁之水"不能容纳提供虚假证言的恶人。我国也有"浸猪笼"的刑罚，看来在早期的牢判水平与方法而言，真是东方与西方此心同，吾道不孤。

所谓吞物神判法，就是由被告把重一盎司的一块面包或其他食物一口吞下，如果能顺利咽下，则判为无罪，如果在喉咙中噎住了，就判为有罪。在塔特赖，一名被告在准备接受吞食一块面包的神判时，将一头野熊和一把斧头放在审判席前，公开宣布说，"如果我是有罪的，就用斧头将我的头砍下，让熊吃了我"。估计胆小者、胃口不佳者，很难通过此关。

最神奇可怕的是尸体神判法。这种方法主要用于杀人嫌疑犯，它有各种不同的验证方法。在英国，通常是由被告来到死尸躺的棺材上面，在验尸官及见证人的目击下，用手去摸一下死者的伤口，如果他有罪，"尸体的血将会重新流出来"。莎士比亚在《理查德三世》中对这一神判法有很好的记载：

啊先生们看，看！死者亨利的伤口
凝合的地方又开口流血了！

除此以外，诺曼人把另外一种神判法带到了英格兰，即决斗法。诉讼双方各持一把特制的斧子和盾进行决斗，直到有一方喊"胆小鬼"为止，战败的一方将被处死。决斗法最初用于解决所有的争议，后来只局限于比较严重的刑事案件。决斗法只适用于自由人，老人、妇女、儿童和病人可以付钱找人代他们决斗。荷马史诗《伊利亚特》中描写，为判断谁是美女海伦的真正主人而进行了决斗，以便让宙斯来决定是谁在撒谎。这一故事包含了司法决斗的要义：由神来判断是非。在决斗中失败的一方不仅会受伤或死亡，而且在法庭上也输掉了，因为神认为他或他所代表的当事人是错的，有意让他失败甚至被另一方杀死。中世纪西欧一度盛行司法决斗，伦巴第人尤其热衷此道。7世纪中叶，贵族阿达鲁夫勾引王后古德波佳遭到拒绝，他恼羞成怒，

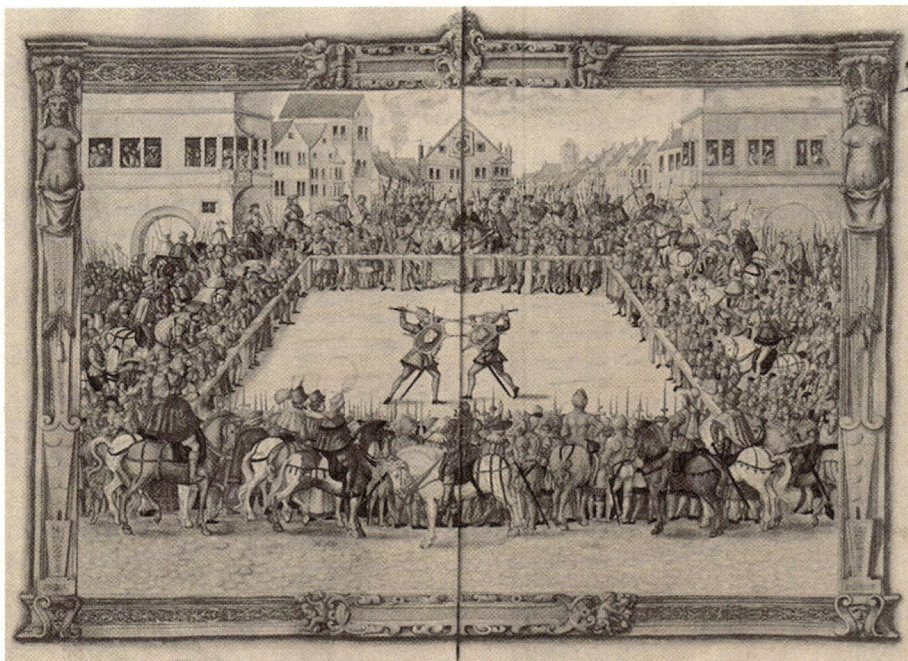

图 1 - 5　1409 年发生在奥格斯堡的一场决斗

诬告王后谋反，导致王后被囚禁三年。古德波佳是法兰克公主，法兰克国王多次派人到伦巴第交涉，要求释放她，未果。最后两国商定以决斗证明王后到底是清白的还是有罪。阿达鲁夫在决斗中被击败，古德波佳得以恢复名誉和地位。在中国，西楚霸王项羽曾向汉王刘邦提出决斗，高祖回曰，"吾宁斗智，不斗力"，最终用军事手段逼得霸王乌江自刎。这些都表明，决斗以神保佑，在人性之中有多么深的印迹。

　　还有很多神明裁判方式在某一时期的某一地区盛行。如基督教式的十字形证明是指让原告、被告面对面站立，两臂左右平伸，使身体呈十字形，接受上帝的考验。维持该姿势站立较为持久的一方即所言真实。

　　从现代理性的视角去看，神判法可谓荒谬至极，它不是依据事实证据和法理分析，而是简单地诉诸神灵、上帝的力量，就像掷骰子赌博一样，带有明显的迷信色彩和不可预测性，是一种违背理性的野蛮人的陋习。18 世纪时，苏格兰历史学家威廉·罗伯逊曾说："由于人类理智的薄弱而得以存在的所有荒唐可笑的制度中，它……看来是最过分荒谬的。"如果把神判法放在当时的特定语境中，仅仅将其视为"荒谬的野蛮人的陋习"未免有些过于简单。[1]

首先，现代视角下的荒谬观念在当时人眼里并不尽然。在中世纪前期的文化语境中，人们的知识比较贫乏，对神力的推崇远远超过了人力，"不经别人的引导，就对运用自己的理智无能为力"。在当时人的观念中，确有一个全能的上帝支配着人间的一切，能辨别人世间的真伪，会通过显灵、创造奇迹来保护一个人的权利，为人类伸张正义。当时人们普遍相信，在热铁神判法中，火是不会伤害无辜者的；在冷水神判法中，上帝会接纳清白的人；在热水神判法中，开水只会烫伤那些有罪的人；在摸尸神判法中，被杀死的人能显示谁是凶手；在吞物法中，上帝只会让食物噎住那些有罪的人；在决斗法中，上帝将会给正义的一方助以神力，不会让不义的一方获胜。根据我们今天的科学研究成果，上帝或神灵绝对不会通过显灵或创造奇迹来保护一个人的权利，但当时人的这种"集体幻觉"为什么能持续几百年呢？如果我们深入到当时的具体语境中，就会发现这样一个问题：神判法主要用于刑事案件，特别是杀人、抢劫、通奸等一些无人目睹的重大刑事诉讼。这主要因为，在当时的条件下，不仅原告无法找到足够的证据来证明犯罪嫌疑人有罪，就是其他人对犯罪嫌疑人也无可奈何，在这种人力不能实现司法公正的情况下，诉诸神灵就成为一种合理选择。如果在神判法中实现了司法公正，人们就将其归功于神，如果在司法审判中造成了一定的"冤案"，人们也无怨无悔。更为重要的是，神判法不管有没有在事实上实现司法公正，它都对刑事犯罪行为起到了一种威慑作用，使不法者不敢肆意妄为。因此，当时的人对神判法的笃信不能简单地视为荒唐之举，在更大程度上反映了他们对司法公正的一种呼唤，是对原始正义的一种诉求。

其次，神判法在程序上虽然没有现代这样完善，但在当时却是人们对司法公正的一种合理选择。在中世纪前期，英国的司法审判同现代一样，首先要向法庭起诉，但并不像现代一样向法庭呈交一份书面诉讼，而是在口头上

1　阎照祥. 中古盛期英国神判法析略［J］. 郑州大学学报：哲学社会科学版，2010（2）.

直接提出指控。法官的裁决依据不是事实、证据和案件的是非曲直，而是双方在法庭上的表现。如果原告对被告宣誓提出起诉时表情紧张，则说明他"心中有鬼"，誓言不足信，法庭可据此判其败诉。如果被告在原告起诉后保持沉默，或在宣誓时流露出犹豫、紧张等情绪，法庭则判其不受法律保护。被告在通过反驳程序后，法官并不是先对原告与被告进行审讯，依据事实、证据做出判决，而是先假定被告是有罪的，然后由被告自己证明无罪。法官的作用不是证据的裁定人，而是决定采用哪种验证方法。如果是严重的刑事案件，法官通常直接诉诸神判法来验证；如果是土地纠纷等民事案件，法官一般先通过公证昭雪法来验证。公正昭雪法是由一定数量的公证人宣誓被告的誓言是真实可信的。如果多数公证人认为他的誓言是可信的，则判其胜诉；如果被告找不到所需数目的公证人，并在宣誓过程出现了一个错误，则判其有罪。这种口头誓言虽然在今日看来不足为据，但在当时却具有很大的可信度。因为在当时的观念中，宣誓是一项十分严肃而神圣的活动，是社会最基本的道德准则，也是法律上的明确要求。《阿尔弗雷德法典》规定，"人人都应自尊自重，恪守誓言"，而提供伪誓则被视为是对上帝的欺骗、对灵魂的亵渎，是十恶不赦的弥天大罪，必遭天谴。有关上帝惩罚发伪誓的故事在民间广为流传，并为人深信不疑。如果被告确实是有罪的，他将很难找到公证人。如果被告坚持自己是无辜的，但又不能找到足够数量的公证人宣誓证明他的清白，那他将被允许通过神判法，来证实他是否有罪。总之，在13 世纪建立在理性基础上的陪审制启用之前，神判法一直是人们赖以寻求司法公正的选择之一。

再次，神判法虽然也会造成一些冤假错案，但在当时却是司法领域实现实质正义的一种有效工具。神判法名义上是由神判，但实际上是由教士来判，带有很大的主观性。神判法代表的与其说是神的意志，毋宁说是教士本人的看法。在各种神判法中，教士经常通过采取一些措施来影响验证结果，如在热铁神判法中，教士为了判被告有罪，就给他一块重三磅的铁块，或把铁犁头放得不规则；而当他不想判被告有罪时，他就给被告一块重一英磅的铁块，或让铁块凉一会儿。一些皮肤细嫩的妇女在手捧一块烧红的铁块向前走时都没有烧伤，这并非神力所为，而是教士事先做了手脚，或在被告手掌上擦上一些预防药，或把冷铁涂红，使它看上去像是炽热的铁块。另外，教士对神判法的验证结果享有解释权，当被告在热铁神判法中手掌被烧伤时，教士可以宣布伤口已经愈合了；如果被告在冷水神判法只是稍微下沉，教士也可以宣布他已被上帝接纳了。这些原始的验证方法之所以能"运行"几百年，关键在于教士能根据民心与舆论导向对神判做出富有弹性的解释，如宣布臭名昭著的被告有罪、声誉很好的人无罪，从而把神判法变成了一个柔性的"舆论"工具。1100 年，一些撒克逊人被指控在皇家森林里狩鹿，威廉二世非常生气，便将这些犯罪嫌疑人付诸神判法，结果全被无罪赦免。这一结果令威廉二世对此深表怀疑，但又无可奈何。这一"不法判决"恰恰反映了当时的民心所向，在很大程度上实现了司法上的实质正义。

可见，神判法既是一种陋习，也是一种实现司法公正的工具。它尽管没有现代司法制度那样完善，但毕竟把以前人们为解决争议所采取的血亲复仇、部落械斗引向了一个没有"流血冲突"的司法渠道，在一定程度上实现了司法的原始正义。我们没有理由仅将神判法当作一种原始的陋习来看待。相反，作为人类历史上最早的裁判方法，它对后世产生了深远的影响。

第一，神判的形式主义特点一直影响到现在，构成了诉讼的基本形式构件。我们知道，人类最早的法律都是靠记忆流传的，那时人类没有文字，法律大都通过说唱的形式表现，正如梅特兰所说："只要法律是不成文的，它就必定被戏剧化和表演，正义必须呈现生动形象的外表，否则人们就看不见它。"古希腊罗马早期的习惯法正反映了这一特征，如"荷马史诗"，就是活性的、诗意化的，朗朗上口，平实生动，韵味十足。中世纪日耳曼习俗法更是用诗歌来表达法律规则，通用的措辞有："我亲眼所见，亲耳所闻，非受人指使，非受人安排"（"unbidden and unbought, so I with my eyes saw and with my ears heard"）、"卑鄙或欺诈"（"foulness or fraud"）、"正确的和正当的"（"right and righteous"）、"从这里或那里"（"from hence or thence"）。最早的爱尔兰法也是用诗歌来表达的，生动押韵。在这些法律中，原始正义通过这种生动的外表隐秘地发生着作用。神判时代的习惯法大多都是这种"记忆法"。没有文字，争讼却已出现，便于记忆的诗歌化的口承方式是法律的最好的表达形式，而语言是否准确、是否符合俗成的传统规则，则自然成为它的效力的依据。[1]

由于没有文字，诉讼行为、交换行为就必须是外显的、可见的、符合社会习惯约定的，维柯说："原始民族他们只有身体，他们极端粗鲁，所以多疑或易起猜疑，因为粗鲁生于无知，人性有一个特征，凡是无知的人，就经常多疑。由于这些理由，他们不承认人与人之间可以不经任何证明就可以具有信用效力，他们通过现实的或象征性的物体转手（或交换）或使一切义务得到保证。"他们"永远是精确地按照事物和行为呈现在眼睛里和耳朵里的那种形式来表现关于它们的观念"，"在那时，手与脑是这样密切联系着，以至于实际上构成了脑的一部分。文明的进步是由脑对于手以及反过来手对于脑的相互影响而引起的。"对此，梅因指出，"为了正确理解契约法史，虽然必须把'约定'理解为：在它被承认为一种有用的担保之前，它只是一种庄严的形式"，他认为"'口头契约'是契约最早的形式，也是契约最早的有效形式"。而这些口头语言和身势语言必须有合乎约定的外显形式，才能使得它们具有有效性。这与《十二铜表法》中的一个著名条文相佐证，"如果任何人要一项契约或转让，只要他用舌头宣布过，它就是有约束力"。

除此之外，诉讼过程也同样程式化，是否符合程式是胜诉与败诉的关键。在西方，这种重程序的做法被称为"宗教式的文字拘谨"，西方有一句古老的法谚"谁要漏掉一个逗点，也要败诉"。这种观念在古罗马时期也受到尊重。古罗马执政官执法判案被称作降谕，"降谕程式"是神圣的，因为在古代西方只有神的执法才被看作降谕，"在正式文字程式中规定他有多少权利，他们就有多少权利，从此罗马法学的声誉以及我们古代（即中世纪）博士们的声誉全靠用这种文字程式来保障他们的委托人"。

因此，我们说原始习惯法具有程序至上的形式主义特色。在尚无国家司法的时代，神判仪式对这一观念和制度的形成，无疑起到了积极作用。在原

---

1 杜文忠. 神判与早期习惯法——兼及中西法律文化传统比较的一个侧面［M］//法律史论集：5 卷，韩延龙编，北京：法律出版社，2004.

始案例中，纠纷的解决是通过神判公开的竞赛进行的，击头、铁火、捞汤、上刀梯甚至决斗是力量的考验、神明的裁决，尽管不一定公正，但能调解人们之间的争执，避免部落卷入世世代代的纠纷之中。神判那严肃、庄重、公开的仪式，头顶上那神圣的光环，无比庄重的仪式暗示了原始正义的理念，即通过公认、公平、对等的程序来维护和满足社会正义要求的理念。在神判中争讼双方都有义务对等地接受考验，而不管这种方式多么残酷、危险。因为这些考验规则是被社会公意确定了的"游戏规则"，而且是神化的规则，有神圣的合法性。在今天看来它是非人道的、非理性的，但在原始初民那里它却是神圣的、"理性的"。人们认为它就是公平合理的正义。从某种意义上讲，原始朴素的正义观与今天的正义观没有本质的区别，其内容都是公认、公平、对等。原始的程序正义观与今天的程序中心主义的理念没有本质区别，只是它采用了今天看来非理性、非人道的方式，这是时代的差异。原始神判中隆重的仪式，神秘的气氛，时而缓慢、时而急促的咒语，象征性的符号，微妙的隐喻，其隐秘而具象征性的逻辑联系的网络，既是一种杂乱的原始幻想意识的表达，也是一种程式化的社会调节机制。这种程序看似朴素，但它的影响却是观念性的，它把人们朴素的正义观在不知不觉中融入了这种神圣庄重的仪式中，最早的正义观念，就是在这种神圣的仪式中得以体现和提升的，而早期法律重程序轻实体的特点不能不说与此有关。

第二，宣誓法。审判法对现代产生深远影响的是宣誓法，在东西方早期阶段广泛可见。

宣誓神判是一种古老的神判方式，它起源于原始巫术仪式中的诅咒，比如，在我国少数民族神判中称"诅咒判"，它表达了原始初民对恶神的憎恶和对善神的无比信赖和遵从。在西南少数民族"诅咒判"中，咒语通常是由巫师带领双方当事人说出，或当事人自己说出，为了向所崇拜的神灵发誓，表明自己的清白。巫师的诅咒是针对当事人的，而当事人的诅咒属于一种"自咒"。诅咒不仅有"赎罪"的含义，而且与誓相连。诅咒令人恐惧，誓言便自然具有担保的效力。反过来，古代法对无端诅咒者的惩罚极其严厉，《十二铜表法》中任意诅咒与侮辱、伤害是同义的。《十二铜表法》规定，编选歌谣侮辱他人必处死刑，甚至诅咒他人树上的果实亦严格禁止，"我们的《十二铜表法》明令不得诅咒他人的果实"，都表达了惩罚恶行而赎罪的含义，因此在西方中世纪又叫"共誓涤罪"。这就是"誓"的原始含义。"誓"这一词在西方自古就与"法"相联系，在欧洲"法"这个词自古与"誓"有关，北欧语中 Lagh（法）就有誓之意，拉丁语 jus（法）亦与 Jurare（誓）有关，又如 lex（法）在日耳曼时代的英吉利法中有宣誓之意。此外德语中的 Recht（法），在撒克逊法中，亦以 Eid（誓）的意思来使用。誓与法的关系如此微妙而相同，这似乎表明，法从一开始就体现了人们的一种善良愿望和追求公道的意志。在泛神论的时代，在没有民政权威的情况下，人们只能把对自然的困惑、怨怼、痛感，当然也包括欢乐诉之于自己假想的神灵，它表达了一种祈求、一种陈述。诉说冤屈、乞求公道，于是法的含义自然就包含了演说、陈述（诅咒）的意思。这种控诉和辩护可能就是世界上最早的演说，oratio 一词在拉丁文中最初的含义就是控诉，直至今天 oratores（演说者）仍指法庭上陈述案件的当事人。

> 如果有人杀了人而交出自己的所有财产，但还是不够偿付依法所该付的罚款，那么他必须提出 12 个共同宣誓人，他们将宣誓说："在地上、在地下，除已交出的东西外，并没有其他任何财产"。

在这里，无论是直接宣誓还是辅助宣誓，其誓词内容往往有所规定。《汉谟拉比法典》第 9 条："自由民遗失某物而发现其失物在另一自由民之手。倘占有此失物者云：'此物由一卖者售与我，我在证人之前买得'，而失物之主亦云：'我能提出知道此为我物之证人'，则买者应领到出售此物之卖者及购买时为之见证之证人；而失物之主人亦应提出知此为其失物的证人。法官应审理他们的案件，而交付买价时为之见证之证人及知此失物之证人，皆须究其所知，声明于神之前。卖者为窃贼，应处死；失物之主应收回其失物；买者应从卖者之家收回其所付之银。"古日耳曼法也有类似规定，当事人对自己的陈述必须宣誓："我的陈述是真实的，毫无虚伪之处。"9 世纪时英国"盎格鲁－撒克逊法律"中规定："索赔被窃财物的原告誓词：'我在上帝面前宣誓，指控他就是盗窃我财物的人。这既不是出于仇恨、嫉妒或其他非法目的，也不是基于不实传言或信念。'被告人的誓词为：'我在上帝面前宣誓，对于他对我的指控，我在行为和意图上都是无罪的。'助誓人的誓词为：'我在上帝面前宣誓，他的誓词是清白和真实的。'"

这也正是为什么宣誓仍"留存在我们的诉讼程序中，每个证人的立誓便带有附条件的乞神灵降祸的意味：'我发誓我将说的是真话，句句实情，绝无谎言。上帝保佑我！'"并成为当前西方很多国家庭审前必经的一道程序。在一个有信仰的国度，这不仅仅是一种形式，它在发挥着对信徒们强大的心理规制的同时，也发挥着对他们道义上的指引和善的规劝，孕育了早期法的原始宗教精神和关于"法是神圣的"观念。宣誓成为神判法保持至今的最为明显的遗迹，而其所体现的一定的现实价值不容小觑。[1]

总之，神判法的实行有利于当时社会秩序的稳定，具体地说是通过司法秩序的稳定从而维护社会秩序的稳定。神判法的适用赋予了法庭审判宗教性的特点，它是司法与宗教相结合的典型。虽然这种模式无法与当代追求公正价值的司法体制相比拟，但它却毫无疑问地在当时获得了社会的普遍效力。由于是神意的表示，以此为审判依据的判决与人民心中的信仰产生共鸣，他们不能怀疑至高无上的神的旨意，自然也就不能与审判官的裁决相对抗。这样，司法权威便提到了一个历史的高度，而当事人及其亲属乃至社会都会尊重并履行司法审判的裁决。无论多么复杂、严重的案件最终都会有个结果，原告、被告双方终会有一方受到制裁，另一方得到补偿。事实上，即便是败诉的一方也难以通过其他途径进行上诉，同时他们往往也不会采取激烈的对抗行为，因为在神的面前他们是要绝对服从的。

司法审判结果的公信力避免了诸多矛盾的激化，一切纠纷都会在这里得到公正或不公正的化解。这也就直接导致了社会秩序的稳定，人们更加诚实地遵从法律的规定，神判制度也就在一定程度上成为统治者治国的工具。这

1　雷小政，张翀．《圣经》与西方诉讼文化——比较视角下的文本解读及其评论［M］．http：//www. pacilution. com/ShowArticle. asp ArticleID = 1047.

里且不论其在若干年后将被世人所怀疑、攻击、摒弃，至少在其盛行的时代里，它确实起到了"镇静剂"的作用。

人类早期的程序发轫于原始宗教禁律，宗教与秩序、制度的关系恰如信仰与制度的关系。制度的建立并有效运行依赖于信仰，信仰中可能没有宗教的迷信，却可能包含了宗教超然神圣的理念，"神圣的法""神圣的判决""神圣的誓言"，即使现代人也常常运用这样的词汇。法律总是与誓言相连，誓言总是赋予法律以神圣感，迄今为止，现代法律中，宣誓是从神判时代的古老"法庭"到现代法庭中最常见的一幕，它所反映的正是关于法的这一古老理念，这是神判时代在现代诉讼中遗存的最显眼的"化石"，也是西方司法文化史上最富于宗教意味的东西。

第三节　正义来人间

我们的制度之所以被称为民主政治，因为政权是在全体公民的手中，而不是被少数人掌握。解决个人争端的时候，每个人在法律上都是平等的。让一个人比别人优先担任公职的时候，并不是因为他是某一特殊等级的成员，而是他有真正的才能。任何人只要对国家有贡献，绝不会因为贫穷而在政治上湮没无闻。我们的政治生活是自由而公开的，我们彼此间的日常生活也是这样……在我们的私人生活中我们是自由和宽恕的，但在公家事务中我们遵守法律，因为这种法律使我们心服。对于那些将我们置于当权地位的人〔指人民〕，我们服从。我们服从法律本身，特别是那些保护被压迫者的法律，虽未写成文字，但违反了便被公认为耻辱的法律。

——伯里克利

抛弃神的束缚用理性的眼光看正义，着力于在此世实现正义——这一观念在西方萌芽于古典时期的希腊。

大约公元前 8 世纪至前 3 世纪，在社会发展的早期，世界各地的文明大同而小异，即使有差别，也是因为地域与经验的不同而带来的习惯与本能上的微差。然而，自从有了文明、有了文字后，这种差异因受其社会发展的作用逐渐分化，而各自形成其发展的内在特点。世界文明史上出现了一个学术思想异常活跃、文化成就异彩纷呈的时代。德国学者 K. 雅斯贝尔斯在《历史的起源与目标》中将其称为"轴心时代"。"轴心时代"指的是公元前 8

图1-6　雅典学派（拉斐尔 作）

世纪到公元前2世纪之交的数百年中，在北纬30度线上，东西方几大文明区域都出现了一个思想解放的黄金时代，尤其是公元前6世纪至前5世纪达到了高潮：在中国，出现了孔子、老子、墨子等诸子百家；在印度，出现了释迦牟尼、大雄笩驮摩那；在希腊，出现了苏格拉底、柏拉图、亚里士多德等思想大家。除了这三个主要的地理区域外，西方的次级地理区域也出现了不少贤者：在意大利，努玛王创立了古罗马的各项法律和历法；在波斯，琐罗亚德斯创立了祆教（拜火教）；在巴勒斯坦，犹太的诸位先知在编写旧约、酝酿着基督教的诞生。这段时期是人类文明精神的重大突破时期。虽然天各一方，然而他们却不约而同地思考人生、人性、灵魂、世界、存在等根本问题，他们的思想有如黑夜中的火花，燃起一方之烈焰，从此，"人类一直靠轴心时期所产生的思考和创造的一切而生存，每一次新的飞跃都回顾这一时期，并被它重燃火焰"。而那些没有实现超越突破的古文明，如古巴比伦文化、古埃及文化，虽规模宏大，但却难以摆脱灭绝的命运，成为文化化石。可以说，在这个阶段东西方开始分道扬镳，各自前行，我们所说的"西方文明"才有其初始的意义。

人类文明何以在这一时期同时在不同区域取得如此突破性的成就呢？

这并非偶然。首先，得益于人类生产力的明显进步、体力劳动和脑力劳动的分离，使相当一部分人可以专门从事脑力劳动。铁器的普遍使用是"轴心时代"生产力发展的突出标志。同时，经济的发展和铁制兵器的使用，扩大了古代战争的规模，拓展了人类活动的区域和范围，开阔了人类了解、观察、认识客观世界的视野，提高了人类认识世界的能力。这种认识既有对人类自身的认识（认识到人与自然界的区别以及对人的本性的认识），也包括对客观世界（包括自然界，也包括人类社会）的认识。东西方思想家们在这一时期把人类零散朦胧的认识提高到了一个崭新的更高的阶段。

其次，得益于人类自身关系的解放。早期国家的建立和发展过程，实际上是对原始社会血缘部落关系不断扬弃和否定的过程。无论东方还是西方，早期国家的组织结构中，总是或多或少地带有部族部落制度的残余。如古代印度有王国和共和国两种形式。王国称为 Janapada，Jana 意为部落，而 pada 意为"脚"，二字合起来意即"部落立足之地"；共和国称为 Gana 或 Samgha，前者意为部落，后者意为共同体，显然这都证明血缘关系在早期国家中的重要地位。古希腊的城邦同样由部落发展而来，如雅典有 4 个部落、12 个胞族、360 个部族，而斯巴达等多利亚人的城帮多由 3 个部落组成。直到古典时代晚期，雅典的胞族依然在司法方面发挥着一定的作用。在古代中国，从商代直到春秋时期，宗族在政治、军事、经济等方面的重要性，在甲骨文、金文及传统文献中都有资料可以为证。部族部落等血缘组织，曾经使人得到某种保护或依靠，同时它又是对人的一种束缚。随着血缘关系的削弱和解体，人们一方面惊讶地发现自己正在失去过去曾有的天然依托，同时也欣喜地发现自己开始摆脱从前的桎梏，得到过去难以得到的自由。于是，一个人存在的价值，开始可以而且必须由自己来决定。这无疑大大激发了人们潜在的创造力和思考力。

最后，则得益社会矛盾与斗争现实所激发的人类潜能的发挥。在世界三大古典文化中心，都曾经出现过邦国林立、百家争鸣的时代。在古印度，摩揭陀、乔萨罗等长期争夺霸权；在古希腊，斯巴达、雅典等在陆上海上争夺霸权的斗争此起彼伏，时断时续；在古代中国，春秋五霸争雄，战国七雄兼并。与此同时，诸邦内部各种社会集团之间矛盾错综复杂，争权夺利斗争时隐时现。各国统治者和各种社会集团都力图充分发挥自己的潜力，借助一切可为己所用的因素去谋求胜利。在古希腊，学者们普遍享有讲学自由，在古印度和中国，思想家带领弟子周游列国，而统治者通常都会善待游说之士。这是引发人的潜力的外在环境。另一方面，尖锐复杂的斗争引起社会动荡，那些曾经为人们所信守的、纯朴可爱的传统，似乎越来越变得荒谬和腐朽，从传统中破土而出的新事物，却又往往显得贪婪、卑鄙而无情。历史究竟是进步了，抑或倒退了？社会变动时期那些巨大而深刻的矛盾，打破了先前的精神稳定平衡状态，不能不引起睿智的人们加以思考。这是引发人的潜力的内在条件。[1]

那么使西方迥异于其他地方的原因是什么？我想，首先是地理环境的差异。我们不相信单纯的地理决定论，但可以确信人类越往前追溯，地理环境的作用就越大。人类社会发展早期的决定性因素更多地来自自然界，生存于不同的自然环境中的特定人群以及他们独特的行为模式，最初就取决于这些自然生成的差异。随着文明的成长，人类自身的生存能力不断增强，战胜自然的经验积累越来越丰富，并逐渐形成为文明社会的观念形态、知识形态和制度形态，因而人类面临的挑战也就越来越具有社会的性质。无论如何，地理环境较诸社会环境总是先天地存在的。

与中国相比，古代希腊的自然地理环境要复杂得多。中国的地理环境是一整块大陆，而古代希腊是由希腊本土、爱琴海诸岛屿、地中海东部、小亚细亚西部、黑海沿岸、意大利南部沿海地区和西西里岛构成的。希腊各个地区的生活，与爱琴海密切地关联着。爱琴海上诸岛屿可以说是星罗棋布，由这些岛屿与隔海相望的地中海东部、小亚细亚西部同希腊本土联结起来。而达达尼尔海峡把爱琴海与黑海沟通，爱琴海南部的克里特岛则使希腊与埃及取得联系。希腊本土是三面环海，一面靠山，北部的奥林帕斯山将希腊与欧

1　徐松岩. 人类文明的"轴心时代"——东西方的百家争鸣时代及其成因［J］. 西南大学校报：电子版，2007（4）.

洲大陆分隔开来。境内山脉丘陵纵横交错，把希腊纵向上分为东部、西部两部分，东部港湾密布；横向上则分为南部、北部、中部，除少数盆地外，多为丘陵地区。

希腊的自然地理环境造就了希腊社会的独立性和开放性。

一方面，自然地理环境使希腊分隔成众多互不相连、互不统属的部落，每一个部落或者部落的一部分都构成一个相对独立的自居住地域。在各自居住地的中央有高地，环高地居住的是分散的村落。由这些小村落逐渐发展演变成城市，高地就成了城市的卫戍城。这种格局和局面，造成了每个城市孤立自守和自治管理的居民生活。各个城市之间是没有统属关系的，基本上没有经济上的联系。自给自足和自治管理是城市生活的重要经济政治特征。希腊本土地域的局限，使得它在公元前 8 世纪至前 6 世纪不断向海外移民建立新城邦。这些殖民城邦，基本上保持了其母邦的特点。在古希腊历史上，大约有两千多个城邦并立，从来没有出现过统一的局面。古希腊城邦各自独立、自治的特征，对于古代希腊社会有很大的影响。

另一方面，自然地理环境也使希腊人向海外移民成为可能，并造就了希腊社会的对外开放性。从地理位置看，希腊位于欧洲、亚洲、非洲的交汇处。爱琴海上星罗棋布的众多岛屿使人们从希腊南部航海到小亚细亚时，沿途都有陆地可以停留作为转运地，而希腊本土东部的大大小小的港湾，十分有利于航海业的发展。公元前 2000 年，克里特建立了第一个海上霸权。由于爱琴海上海盗频繁出没，克里特的米诺斯王建立了强大的海军，称雄于爱琴海域。海军的建立和民间对外贸易的开展，促进了航海技术的发展和交通运输能力的提高，大大地推动了希腊移民运动，扩大了它与外界的联系，促进了对外贸易的扩展与兴盛。可以说，爱琴海民族使古希腊人带着开放的性格和制度踏入了文明的门槛。

此时，铁制的生产工具已经在古希腊普遍使用。希腊人在其文明的曙光初露时，经过克里特文化从赫梯人那里获得了不少铁的知识。铁器的使用，不仅提高了人们独立谋生的能力，使原有的部族血缘联系发生松动，加深了一定地域内共同体内部的分工，贫富差距拉大，以财产为标准来划分阶层和阶级成为可能。

开放的地理环境和铁器的使用促使民族的跨海大迁移，并在大迁移中形成了既保持城邦独立性又不被地域所封闭的文明路径：（1）跨海大迁移切断了血缘关系的路径，跨海迁移的一个显著特点是不同种族体系的大混合，必须抛弃的第一个社会组织是初民社会里的血缘关系。这一点同陆地上的迁移不一样。在陆地上可能是整个的血族男女老幼家居杂物全装在牛车上一块儿出发，在大地上以蜗牛的速度缓缓前进。（2）血缘关系被切断后，希腊人原有的自立门户的强烈愿望，不仅决定了殖民城邦遵循"分裂繁殖"的扩张路线，也决定了这些殖民城邦相互竞争、相互敌对，不能团结起来对付全民族的共同敌人，因而始终无法向高度集中的集权路线发展，只能演变为分权自治的文明路径。（3）自立门户的强烈愿望，在发达的海上贸易和频繁的邦际交往的状况下，发展出了一套以契约为基础的文明。汤因比说："在民族大迁移的过程中，跨海迁移的苦难所产生的另一个成果是在政治方面，这种新的政治不是以血族为基础，而是以契约为基础的。"以契约为基础的交易，正是以自由、平等为核心的民主的源泉。（4）跨海大迁移导致了没有分化的初民社会制度的萎缩，国与家彻底分离，促成了西方民主分权的传统。[1]

这一切都形成了古希腊的观念与文化，使古希腊以独有的特点展开自己对正义事业的追求。让我们先从他们的"正义概念"入手，因为正义概念是印象与思想的分界点。一般来说，古希腊的思想演变经历了从神话到立法诗、从对话到散文的哲学分析几个阶段。

古代希腊思想赋予了西方正义概念一些最基本的含义首先以神话的形态体现。作为整个西方文明的渊源，古希腊文明非常独特，其中很重要的一点就是希腊神话，在古代希腊，正义概念至少同神话时代一样古老。正义一词来源于女神狄刻的名字。狄刻是正义的化身，主管对人间是非善恶的评判，她是宙斯同忒弥斯之女。忒弥斯是司法律和秩序的女神，在希腊人的雕塑中忒弥斯手执聚宝剑和天平，眼上蒙布，以示不偏不倚地将善物分配给人类。后来拉丁语中正义（Justice）一词得名于古罗马正义女神朱斯提提亚

1　官正艳. 论中西文明的差异、原因及其对策［M］. http：//flwh. znufe. edu. cn/article_show. asp id＝1728.

（Justitia）。朱斯提提亚是同希腊正义女神狄刻和忒弥斯等同的神。如同在希腊语中一样，拉丁语正义一词中已经包含了正直、无私、公平、公道等一直保持到现代的基本语义。

但对正义的感觉与表述，总不能只以神话的形态呈现，最终神秘的印象还是要以相对理性清晰的概念表述出来。唯有这样，文明才能像有了文字那样有了思考和深化的可能。提到古希腊思想对正义概念的影响，或者关于正义的思想在古代希腊的发源，首先应该谈到梭伦。梭伦在其立法诗中，通过将正义同关于应得的概念和思想联系起来，使正义成为一个有明确的社会的与德行的意义的概念。关于应得的思想可以追溯到古希腊的神话、史诗等，梭伦是第一个将它与正义概念直接联系起来的。当时，雅典社会呈现分裂的状态，各个派别使得穷人和富人之间的争吵和斗争非常激烈，政客们在很长时间内对这种局面都毫无办法、束手无策，最后雅典人把雅典的政治体制委托给梭伦。梭伦接受了这项工作。他非常清醒地意识到，这个政体无论是倾向于富人一边还是倾向于穷人一边，正义与和平都是无法实现的。他认为要做到正义，就要在富人和穷人之间不偏不倚。在富人这边，他认为，贪婪是城邦社会纷争的根源，所以他要求富人压制欲望。于是他主政之后即对贫穷的平民给予扶持。禁止借贷以人身作为担保，这样就使借贷的平民获得了人身自由。同时，他还做了其他非常重要的事情。他立法规定，任何人只要愿意，皆可以为遭受不正义的人伸冤。还通过法律使遭受不正义对待的人可以向陪审法庭申诉。这种做法成为西方法庭申诉制度的最初形式。梭伦通过这两项法律的改革扶持了平民，但是他拒绝给平民更多的福利。他认为有一种权利平民不应得到，这就是财产，因为财产应当靠努力挣得：财产属于其所有者，不可以不正义地侵夺；平民应得到自由和恰如其分的尊严，但不应当奢望分得财产，所以他拒绝了平民析分城邦的财产权的要求。他说，他所做的就是要把因为躲债而逃的平民带回城邦，但不能给他们太多的福利，只能给他们恰如其分的福利。他要手持坚盾，挺身遮护这两者，不让其中的任何一方不正义地取胜。梭伦写了很长的诗篇，在那些诗篇里面，将他的思想做了很充分的说明。

诚然，梭伦把应得的观念与正义联系起来的基本原因是政治性的。至于为什么一部分人应当享有他们的财富，另一部分人只应享有他们的人身自由，并应当靠劳动去挣得他们的财产，占有财富的人们是由于自身或其先人的劳动及有德行的公共服务而获得那些财富，但梭伦并未做更深的思考。至少从他对于平民应当靠职业劳动去挣得财产看，他认为职业劳动是应得的一种根据。基于这一点，一个人通过自愿而非强迫地交换而得到的东西显然也是他应得的。至于有地位的人荣耀地参加公共服务或管理活动是应得荣誉还是应得财产奖赏，在那个时代一直是争论不休的问题。这可以从亚里士多德的著作中得到见证。梭伦并没有明确地就这种争论提出自己的看法。他认为，借助政治权力改变财产占有的现状不可能是正义的。但是梭伦毕竟以郑重的方式，最早在正义概念中引入了"给一个人以其应得"这样一个含义。应得就是应该得到的。应得的概念有两层含义。在常识观念中，应得也就是赏或罚，它是一个人的行为的后果。在哲学家们的概念中，"应得的"获得了这样的意义：它是属于一个人自身的，与"属于自身的"东西是同一范畴的。当然常识的概念也可以同这个思想的概念结合起来：赏或罚由于一个人自身的行为而属于他自身的。这个含义由梭伦首先阐述后，在西方思想中产生了长久而深远的影响。正义的概念在西方虽历经变化，但应得的含义始终是其中的基本含义，虽然对它的解释随着正义概念的演变而有所不同。在西方的思想中，应得的正义可以说是后来权利、自由、应当、对错等概念的最早起源。应得的就是有权利要求得到的。权利这个词来源于"对"或"正确"。它意味着，你要求得到这件东西是对的、正确的。所以，应得的概念自然地包含着"对"或"正确"（"正当"）的含义。所有这些概念都是从应得这个概念引申出来的。

尽管梭伦做了有力的阐述，但是思想家们并不认为应得的正义概念就没有问题了。相反，在梭伦以后不久，柏拉图就在他的"对话"里，对于正义在于给一个人以其应得的这一思想提出了哲学意义的质疑。柏拉图在"对话"中阐述了苏格拉底的思想，也表达了自己的思想。柏拉图认为，正义在于应得的这样一种概念存在问题：它将使正义不得不同恶联系起来。他在《国家篇》里谈到了这个问题。柏拉图提出这问题根由在于，古代希腊人普遍地将正义看作一种主要德行，并且认为它作为一种德行必定是善的。苏格拉底和柏拉图认为，如果遵循正义在于应得这样一种概念，正义的一部分含义就将是给一部分人以恶，或用恶来惩罚一部分人。因为人必定是分好坏的：一个人或者是好人，或者是坏人，或者是不好不坏的人；而好人应得的或属于他自身的必定是善的东西，坏人应得的或属于他自身的必定是恶的东西；正义给好人以他应得的善，这当然是好事，但是说正义也在于给坏人以他应得的恶，就将正义在性质上同恶联系起来了。首先，正义使用一种恶作为自身的手段，以恶报恶，就是在赋予自身一种恶的性质。从哲学上说，一事物的功能或活动也属于它自身。其次，给一个坏人以他应得的恶，会使这个坏人变得更坏，使一个坏人作为一个人的德行更坏，这也同正义是德行、是一种善的性质相背离。最后，正义当然要由有正义的人来施行，如果坏人应得的是伤害，就要由正义的人（好人）去伤害，这样其后果就不仅是使坏人在德行上更坏，而且是使好人的德行也变坏。所以，按苏格拉底或柏拉图的看法，正义在于给一个人以其应得的概念在哲学的省察下，或者是不能成立，或者是只在一方面，即在给一个人他应得的善的意义上，是正确的、有道理的。

苏格拉底和柏拉图在正义概念上所做的哲学工作决不仅仅是破坏性的。他们立足在正义是德行并且同善相关这个基本的性质上，从这个高度俯视应得的正义的概念，所得出的看法很有启发。他们提出的意见在于，如果正义是一种德行，并且同另一个人或广义地说同他人相关，它就必定是同那个人或他人的某种善相关，而不是同恶相关的。反过来说，一个在他人那里增加恶的行动必定是不义的。对正义德行的这个特性的界定，对正义的概念是非常重要的。它对希腊、罗马直至基督教的思想都产生了深远的影响。[1]

正义怎样同他人的善相关？一个人的行为合乎正义，这对他人而言似乎不是某种具体的善，例如帮助那个人解决了某种实际困难。正义是总体的德行，而不是具体的德行。正义是对一切人而言的德行，是每个人都可以做到的。其他德行则是某个职业人群的德行，如智慧是管理者的德行，勇敢是护国者的德行。节制虽是属于城邦的各个阶层的人士而不专属于商人的德行，

1　廖申白. 论西方主流正义概念发展中的嬗变与综合［J］. 伦理学研究，2002（2）.

但是它是同对欲望的适度满足这件事相联系的。一个人要对自己的欲望有一些约束，使它不至于影响到自己的选择，保障自己的安全，不使自己陷入危险，这就是节制的意思。作为总体的德行，苏格拉底与柏拉图认为，正义的善也是总体的。正义的人在城邦生活中给他人的不是具体的善，而是做好自己的事而不妨碍他人做他们自己的事这种善。对正义的善的这个界定似乎有些消极，但是有其道理。每个人做好自己的事，便造就了城邦的繁荣，商业与交往就会发达；每个人不去妨碍他人做好他们自己该做的事，便造了良好的秩序环境，这正是每个人做好自己的事的条件。与此类似，正义对个人而言也是人自身的灵魂状态的一种总体的德行和善。正义是灵魂的有逻各斯的部分和无逻各斯的激情、欲望这三个部分的和谐地发挥其作用的状态（品质），对于人的实践来说它是德行，对于人自身来说，它是灵魂的总体的善。城邦正义与个人正义是一致的，这特别表现在正义的人不会贪污、偷窃、通奸、渎神，等等。

柏拉图阐述了正义德行的两个重要的特性：正义是同他人的善相关的德行，正义是德行的整体而不是具体的德行。基于这两种特性，他最早将正义的消极意义界定为"不干涉"。这三个含义在亚里士多德的伦理学里面得到了进一步的阐发。

亚里士多德不像他的老师那样用对话阐述思考，他使用逻辑严谨的散文体。在他的散文体中，正义的概念不再像对话当中那样在几个人的对话中反复论辩，而是按照更有逻辑更严谨的形式进行呈现。正义按照亚里士多德的看法是所有德行中唯一与他人的善有关的德行。节制、勇敢、智慧都可以说是私人的德行，同一个人与他人的关系没有显著的联系，尽管它们也同一个人参与公共事务的品质相关。而正义，正如柏拉图《普罗泰戈拉》中所说，是一种过政治生活的德行。它只存在于一个人对至少某一个他人的关系上，并且关切的是他人的善。正义在两种意义上，即在总体的意义上和具体意义上，与他人的善有关。在总体上，正义意味着守法，违法便是不正义。守法是一个人对某个他人或广义地说对所有他人的一种态度，对他和他们的某种善的一种关注态度。一个人守法对他人就是一种善，虽然不是一种具体的善。他不去伤害，用柏拉图的话说，不去干涉别人、妨碍别人、损害别人，就使他人可以不受干涉地追求属于他们自己的善。这对他人而言是一种总体的善。

同时，亚里士多德认为，梭伦的正义在于应得的思想表达着正义的积极意义，这种意义应当在同守法这种总体的正义相区别的具体的正义层次上理解，这样便避免了柏拉图在这个思想中发现的矛盾。具体的正义是同一些好的事物比如荣誉、财物的获得相关的。具体的正义在消极方面意味着不要去不义地多得，不义地多得就是伤害他人的利益。说一个人不应当不义地多得，这个观念中就内含着应得的尺度：不义地多得就是指所取超过了应得。所以具体的正义的积极意义不仅是在对于他人的方面在于给一个人其应得，而且是在对于自己的方面取己之应得。这种应得表现在三种不同的形式中。首先，在从共同资源中取个人之所得时，一般按人和人之间的贡献的比例来分配：贡献大就多分得，贡献小就少分得，同样就同样分得，这叫作比例的平等。合于比例的平等的所得就是一个人的应得，超过这种平等的就是不义的多得。分配的正义就在于这种比例的平等。正义是有比例的事物，这比例表现在分配的正义中。其次，在自愿的交换与交往中，正义也有一种由比例的平等派生的尺度：两个人要按照彼此的生产能力交换他们各自的产品，比如说，一个人一小时生产五双鞋，另一个人一小时能生产一张床，交换的时候只能是五双鞋换一张床，而不能是一双鞋换一张床，这种有比例的回报在他看来就确立了应得的尺度。那么对坏人是否应当回报以伤害或恶？这是柏拉图反对把正义同应得的恶联系起来的主要之点。亚里士多德认为，在自愿的交往或交易中不存在以恶报恶，而只存在要崇拜美惠三女神尽回报之义务的问题。因为即使坏人也不是事事都坏：坏人也可以在交换中贡献一种善，比如手艺。那么，在发生了不自愿的交换，即当一方的利益违反其意愿而受到了损害时，矫正的正义是否要求把惩罚当作一种应得的恶施加给不义的多得者？亚里士多德认为，将不义地多得的人多得的部分归还受损一方这个行动，只是使双方的利益关系恢复到交易发生前的状态，而不是施加惩罚或以一恶报一恶。因为，这只是将前者不应得的部分收回，这个部分既然是前者不应得的，收回它对那个不义的多得者就算不上伤害或惩罚。亚里士多德在引申梭伦的应得的正义的意义时，维护了他的老师柏拉图关于正义德行只同他人的善相关而不会以恶作为手段的观点，使这两种对立的概念达到一种综合。

更重要的是，亚里士多德把友爱作为同正义一道相关公民生活的重要德行做了说明。友爱当然不仅仅相关于公民生活，它也存在于所有私人的关系中。但是在公民生活中它是正义的必要补充。在公民生活中不仅要讲正义，而且要讲友爱。两者都包含着公民生活要求的平等，但是正义首重前面所说明的比例的平等，友爱首重数量的平等。而且，讲友爱有时甚至比讲正义更重要：在讲友爱时，人们分享着共同资源，所以不需要多讲正义。循着这条线索，就比较好理解亚里士多德讲到的公道或谅解的德行。所谓公道或谅解，就是受损害的一方对于自己受损害的、法律裁定多得者应该归还给自己的利益，鉴于多得者有些地方还是情有可原的，可以谅解，少要回一点。在亚里士多德看来，这种在体谅的态度下合理地少收回一点自己的利益的公道品质是正义的一个必要的补充。因为正义有时比较僵化，考虑不了那么多的情况，没有那么大的灵活性，这就需要靠公道的态度来进行补充。所以公道尽管不是正义，却是更高的德行，并且合于正义。[1]

思想的转变由原始的神话至古典的立法诗，再到逻辑周密的哲学表述方式，其主题相似，而表述相异，然而不同的表述方式终究会产生不同的命题与思想结构，因而对希腊的正义追求事业有着深远的影响。怀着对理想社会的憧憬，有了思考的能力，像一个有了行动能力的青年一样，难免会想背弃以往的陈腐方式，这体现了人的精神主动性和追求完美的冲动，希腊既不同于已经衰化苍老、行将就木的文明，也不像有的文明那样自上而下，顽固统一，难以改变，相反它年轻冲动、思想自由，因此在古希腊历史上就出现了许多次立法改革，希腊人就像飞向太阳的美少年伊卡洛斯（Icarus）一样，因离太阳太近，翅膀化掉，掉落海中。

在整个历史过程中，希腊人一直把关于正义的感悟与思考的结果自觉运用到政治结构与政治活动中，而这些立法活动也成了古希腊政治结构与政治制度变迁的主要动力。对人类来说，这是第一次理性改造社会的尝试，对希

1　廖申白. 论西方主流正义概念发展中的嬗变与综合［J］. 伦理学研究，2002（2）.

腊人来说，这充满了成功的无边喜悦与失败的深邃痛苦，让我们这些后人为之扼腕震撼，无言叹息。

古希腊人通过各种立法活动对其政治制度加以改造，并且希望利用法律巩固新的政治创造，这当然有一定的困难。这里隐含了变法者一厢情愿的企图，即新制定的法律与被它们所更改的法律不同，能够具有永久的效力。但是，这个过程中显然包含着某种内在的张力，其结果是立法者不仅没有能够阻止，反而在某种意义上引发了一波又一波的新的变法者进一步的立法活动。在古希腊政治的典范雅典，相传最早的法律体系是由德拉古（Dracon）在公元前 7 世纪时制定的，随后在梭伦（Solon，约前 640—前 558）和克利斯提尼（Cleisthenes，约前 570—前 508）执政时期又进行过两次大的调整。公元前 5 世纪中期以后，雅典进入了一个大规模立法的时代，考古发现也证明了这一点，因为从这个时期开始被刻在石头上的雅典法律明显增加。在民主化时期，希腊各城邦开始采取相应的措施，保证公民有可能提出动议，以对现行法律进行修改，修昔底德的《历史》和亚里士多德的《雅典政制》中都保留了相关的记录。雅典为了保护公民的这种创制权甚至通过了专门的法律，规定任何试图在法院中对动议的提出者进行诉讼的人要被判处死刑。

古希腊人一方面大规模地改变以往的法律与传统，另一方面又希望自己制定的新法能够存于永远的企图看似自相矛盾，但这毕竟是希腊政治中的一个明显的事实，它确实体现了希腊人的热情和社会进化所产生的剧变，侧面证明了这是一个多么有活力的时代。据传，梭伦为雅典立法之后，曾经规定这些法律在 100 年之内不允许被改动，并且他制定了"防护性条例"（entrenchment clause）以保护既存的法律制度。这种"防护性条例"后来在雅典得到继承，其主要内容是对那些提出和参与通过一项后来被证明为不合适的或者与现存法律相抵触的法律的人予以惩罚。特别是在民主制之下，这种防护措施使法庭能够在一定程度上约束公民大会在一些鼓动家的影响下随意通过法律的冲动。梭伦在完成他的立法工作之后，离开雅典到外地进行了为期 10 年的漫游。他的意图很明显：既可以防止自己因为想法的变化而更改已经制定的法律，也防止别人对法律进行改动。继伯里克利之后成为雅典政治领袖的克吕昂表达了与梭伦同样的观念，即"最可怕的事情，是我们不能为我们所制定的法律确立一种牢固的不可动摇的地位，是我们不了解与一个虽然有好的法律但这种法律缺乏权威的城邦相比，一个虽然法律并不一定最好，但具有稳定性的城邦要更强大有力"。

多么矛盾的态度?！然而，这又是从长远看来，所有立法者要面对或将要面对的挑战——你无法完全理解，那条法律需要坚持到底，就像后人无法理解为什么一定要遵守一条法律，人们总希望既要有一定的稳定性，又要有能随心所欲的行动，对于希腊这是年轻人面对的历经沧桑睿智的老人都难以解释和解决的矛盾与困难，无法像远古时代的神判一样，可以在神的名义下，数千年缓慢地向前行进，对他们来说，一万年太久，只争朝夕，尊重它，违背它。为什么尊重它？为什么要违背它？纠缠纠结，所以，雅典人的这种态度实际上并不难理解。的确，在一个传统社会，人们对于远古流传下来的惯例与习俗有一种自然的眷恋，不少人会本能地抵制变迁；而在一个剧烈变迁的时代，大多数人事实上都处于一种不安定的状态，而正是这种不安定大大强化了人们自然具有的要求稳定生活的心理倾向。所以，可以想象，政治与法律变动的许多结果并不如人们所愿，经验使人们对人为的政治变革产生了怀疑甚至否定的态度。因为，社会和政治生活需要起码的稳定，人们对于互相的行为才是可预期的，否则每一个人都会生活在焦虑与恐惧之中。或许也可以说，虽然希腊人不同程度地促成着他们的政治生活与政治制度的变化，但一直没能完全摆脱对这种变化的深深的不安。苏格拉底之死是一件非常具有象征意义的事件。他之所以被雅典法院判处死刑，是因为他的言行事实上动摇着雅典当时的政治法律制度；而他本人之所以宁肯在雅典接受处罚而拒绝出走，则是因为他在自觉地破坏着这个城邦现存制度的同时，又无法超脱对这种制度的忠诚。"最伟大的人承认他对遵守法律的责任，这一点永远是真实的。苏格拉底见证了此真实，他自信地迎接死亡而不是违背法律，他这样做并非受到胁迫，也并非一定非要这样做，甚至也不是谴责他的人所愿意看到的。"

在古希腊，其他城邦也有与雅典类似的规定以保护现存的法律。根据雅典政治家和著名演说家德谟斯提尼的叙述，在洛克里斯城邦甚至规定，如果有谁想冒险提出一项新的法律的话，他就必须在自己的脖子上套一根绳子。

只有新法被证明有效而且有利，他才能除去绳子；如果相反，人们就会勒紧绳子将其处死。另外，洛克里斯城邦还有一条法律规定："无论何人，如果提出（进一步）划分土地的建议，或者提出在长老会议、公民大会以及其他场合对这种建议进行投票，或者挑起针对现行土地划分方法的抗议的，其本人及其家人将永远被视为有罪，其财产将被充公，其房屋将被拆毁，对其适用的法律与谋杀罪相同。"[1]

雅典人为了给他们制定的法律确立一种牢固的不可动摇的地位，或者在法律的稳定与变动之间寻找某种平衡，曾经试图从概念上区别两类不同的法律，即所谓的"基本法"（nomos, laws）与"制定法"（psēphisma, decrees），并且确定了前者至高无上的地位。具体的方案是，公民大会可以通过多数投票的方法制定法规，但其权力的行使只能在更高一级的法律即基本法所设定的界限之内。如果它超越了这一界限，那么法院可以通过一种被称为 graphē paranomōn 的程序对公民大会的行动进行约束。另外，还设立了专门维护现存法律为职责的"监法官"（guardians of the law）。[2] 因此，有人认为，由于基本法与制定法的立法程序不同，所以除了在与腓力二世交战的时期（前 340—前 338）之外，雅典人基本上保持了对这种区分的尊重，也就是说，他们并没有以制定法的形式颁布那些具有永久性的规则。[3] 还有人认为，亚里士多德在对政体进行分类的时候，由于执着于确定城邦中的最高权力即立法权之所在，从而忽视了雅典政治体制中司法独立的重要性及其司法者的重要地位。[4]

事实足以证明古代希腊人对法律的尊重和认真。在古希腊，民主与法治一直是两个相互区别的概念。希罗多德曾经记载过一次公元前 522 年发生在三个人之间关于什么是最好的政体的争论。三位争论者分别是 isonomia（其

1　Cited from Alan Boegehold， "Resistance to Change in the Law at Athens"，in Josiah Ober and CharlesHedrick（eds.），Dēmokratia. A Conversation on Democracies，Ancient and Modern［M］. p. 208.

2　Cf.，M. H. Hansen， "Demos，Ecclesia and Dicasterion in Classical Athens," GRBS，19（1978）：127－146.

3　Cf.，Raphael Sealey，The Athenian Republic. Democracy or the Rule of Law［M］. University Park and London：The Pennsylvania State University Press，1987：34.

4　Cf.，Raphael Sealey，The Athenian Republic. Democracy or the Rule of Law［M］. p98.

含义相当于现代的法治，即 rule of law 或者 Rechtstaat）、oligarchy 和 monarchy 的支持者。希罗多德相信，只有 isonomia 而不是 demokratie 即民主制才是"政治秩序的最美妙绝伦的称谓"。但 isonomia 和 demokratie 这两个概念在公元前 5 世纪时期的雅典被认为已经重合，特别是在伯里克利时代，雅典人相信，由公民大会的多数通过的决议便可以作为基本法（nomos），因此基本法与制定法之间的区分已经不再有效。公元前 332 年的一次法庭辩论中，雅典政治家埃斯契尼（Aischines）曾经表示："人类社会有三种体制：君主制、寡头制与民主制。在君主制与寡头制之下，行使着支配权的是统治者专断的意志，而在民主制之下，唯有确立的法律才具有统治的地位。"[1]

但是，雅典人已经实现了民主与法治的统一的信念，在公元前 4 世纪末期——三十僭主的统治被推翻前后——却又出现了动摇，有人开始重提"在民主制度中，法律"也"应当成为主宰的力量"的论调。[2] 为什么民主与法治再次被人们区分开来呢？亚里士多德在《政治学》中对不同形式的民主政体的区分为这个问题提供了解答。他特别列举了一种政体，其特征是最高权力的来源不是法律，而是多数的表决。亚里士多德推论道，在这种政体中必将出现"制定法"拥有比"基本法"更高权威的结果。[3] 他进一步指出，一个立宪政府（politeia）的基本条件是，由基本法规定所有普遍性的事务，而城邦的管理者只对一些具体问题行使决定权，因此，如果说按照通常的理解，认为民主政府是立宪政府的一种形式的话，那么一个由制定法决定一切的政体甚至都不能被称为民主政体。用亚里士多德的话来说，就是一种政体"如果将所有权力都集中于人们的表决，那么严格说来，它就不可能是一种民主制，因为由这些表决而产生的律令，就其所涉及范围而言，不可能具有一般性"。

三十僭主的统治被推翻后，作为恢复民主制的一项重要措施，雅典人从公元前 402 年开始到公元前 399 年为止，展开了新一轮的立法工作。新法包

---

1 Cited from Raphael Sealey, The Athenian Republic. Democracy or the Rule of Law［M］. p. 106.

2 Hytperides. In Defence of Euxenippus［M］. XXI, 5.

3 亚里士多德的原话是：在"平民政体"中，"'命令'就可以代替'法律'"。参见［古希腊］亚里士多德. 政治学［M］. 吴寿彭，译. 北京：商务印书馆，1965：190.

括五个方面的内容，其核心是要求以梭伦和德拉古的法律作为未来政治生活的基本依据，只有在确实需要新的立法的情况下，才能根据新法规定的程序制定补充性的法律或者对原有的法律进行更改。学者们认为，公元前402年在雅典政治的历史上是一个转折点，美国政治思想史学家沃林提出，在此之前，雅 典 民 主 是 一 种 没 有 任 何 限 制 的 民 主，他 称 之 为 democratic constitutionalism；在此之后，雅典民主制开始表现出某些温和的特性，或者说民主开始接受法律的约束，他称之为 constitutional democracy。遗憾的是，包括雅典在内的古希腊各城邦在不久之后便被马其顿所征服，所以希腊人寻求民主与法治相统一的努力最终失败。

从观念层面上看，古代希腊寻求法治的努力就其根本方向而言注定要以失败而告终。尽管希腊已经为人类走向法治之路奠定了基础，但是其本身的局限性使这条路终究没有走到尽头就中道崩殂。

希腊城邦关于各自伟大的立法者（nomothetai）的传说是其剧烈的政治变化在逻辑上的开端。对于这类传说的政治意义，人们的解释各不相同。有人认为它们表达了古希腊人对于法律的重视乃至尊重；也有人认为，这表明在古希腊人的观念中，法律既非神授，亦非来自不可更变的传统，相反，它能够根据人们的认识、选择与决定而被加以更变。[1] 这实际上就是一种理性化思维，不管怎样，古希腊政治演变的过程应该是人们越来越多地、越来越广泛地利用行使其立法权的过程。虽然在这个过程中人们远不是无所顾忌的。

理性化思维作为古代希腊最突出的精神特质，其核心内容就是对于"同一性"的关注，具体来说就是对于规律或者说规则即变动的表象之后某种不变的因素的追求，后者被视为使一个事物保持其自身的存在并区别于其他事物的关键，是事物的灵魂，柏拉图称之为"理念"，而亚里士多德则称之为事物的"形式因"。这种"理念"或者"形式因"表现于物质性的存在便形成了它们的本质，表现于事物的进程便成为支配它们的运动的确定不移的法则。上述信念同样表现于希腊人的政治思考中。希腊文明早期，人们普遍认

1　Cf. , Christopher Rowe et al. （eds.）. The Cambridge History of Greekand Roman Political Thought [M]. Cambridge：Cambridge University Press，2000：42.

图 1-7　苏格拉底之死（1787 年，雅克·路易·大卫　作）

为，政治生活中同样存在着一些不变的法则，这种信念伴随了整个希腊文明的始终。他们把这种规则称为 nomos，在不同的场合，现代人也将这个词翻译为规律、法律等，柏拉图晚年的重要著作《法律篇》提到法律时用的就是这个概念。需要指出的是，在古代希腊政治的变迁过程中，这种法则的内涵发生了重大变化。最初它们被理解为神的意志，体现为那些被视为神圣不可侵犯的传统与习俗，诗人品达有一句名言——"习俗（nomos）乃万物之王"，[1] 悲剧作家索福克勒斯也认为："习俗的智慧比真理更为强大有力。"[2] 但是，随着时间的推移，这些传统与习俗渐渐失去了它们身上的神秘光环，取而代之的是人们理性思考的逻辑结论或者经验观察的结果。古希腊智者希皮亚斯（Hippias）说："习俗无非是人们头上的暴君，它强迫我们做许多违反自然（本性）的事情。"[3] 虽然这并不意味着希腊人放弃了他们的思维方

1　Michael Gagarin and Paul Woodruff. Early Greek Political Thought from Homer to the Sophists [M]. p40.

2　Ibid. , p52.

3　Plato. Protagoras [M]. translated by Benjamin Jowett, Amherst. N. Y.: Prometheus Books, 1996：337d.

式，或者说放弃了他们对那些确定不移的法则的信仰，但这些法则本身已经变成了人们反思的对象，它们的力量已经不再来自于年代的久远或者人们的习以为常，它们必须经受理性法庭的检验。

在这一时期的古希腊思想中与"习俗"（被认为是偏见与狭隘利益的体现）对立的概念是"自然"（规律与本质的体现）。柏拉图《理想国》中的一位对话者曾经表达过这样一种观点，即现实社会中所谓的"正义"观念，不过是弱者为了束缚强者的手脚而设计出来的一种人为的规范，而真正的"正义"则应该是一种类似于丛林法则的弱肉强食的规则。在他的另一部著作《高尔吉亚》中，智者安提丰（Antiphon）赤裸裸地表达了自然与习俗的对立，他说："正义乃是不违背一个人作为其公民的城邦的法律。因此，如果某人当有别人在场的时候遵守法律，而当没有别人在场的时候顺从自然，那么他就可以说是为自己的利益最大限度地利用了正义。因为法律的要求是外在的，而自然的要求乃是必然的，而且法律的要求出于人们的认同而非出自本性，而自然的要求乃是出于人的本性而不是简单的认同。因此，一个人在违背法律的时候只要那些与他一道认同这项法律的人不在场，他就可以免于被处罚和羞辱，而当他们在场的时候就做不到这一点。但是，如果一个人试图违背自然内在的要求——其实这是不可能的事情——那么即使没有任何人看到他，他所受的损害也不会更少一点；哪怕所有的人都看着他，他所受的损害也不会更多一点，因为他受到的损害不是名誉上的，而是实质上的。"[1] 事实上，在智者学派不少成员的用语中，"自然"已经成为人的本性的代名词，并且安提丰从人就其本性而言就是趋善避害的动物的前提出发，认为那些限制人性的法律与习俗本身就违背了自然："许多按照法律来看是正义的事情，从自然的观点来看不过是一种邪恶"。[2]

这里反映的是一大批活跃于希腊政治民主化时期颇有影响的人物的观点，实际上就是当时希腊社会普遍的思考方式，虽然他们中的每一位成员并不一定都像智者们那样赤裸裸地为维护个人私利声张。苏格拉底、柏拉图与

1　Michael Gagarin and Paul Woodruff. Early Greek Political Thought from Homer to the Sophists ［M］. p245.

2　Ibid.，p. 245.

亚里士多德恰恰是这种思想严格意义上的继承人。当然，思想上的变化与现实政治生活的剧烈变迁是互为因果的。也可以说，上述思想状况的变化是古希腊政治变迁的一个基本前提，因为一种被普罗泰戈拉概括为"人是万物的尺度"的新观念的出现使人们可以比较轻松地设想与实践各种新奇的政治方案。

具体来说，新的思想对传统的瓦解是从两个方向上进行的。在第一个方向上，一些人从传统规范与现实的严重脱节出发干脆承认现实而否定传统，这就是智者学派的立场；在另一个方向上，一些人虽然不满传统与现实的矛盾，但采取的方法却是试图同时超越这两者而在更高层次上使它们互相协调，这是哲学家们的立场。这两个不同的方向对应着两类对法律的不同理解。智者学派认为，法律不过是社会中的某一部分占有优势地位的人——比如说民主制之下的民众或者寡头制之下的少数富人——为了维护自己的地位与利益并且对社会中的其他部分进行约束而形成的某些政治安排。但是，被他们认为体现了"自然"的"法律"与任何社会中的普遍的正义观念之间显然存在着一道巨大的鸿沟。正如苏格拉底所看到的，智者学派的立场是危险的，如果依照他们的理解对法律进行改造，那么社会将失去基本的一致性并陷入无穷无尽的冲突；如果他们的观点被人们所接受而原先的法律体系又同时得到保留，则整个社会将被可怕的犬儒主义所俘虏。

第二种即哲学家们的立场是由苏格拉底与柏拉图所代表的。苏格拉底或者说柏拉图的政治哲学的一个基本目的，就是弥合智者学派造成的"自然"与正义之间的断裂。为此，他们对自然进行了与后者不同的理解，即坚持个人私利根本不能反映自然的逻辑，真正的自然只有通过人类理性的思考才能被发现，法律所体现的必须是这种理性思考的结果。柏拉图（特别是前期）一般给人以反对法治提倡人治的印象，而他的确在《政治家篇》中明确表示："在最好的情况下应该是人而不是法律拥有全部的权威，他掌握着统治的艺术并充满智慧。"[1] 不能说这是一种错误的理解，但可能有些简单化。即

1　Plato. Statesman［M］. trans. by J. B. Skemp. Indianapolis：Bobbs－Merrill, 1957：66.

使不谈柏拉图在其晚年的《法律篇》中又重提法律统治的重要性，[1]　就是对他那部被人们认为典型地体现了人治倾向的《理想国》，也可以有不同的解读。如果考虑到柏拉图在这部书中对于理想城邦的政治、经济、教育、文化、婚姻以及家庭都进行了不厌其烦的规定，哲学家们客观上已经无所作为的话，那么，虽然他表面上主张人治，但还是为统治者的行为确定了明确的规范，他们远不能为所欲为。在这种状态下是谁在统治呢？还是那位伟大的立法者柏拉图，或者更准确地说，是由他所发现和制定的法治来进行统治。因此，不在于柏拉图到底是提倡"人治"还是"法治"，而是哪一种法之治。

应该说，在古希腊，必须由法律来进行统治这一点似乎并没有受到太多怀疑，但具体是什么样的法律这个问题，人们却给出了不同的回答。民主主义者认为法律是多数人的意志，智者学派认为法律是强者利益的体现，苏格拉底和柏拉图则认为法律应该是哲学家理性思考的结果。尽管有所区别，他们之间还是有一个共同点，那就是他们都认为，法律必须是由某些人发现并且制定出来的统治工具，而恰恰是这样一种认识，使他们没有能够在实践中为法律的稳定性找到坚实的基础。即便如柏拉图者，同样是在绕了一个大圈子之后又回到了人的问题上来。在《法律篇》中，他忍不住在城邦里保留了一个所谓的"夜间委员会"，由它掌握对所有事务的最终决定权。[2]　正是在这个方面，亚里士多德体现了与柏拉图不同的另一种思想的深邃。

亚里士多德明确主张法治反对人治。他说："谁说应该由法律遂行其统治，这就是有如说，唯独神祇和理智可以行使统治；至于说应该有一个人来统治，这就在政治中混入了兽性因素。常人既不能完全消除兽欲，虽最好的人们（贤良）也未免有热忱，这就往往在执政的时候引起偏向。法律恰恰正是免除一切情欲影响的神祇和理智的体现。"[3]　的确，在古希腊的历史上，梭伦和其他立法者的失败已经表明，无论他们采用什么样的法律与制度手段

1　柏拉图在《法律篇》中提出："如果法律没有自己的最高权威而必须从属于其他的因素，城邦的崩溃也就为期不远了……相反，如果法律成为统治者的主人而统治者不过是法律的奴隶，那么人们就能够看到无限光明的前景，并且能够享受诸神为城邦所赐予的所有幸福。"［Plato, *The Laws*, translated with an introduction by Trevor J. Saunders. London: Penguin Books Ltd. , 1970: 174.］

2　唐士其. 西方政治思想史［M］. 北京：北京大学出版社，2002：64 - 65.

3　亚里士多德. 政治学［M］. 吴寿彭，译. 北京：商务印书馆，1965：168 - 169.

都不可能阻止与他们一样的人产生革故鼎新的抱负，并将这种抱负付诸实践。梭伦制定的法律不仅没有"百年不动摇"，甚至在他有生之年雅典政治就发生了剧烈的动荡，最终以他的黯然离去而告一个段落，在梭伦之后的雅典则成为一个新法律的展示场。亚里士多德对古希腊政治中的这种现象进行过如下总结："至于尊敬有所创见以利邦国的人们，听起来好像是正当的，实际上施行这种政策却未必有好处。这种政策鼓励改革也会惹起反动，于是就可能造成城邦政治的纷扰。"[1]

　　亚里士多德对人治的批判是彻底的，他的法律观的基本出发点就是他对柏拉图推崇备至的个人理性的一种根本上的不信任。因此，他既否定了把个人理性等同于法律的做法，同时也否定了多数人的统治从根本上说可以比一个人的统治拥有更多合理性的可能。这种不信任，加上他丰富的阅历与渊博的学识，使他宁愿相信一种埋藏于传统与习俗之中的智慧，而不是一时勾画出来的宏伟的社会改造蓝图。亚里士多德相信，在习俗与传统之中凝聚着无数代人的成功与失败的经验和教训，包含着一种时间与历史的更高的理性，从而超越了每一个具体时代的具体个人（无论他是多么优秀的哲学家或者立法者）的思想能力和想象力。他相信："积习所成的不成文法比成文法实际上更有权威，所涉及的事情也更为重要。"[2] 针对类似柏拉图的理性设计，他的观点是："人类既然经历了这么长久的年代，如果这些创见的确优异，那么为什么没有被前贤所觉察。现世的种种，历史上几乎都有先例；只是有些虽曾发明而未经集录，'故不传于后世'；有些虽已为大家所知，而从未实施，'所以得失还不能洞悉'。"[3] 亚里士多德的想法是，即使人类从总体上和长远来看能够把握理性，但这种理性未必表现在某个特定的时代和某些特定的个人身上。换言之，法律的彻底理性化要求其内部存在着某种以理性的名义从事非理性行为的可能，反过来说，真正的理性恰恰应该包括对理性自身的某种怀疑态度。

　　另外，亚里士多德相信，尽管法律并非万能，也可能存在各种各样的缺

1　亚里士多德. 政治学 [M]. 吴寿彭，译. 北京：商务印书馆，1965：79.

2　亚里士多德. 政治学 [M]. 吴寿彭，译. 北京：商务印书馆，1965：169 - 170.

3　亚里士多德. 政治学 [M]. 吴寿彭，译. 北京：商务印书馆，1965：57.

陷,但法治本身的特点就排斥对法律无休止的变革。"变革实在是一件应当慎重考虑的大事。人们倘使习惯于轻率的变革,这不是社会的幸福,要是变革所得的利益不大,则法律和政府方面所包含的一些缺点姑且让它沿袭好了;一经更张,法律和政府的威信总要一度降落,这样,变革所得的一些利益也许不足以抵偿更张所受的损失。"[1] 这是一种洞悉事理之后达观务实的态度,在古希腊是一种少有的智慧。虽然现实生活中立法者们希望他们所创设的法律能够存于千古,但他们的出发点与亚里士多德的不同却是一目了然的,况且后者从根本上就排斥依靠立法移风易俗的观念:"变革一项法律大不同于变革一门技艺。法律所以能见成效,全靠民众的服从,而遵守法律的习性须经长期的培养,如果轻易地对这种或那种法制常常作这样或那样的废改,民众守法的习性必然消减,而法律的威信也就跟着削弱了。"[2] 换言之,人们如果希望享受法治所带来的稳定与秩序,那么就必须忍受它本身可能具有的不便。

因此,亚里士多德提出的问题就是:真正的法治所依据的,到底是作为人类理性思维结果的法,还是历史上无数人的实践活动形成的习惯中所凝结的法?他的结论也是显而易见的,即一种由作为特定个人理性思考结果的法律所支配的状态仍然属于人治而非法治。亚里士多德不仅觉察到了这个重要的事实,而且设想了若干方法保证人们对于习惯的遵从。当代美国政治思想史学家沃林认为,亚里士多德的工作,从根本上说就是试图寻找一种使民主政治能够接受法律约束的机制,或者说,如何使法治在民主制度之下能够结构性地表达其自身。[3] 这正是希腊实现正义所面对的内在本质,可以说,亚氏的工作极有意义,但是,希腊的政治实践恰恰"结构性地"使亚里士多德无法找到一种制度的力量可以保证习惯之法的统治,因为古希腊的政治正是在对传统与习俗的破坏之中不断演化的,这是青年人所走的有意义的第一步,通向正义,却未完成,只有数百年之后在欧洲发展起来的日耳曼人的政治和法律实践,才为真正意义上的法治的出现提供了重要的契机。

1　亚里士多德. 政治学 [M]. 吴寿彭,译. 北京:商务印书馆,1965:81.
2　亚里士多德. 政治学 [M]. 吴寿彭,译. 北京:商务印书馆,1965:81.
3　Sheldon Wolin, "Norm and Form:The Constitutionalizing of Democracy," in J. Peter Euben, John Wallach, and Josiah Ober (eds.). *Athenian Political Thought and the Reconstruction of American Democracy* [M]. Ithaca:Cornell University Press, 1994:49 – 51.

第四节　罗马法者，帝国之基!

　　罗马帝国曾三次征服世界，第一次以武力，第二次以宗教，第三次以法律。武力因罗马帝国的灭亡而消失，宗教随着人民思想觉悟的提高、科学的发展而缩小了影响，唯有法律征服世界是最为持久的征服。

——耶林《罗马法精神》

　　黑格尔曾说："智慧的猫头鹰总是在黄昏时飞起"。到了亚里士多德，希腊气数已尽，许多伟大而持重的设想还没实现，就赍志以浸，被亚历山大大帝的铁骑席卷征服，希腊文明丧失了独立的地位，只能以参照学习的身份被古人追忆摹仿，最终在蓝波粼粼的地中海接过文明火炬的是希腊西部的一个半岛部族罗马，正是罗马在希腊人的基础上将法治向前推进了一步。

　　罗马的司法也经历了从禁忌到习惯再到法律的过程。这从罗马早期的历史发展即可看出。自建城以来，罗马跟所有的民族一样，都是从部族时代开始，经过漫长的时间而逐渐发展起来的。罗马法的一些要素就是在部族时代的习俗襁褓中发育成熟起来。在部族时代，人类的经验性习俗不外乎两种，一种是基于部族村落共同体的公共意志的经验性习俗，如维护部落守护神和部落的共同利益的习俗。另一种是由于私有观念已经出现，所以又有了维护个人所有权的习俗。这些习俗最初表现为公共利益，而所有对这些习俗的侵犯都是渎神的行为。例如：在古罗马，Lar（家神）就代表父权，部落守护神代表婚姻权，界神代表所有权，阴魂神代表埋葬权，在《十二铜表法》和西塞罗的《法律篇》中还保留有"jus deorummanium（阴魂神的法律）"。维

图 1 - 8　罗马角斗场（圆形大剧场）

柯认为第一项人间制度就是婚姻，第二项人间制度就是埋葬，而这些制度是被神化了的。这些权力在最初属于被神化了的公共权力，实际上是一种部落的基本规则和对外权，维护它就是维护部落神的权力。因此最早对侵害者的处罚可能就是"公祭"，在西方就是把它献给复仇女神，这些被处死的人叫作"anathemata"，即"被开除教的人"，而拉丁文中的"杀"（mactare）原是牺牲之意，西班牙语中的"杀"（matar）和意大利文中的"杀"（amazzare）也都是此意。又如，希腊文中"ara"意为"有害的身体""发誓""愤怒"，在拉丁文中仅有"祭坛"和"牺牲"两个意思。古代部族战争中的俘虏用于"公祭"，就是对这种非同一图腾"异教者"的惩罚，这与我们在少数民族的某些习俗中见到的把死者的头颅放在家里，向他祈祷，去寻找偷窃者一样。再如，在《十二铜表法》中，"公祭"作为一种处罚方式仍被保留，谁偷了别人的东西就要被献给父主神作祭品，烧掉别人的粮食要被献给谷神作祭品，这种残酷的方式旨在表达用肉体换取精神的原始信念。不仅如此，这种维护公意神权的习俗，在对外族的战争中成为保卫"祭坛"和"家灶"的制度。把侵害者的头颅放在祭坛上，对侵略者的战争被称为"纯洁的和虔诚的战争"。[1] 因此"公祭"作为对冒犯公共神意的处罚方式是不需要裁判的，因为它已是被公众所认同的了。正如梅因所说，"触犯上帝的罪行的概念产生了第一类律令，触犯邻居的概念产生了第二类律令"，只是这种"公"的规则是一种被神化的权威。我们认为，如果说原始人类最早的习俗是"法"，那么首先产生的是"公法"；如果该原始人类有"刑法"，那么"公祭"就是一种在先民团体中没有争议的刑罚。

从更抽象的意义上讲，罗马早期的宗教意识对他们的习俗和后来的法律的影响是"公"的方面，所崇拜的神灵具有不可侵犯性，冒犯家神、族神将孕育部族的灾难。各国共有的远古洪水神话就说明了这一点，因此对渎神者处以任何处罚都是对部族的拯救。在部族时代，最早的刑罚不是因战争而起的。最早的罪行是冒犯神灵的犯罪，最早的刑罚可能就是"献祭"和"流放"。在人类文明史上，即使是"私"的观念的产生和确立也都是以"公"的名义，即通常以"神"的名义确立的。在古罗马，包括土地所有权和家长权这些私有权的确立都是以神的名义而成立的，前面提到的"家神""土地神""界神"就是这些权利的神话，侵犯私有财产和人身权利往往是以冒犯神灵的形式表现的，"人们确信私有财产只有放在神和惩罚的法律的庇护之下才能维持"，"对冒犯者的处罚是让他落入神的权力之下，受神的处罚"，"赎罪"的形式直接表现为献祭，如将渎神者悬挂在绞刑架上，或乱棒打死或沉于水底。这种情况在《十二铜表法》中仍有保留，如"将在夜晚毁坏庄稼的人杀死用于献给丰收保护神，对施用魔法的人处以极刑，对欺骗门客的庇主处以献祭刑"。在古罗马的"献祭"倒更像是"赎罪"。而神判所请的神明中几乎没有祖先神，相反都是古已有之、约定俗成的，它与最原始的献祭神同出一类，更多的是宗教赎罪的意思。[2]

除了"献祭"之外，"流放"是对"渎神者"的另一种惩罚方式，"流

1　这种"公祭"亦在中国古代民族战争中经常使用，后来罗马的战争也具有类似特征，英勇善战的罗马军团的凯旋、出征莫不有公祭的特点。

2　在古希腊，司法女神"地美士底"居于万神庙中，在西西里，神判亦在帕利斯（地神）神庙中举行，"被告写下誓言，把写有誓言的纸投入水盆里，如果浮起便被豁免，古希腊特雷泽纳的庙宇也是以实行这样的神判而闻名"。

放"是将渎神者逐出共同体之外，在被遗弃中赎罪。在西方任何人都可以任意杀死"渎神者"，因为神已将他遗弃，在观念上"这在原始时期甚至被认为是一种义务"。罗马共和时期，著名的"贝壳放逐法"虽旨在表明是公意判决，但实质上极可能是这种观念的残留。"早期在民众会议诉讼中，人们就允许在判刑前通过流放来避免极刑。其后是丧失市民籍和没收财产，而且流放者不得返回自己的祖国，否则可能遇到生命危险。"在王政时期，人们把被"献祭者"与被"流放者"当作被神所抛弃的人，"在实践中这种流放是极刑的一般后果，当时人民的法律意识必定是把流放看作地地道道的刑罚"，"流放变成了一种极刑"。

"流放"意味着渎神者不再为部族神灵所佑助，是一个没有神保佑的人，是孤独的人。古代斯堪的那维亚人称之为"森林中的游荡者"（Wood Walker)，"凡因判决被流放者，则立即有人高举'熊熊火焰'从后追赶，烧灼死亡。如其逃去，则立将其住宅烧毁"。正如西塞罗所言："至于说到罪人犯罪和对神亵渎，实无任何净罪可言，因此，人们因这些罪孽而受惩处而不是用判决……而是报复女神在追袭和跟踪犯罪的人，并且不是像悲剧里描写的那样举着火把，而是犯罪之人意识到罪孽后，内心遭受谴责和折磨。"在许多日耳曼语中，称被逐之人有"禽兽之自由"（biesterfre，or vofelfrei)。在古希腊阿哥斯地区，有处死刑的神庙，被处死的人叫"Anathemata"，即我们说的"被开除教的人"。在西方"收容所"这个概念，最早就是指这些被流放者所在的地方，据传卡德茂斯（Cadmus）创建希腊最古城市特苏斯（Theseus）和雅典，罗慕路斯创建罗马城，最早就是从这些地方开始，"不幸者"是对这些渎神者的称呼。他们享受不到社会提供给虔敬者的那种一切神和人的幸福，是不幸的人。

这些都是罗马的早期形态的法律呈现，它与其他地区，比如希腊、中国，有很多相似之处，这是基于类似的发展阶段和共通的人性的表现。但罗马并没有沿着这条路走下去，而是在吸收其他文化遗产的前提下，与自己的社会经验所得镕铸一炉，最终为世界贡献出一份伟大的法律遗产——罗马

图 1-9　西塞罗谴责喀提林

法。正是从罗马法开始，世界上第一次出现了"法学"这个语汇。[1]

正如查士丁尼《国法大全》所展示的那样，罗马法制度历经五个世纪而发展成为程序和实体规则的一种混合表述，它体现了对这样一种信念的强烈承诺：由法律而不是由专横的权力来提供私人纠纷解决方案的语境，《国法大全》最重要的部分《学说汇纂》的第一部开篇说："万民……皆受法律和习惯的统治。"这确认了一个重要的政治理念：政治社会应该是一个法律社会。更重要的是，这些文本显示出罗马的实践家和法学家创造了一种详细而复杂的关于合法性的语言，这种语言和那些从特定的案件里衍生出来的规则一起贯穿于范围广泛的法律原理和法律概念中，"法学"一词即是明证。

西语"法学"一词，拉丁语为 Jurisprudentia。该词是由 ius 和 providere

1　学科分类，希腊是古典政治学（polis）和哲学（philosophy）的起源地，法律的问题基本上是在政治学和哲学框架下展开，并不是一个独立的、需要认真对待的学科，希腊人谈起法律等问题，也是一方面依靠习惯，一方面依靠哲学思想的推进与演化。然而，司法实际上是一个非常专业化而棘手的问题，在神判法时代，神可以作为裁判的依据，那是因为社会还不够复杂，人们思想还比较单纯，因为在神的名义下的审判，有其有效性，然而，随着社会发展、人心复杂化，神的震慑力也相应松散，人们便需要一种更精微复杂的技术与学问体系来解决问题，这就是罗马法，以及由罗马法开启的认真而深入的法学思索。

合成，前者解释为法律、正义、权利，后者表示先见、知晓、聪明、知识等，两者合成一词 Jurisprudentia，表示有系统有组织的法律知识、法律学问。要精确说明 Jurisprudentia 究竟成于何时，当然是十分困难的，但从古代罗马法学家留下来的文献来考证，该词至少在公元前 3 世纪末罗马共和国时代就已经出现。公元前 451 年至前 450 年，罗马颁布了著名的《十二铜表法》。为了让这一成文法典得以贯彻实施，罗马统治阶级加强了对该法的解释和讲授。最早，这种解释和讲授的权利控制在少数神职人员手中，范围也很狭窄。所以，解释和讲授法律的活动未被社会广泛知晓，也未能形成一门比较系统的学问和固定的职业。公元前 254 年，平民出身的科伦卡纽士（T. Coruncanius）担任了大神官，他开始在公开场合讲授法律的条文。公元前 198 年，执政官阿埃利乌斯（Aelius）进一步以世俗官吏的身份讲授法律、著书立说，从而使法律知识面向社会，走入市民生活，最终成为一门世俗的学问。这门学问，就称为 Jurisprudentia，而讲授的人，就称为 Jurisconsultus（法学家，是 ius 和 consultus 的合成词。consultus 意为智慧、精通、考虑者、训练者）。至公元 2 世纪罗马帝国前期，Jurisprudentia 一词已经被广泛使用。当时的五大法学家之一的乌尔比安（Ulpianus，约 160—228）曾对 Jurisprudentia 下过著名的定义："法学是神事和人事的知识，正与不正的学问"（Jurisprudentia est divinorumatquehum anorum rerum notitia, justi atque injusti scientia）。公元 6 世纪，查士丁尼皇帝在编纂《学说汇纂》和《法学阶梯》时，把这一定义收了进去，从而使它得以传至后世，最终拉丁语"法学"（Jurisprudentia）这一用语在欧洲各国得到广泛传播，成为西方法学殿堂中最底层的基石。

"法学"的形成和发展，与自然法学说密切相连。如上文所言，自然法学说发源于古代希腊，其核心是强调神法和理性法的无上权威以及它对人类制定法即实定法的支配力，强调法律所应当体现的公平和正义，强调法律对当事人的自然权利的保护。按照日本著名罗马法学者船田享二的观点，罗马法学家在创造和运用法学 Jurisprudentia 这个词时，已经受到了古希腊自然法学说的深刻影响。他引用中世纪西方学者的话说，在罗马法学家的观念中，正义是一种德，法律（ius）的任务是为了实施正义这种德，而 jurisprudentia

解释为法律的知识、学问，其目的则在于帮助正义这种德的实施。正是在这种意义上，乌尔比安将 Jurisprudentia 解释为"正与不正的学问"。[1] 可以这么说，以自然法为核心的强调法的公平正义和理性的世界观，是"法学"一词形成、发展、丰富和科学化的根本动力之一。[2]

再者，同希腊的"政治学""哲学"一样，"法学"的形成、发展，得益于罗马社会特有的各种历史文化条件。这些条件，除上述商品经济的发展、自然法思想的流行之外，还有立法尤其是成文法的发达、法与宗教或神学的分离（法的世俗化）、职业法学家阶层的出现以及比较宽松的学术氛围。其中，职业法学家阶层的出现与宽松的学术环境对"法学"一词的形成与发展尤为重要。众所周知，古罗马从公元前 3 世纪中叶起，就出现了职业性的法律知识的传授活动，从而逐步形成了一个专业性的法学家阶层。从公元前 2 世纪末起，法学名家开始辈出，如斯卡埃屋拉（Scaevola，公元前 95 年执政官，著有 18 卷《市民法论》）、鲁福斯（Rufus，公元前 51 年曾任执政官，据传遗有 180 多种法学著作，收有弟子数百人）、拉贝尔（Labeo，前 50 年—前 20 年，留下法学著作 400 多卷）等。据中世纪后期法国著名私法学家朴蒂埃（R. J. Pothier，1699—1772）的考证，在罗马时代，仅古典时期的著名法学家（classicaljurists，包括乌尔比安等五大法学家在内）就有 92 名之多。正是职业法学家的成批涌现，才使得法学这门学科不断成熟、日益精密，从而演化出各种制度、原则和概念术语，从而有了解释世界、理解世界与规范世界的新的框架。可以说，希腊的知识精英是哲学家、诗人与戏剧

1　至中世纪末期，古代希腊罗马的自然法学说得到复兴，并迅速影响各国的学术界，成为一种新型的法学世界观（法学观）。这种法学观强调民事权利主体的平等，强调私有财产所有权神圣，强调契约自由，强调法的公正性和权威性。正是在这种背景下，不仅 Jurisprudentia 一词成为英、法、德、意等国的"法学"一词的词根，也出现了用这种新的法学观来解释法学的法律科学的概念，如 Legal science、science du droit 以及 rechtswissenschaft 等。

2　罗马人欣赏古希腊文化的痕迹随处可见。如公元前 451 年制定罗马法史上第一部成文法典《十二铜表法》时，就曾派遣三位使节专程赴希腊雅典考察梭伦立法。在史书上有明确记载的热爱希腊文化的罗马贵族和皇帝不计其数。同样，社团的公法观念也来源于古希腊。"国家乃是一个法人社团，这个团体的成员身份是它的全体公民的共同财产。国家的存在可以把相互帮助的利益和公正的政府提供给其成员。"可以看出，西塞罗的国家观念并无新意，建立在希腊城邦基础上的政治观念似乎早已将后人的想象力穷尽了。

家，罗马的知识精英则是法学家。不同气质的知识精英，拥有不同的世界观察视角，希腊是抽象生动的，有诗性的气质与天才的臆想猜测，而罗马则是举止沉稳、目光远大的现实厚重，以后罗马的每次重大变迁，其背后都有法学家或以行动或以理论的推动。在罗马，法学家才是他们灵魂的祭司与吟唱者。

罗马法学是了不起的智慧产物，立于世间，以实用为体，作为一门学问，深入下去难免就需要划分界域、深化概念。罗马法学对现代最大的影响是将法律划分为公法（jus publicum）和私法（jus privatum）。这种公私法的截然两分源起于古罗马，由此为分而析之的法学思维找到肇始。[1] 公法和私法的划分始于罗马法学家乌尔比安。他的划分标准是：规定国家公务的为公法，如有关政府的组织、公共财产的管理、宗教的祭仪和官吏选任等法规；规定个人利益的为私法，如调整家庭、婚姻、物权、债权、债务和继承关系等的法规。公法的规范是强制性的，当事人必须无条件地遵守，查士丁尼在《学说汇编》中所说："公法的规范不得由个人之间的协议而变更。"而私法的规范则是任意性的，可以由当事人的意志而更改，它的原则是"对当事人来说'协议就是法律'"。在古罗马，由于商品经济的发展，客观上促成了当时市民社会与政治社会的分离，由此产生了公私法的第一次主观划分，而这一划分，又为西方日后将国家与社会分离奠定了理论基础。[2]

罗马与希腊不同。希腊的政治建构止于城邦，其最高程度也不过是出现提洛同盟之类的城邦联盟，在一个文化区域里，它们没有一个统一的法律，

1　公元 3 世纪的罗马法学家乌尔比安最先提出，法的"研究对象有两个：公法和私法。公法是有关罗马国家稳定的法，私法是涉及个人利益的法。事实上，它们有的造福于公共利益，有的则造福于私人。公法见之于宗教事务、宗教机构和国家管理机构之中。私法则分为三部分，它是自然法、万民法或市民法的总和"。查士丁尼的《法学阶梯》写道："法律学习分为两部分，即公法与私法。公法涉及罗马帝国的政体，私法则涉及个人利益。这里所谈的是私法，包括三部分，由自然法、万民法和市民法的基本原则所构成。"再次对之予以肯定。

2　在希腊社会，因为城邦规模狭小，公私并没有区分。也就是说，个人与城邦缺乏一个界限，公民权利得不到有效的保障，很容易沦为暴民的政治，苏格拉底的死也可以看作希腊司法缺陷的一个例证。最初，罗马国家对私人家庭的事不加过问，家长对家属和家务有绝对的权力，故没有划分公法、私法之必要。随着经济和社会的发展，国家对家庭和个人的干预越来越多，终于需要在国家权力和私人活动之间确立一条明确的界限，这是古罗马法学家的一种杰出的思维创造。

也没有一个统一的中心，自由而又松散。起初，这促进了希腊文化的自由发展，然后，却又成为希腊发展的束缚，城邦内部僭主与暴民交替，外部争霸纷然，甚至相互出卖，最终被马其顿灭亡；而罗马却经历了从城邦到共和国，然后再到庞大帝国的演化过程，规模的扩大，社会的发展，也为国家与社会的分离提供了条件。

首先，由城邦扩展为帝国，社会生活的复杂化在帝政时期对法产生了一系列有益的影响，如万民法的发达，市民与臣民差别的废除，各种法学派的林立等，还有国家管理代理人的出现。"在君主及其权力诞生之时，君主制的地位要求形成一套相关的组织。""这个组织起源是单一的，因为它以君主的整个权力为中心，这种权力有着各种各样的运用形式，为此，需要设立代表、助手和提供各种服务的人员。所有这些人均从君主那里取得其职能、权限和权力，他们以君主的名义或者受其委托开展活动。"随着古罗马领土的扩张，权力的进一步集中，君主面临着日益增加和复杂化的国家事务。为此，罗马在共和传统的基础上，设立了许多不同的机关，通过这些机关的代理实现对国家的管理。在克劳提乌斯（Claudius）统治时期，君主的个人秘书处如此庞大以至他将其分为四个部门。而元老院也从原来的立法者日益变成君主的咨议机构。因此，君主制的历史进程逐渐改变了那些最初被理解为为君主个人服务的任务与职责，使之成为真正的国家官员的职务。这些国家官员不同于执法官之处在于，他们的任期是不确定的；他们取得报酬；他们的权限有着特殊的依据，被理解为君主的受托人和代表，共和国时期的官职或者被取消，或者被赋予新的内容。由此，罗马将更多的注意力放在维护政权的稳定，而非政权，事务的管理则留给作为代理人的国家机关；居民也不再同于城邦时期，渐渐远离政治，特别是罗马城的居民由于战争带来的物质的丰富，在无奈于政治之后，转而投向私法的世界。就这样，在市民法与万民法逐渐融合的过程中，政治与法律分道扬镳，公权远离私权，市民社会悄然形成。市民社会是一种独立于国家的"私人自治领域"，即不受国家直接干预的领域。市民社会的相对面为政治国家，二者之所以分离，是为了防范不受限制的国家权力对工商业经营和私人领域的侵犯。因此，市民社会与政治国家的关系，就是市民的权利与国家的权力之间的关系，也就是公法与私法领域的界限问题。

可见，国家与市民社会的分立实际上表现为国家在公私法上的分野，这得益于罗马帝国对城邦政治的突破，尽管它外形"丑陋不堪"。而且，国家作为一种公法意义上的社团，带给私法意义上的社团以参照，盖尤斯在《论行省告示》里讲道："这些社团后来被允许取得社团或协会的形式，使用自己的名称，像国家一样拥有共同财产，自己的共同金库，共同的代表或代理人，像国家一样通过他们所需要共同去办的事情，起诉或者被诉。"《罗马法教科书》指出："团体在外界关系中的法律人格只是从帝国时代才发展起来，并逐渐以国家的人格为模式。""团体通常有一个以国家为模式的组织"。可见，国家这个脱胎于城邦的社团，不仅在公法上著宪立政，而且也在私法上继往开来，为私法意义上的社团人格的完善树立典范。

在对法学进行了如此重要的分类以后，罗马法学家将研究的重点放在了私法。正如写在《民法大全》首页上的，"正义就是给每人以应有权利"；"法的准则是：诚实生活，不害他人，各得其所"；"每个人为保护自己而做的一切均被视为合法的"，这些影响后世并深入人心的观念即来自于私法。罗马法在创立了完整的、系统的私法体系、私法概念、私法内容之后，奠定了自己公法上独立品格的基础。这种品格传承于古希腊，从罗马共和国时期开始积累，在公法社团里找到宪政的骨架，到帝国时代，潜隐在私法里丰满羽翼，伴随着航海贸易的逐步扩大，复兴于启蒙思想者的笔端，落实到西方各国的一系列宪法与民法制度体系中，最终成为近代以来西方宪法与民法的基本精神。

除此之外，相比古希腊的简单尝试与理论争执，罗马在理论深化的基础上提供了更有序的概念体系与司法技术手段。比如，如同公私分立的分类，梅因曾经说过："类比，这是法律成熟时期中最有价值的工具。但在法律学的初生时代却是最危险的。""当一种食物由于卫生的理由而被禁止，禁令就要适用于一切类似的食物。同样地，为了一般的清洁而做出的明智的决定，终于竟变成了教仪上冗繁的手续"。归类原来是如此的靠不住，由此而来的判断远远无法称之为科学。于是，古罗马又发明了"犹疑"的技术，给判断以延期；又有了"拟制"的技术，使判断找到了源头活水。"'拟制'在旧罗马法中，恰当地讲，是一个辩诉的名词，表示原告一方的虚伪证词是不准被告反驳的"。这种"拟制"相当于后世的"推定"，梅因将其恰当地置于法律与社会相协调的关系中，反映了罗马法与现实相适应的鲜活精神。而且，在罗马法中存在着两个法的概念，"ius"和"lex"，前者是指社会结构本身用法律术语加以表述的有机体系，后者是指以协议形式确定的并且具有权威性的实在规范。在二者之间，"人们可以发现一种带有伸缩性的对应关系"。这种伸缩关系，为罗马法与社会现实建构了合理的张力，从而解决了古希腊思想家所遇到的没有解决的问题。

古罗马鲜有哲学家，仅有的西塞罗和奥勒留也被认为只是斯多噶学派的传播者，缺少个性的创见。因此，尽管古罗马创造了世界上最发达的法律制度，且尤以私法为甚，这一切似乎都无法弥补其思辨不足的历史地位。如果我们细心地对比，如果我们没有忘记思辨中理论与实践的紧张关系，就会发现，作为古希腊文明载体，古罗马向我们昭示了一种行动生活的重大意义。如变法与法制的冲突，从逻辑上无法突破常与变的根本困难。即便我们承认二者之间暗含着时间这个内生变量，时间概念内含的顺序性也决定了实践理性的必要。对于古罗马来讲，用当下时髦的话说，它其实处于人类哲学思想的转型期。哲学的洞察已不重要，因为古希腊智者几乎穷尽了各种可能，罗马人需要的和展现给我们后人的恰是柏林提出的道德层面上的"精明"。

罗马人选择了法，不论是哲学家还是武夫当政；罗马人将法分为理义和实践，实践先行，少立文字；罗马人将法划为公私，不论孰轻孰重，至少可以避重就轻。于是古罗马在分的思维指引下造就了自己的独特品格。这种品格在罗马制度中所呈现的一致性，尽管属于有限理性，却塑造和发展出一套发达的法律规则。假使说，精神是指内容的实质所在，那么这应该就是罗马法的精神，这也是西方司法正义大厦的万世之基。

第二章　黑暗与曙光

谁将声震人寰
必长久深自缄默
谁将点燃闪电
必长久如云漂泊

——尼采

第一节　一群野蛮人

有法律的土地会兴旺，没有法律的土地会荒芜！

——北欧谚语

罗马帝国崩溃以后，历史就进入了新的阶段，曾经拉丁人的繁华风流云散，历史的荣光归属于新的种群——日耳曼人。罗马文化也变得衰微至极，只有教会在另属他国的拜占庭、阿拉伯才有若隐若现的火星显现，不知道何时才能重燃。虽然，广袤的欧洲大地，充满了来自北欧的日耳曼人，他们质朴、好战，留下了许多或英勇或残暴的传说，重要的是，以他们为基础，欧洲初步形成了现代所有民族的国家基础。也就是说，正是日耳曼人的加入，使欧洲进入了一个新的阶段。新的生命充满活力，提供了新的可能，现代西方文明就是在吸收了古希腊文明、古罗马文明和古希伯来文明的基础上由日耳曼人发扬光大而来。尽管，初始的时候，他们的纷乱与辉煌的罗马相比相差很多。

日耳曼人来自北欧，文化落后，没有文字记载，因此，关于日耳曼人的历史文献，主要来自罗马人 G. J. 恺撒（前100—前44）的《高卢战记》和 P. C. 塔西佗（约55—约120）的《日耳曼尼亚志》。记载了日耳曼人成立国家之前的史实。根据记载，最早的日耳曼法只是部落习惯，和道德规范、禁忌习惯没有明显区别。

在北欧人的道德观里，坚强、勇敢是最重要的美德。战死疆场是他们的追求，而受病痛折磨而死或死在床上会让他们异常恐惧。我们可以在《北欧神话故事》中，感受到北欧人的荣誉精神。哈康武士在面临死亡的威胁时说："生而为纵横天下的武士英雄，死而得享妻妾之艳福，夫复何憾！"对于挪威王哈拉尔德而言，"以轰轰烈烈的死来结束自己戎马倥偬、叱咤风云的一生，总好过老死病榻之上"。阿斯劳格在得知自己儿子的死讯后说："流星划过天空时虽然十分短暂，但人们会记得它的壮美，没有荣誉的生命是苟且偷生。我心爱的儿子日沃德并没有辱没他祖先的荣誉，他的死是再光荣不过的。"丹麦王子雅尔哈康在面对死亡的威胁时，"昂声一笑：'生而何欢，死而何忧，大丈夫不能建功立业，叱咤风云，快意恩仇，虽生犹死'"。当雅尔哈康的良朋益友和爱妻都先他而死后，他"想挑起战争来重燃生命之火，或者想在战场上以轰轰烈烈的方式结束自己轰轰烈烈的一生"，由于别人都畏惧他的威名，不敢接受他的挑战，最后"雅尔哈康已经了无生趣，他的孤独是常人无法想象的——既无知己亦无敌人的悲壮的孤独，他的寂寞更是高处不胜寒的英雄的寂寞。尽管他用一生的时间设想过各种各样壮美的死法，却不包括奥丁提示的，他认为最不可思议的死法——自戕！雅尔哈康在事业的顶峰选择了最枯索的季节，在最枯索的深宫中，他结束了自己最枯索的生命"。武士斯卡德拉根，在"他已无力四处征战，在他漫长的生命旅途中闯下的名头，已经被人们所淡忘；写下的无数诗篇，已经越来越少有人会吟唱。英雄暮年，岂甘老死床榻之间？他觉得应该找个光荣的死法，否则像他这样无子无孙之人，连一块墓碑都无法得到"。他想随便找一个武士，然后死在他的剑下，因为在他看来这样的死才是荣誉的。因此，在北欧人的道德观中，为亲朋复仇既是权利又是义务，诸神将站在强者一边，力量证明权利。这是日耳曼人最朴素的正义道德观念。

当日耳曼正义在历史上出现时，它完全是世俗化的。实际上有一个或两个神，有时一个叫索尔（Thor），一个叫弗塞特（Forsete）。索尔是法律与秩序之神[1]，弗塞特是正义之神。弗塞特住在一个石柱用黄金装饰，屋顶用白银装饰的叫作哥里特纳（Glitner）的城堡里。在这里，他负责调解人间的各

---

[1] 索尔还是会议和契约的守护神，也是古老农业社会的神，他是古老的战神，同时也掌管和农业息息相关的气候，手中的雷神之锤有祝福婚姻、生产、复活和安抚亡灵等力量，而索尔带给人的印象是强大的、正直讲信义的。这是农民的形象，是早期农耕社会的表现。

图 2 - 1 日耳曼正义之神索尔

种争端。索尔坐在一棵称为伊哥勒西尔（Ygdrasil）的宇宙树下严格执法，为此日耳曼人设立马索尔节。这天，群众集会在一起，在索尔的名义下起誓。在这里神是象征，没有祭司，也没有教士。对此，恺撒在《高卢战记》中记述："日耳曼人的习俗，与这有很大的差异。他们没有祭司主持宗教仪式，对祭祀也不热心。他们视作神灵的，只有那些他们能直接看到的，或者能够明明白白从它们的职能取得帮助的，即：日神、火神、月神，等等，至于其余的，他们全不知道，甚至连名字都没听到过。"[1]

1　古代日耳曼人是多神崇拜的，甚至基督教已经在日耳曼社会的宗教生活中占据主导地位后也没有完全改变过来。他们的宗教与其他地方没有很大的区别，但是还是存在一些细节上的不同。比如：他们对于祭祀不太热心，而以色列人对于祭祀却是非常认真而考究。他们的宗教是非常原始和野蛮的，从他们的祭祀使用人牲就可以得知。兄弟神的崇拜也是他们的特色。他们不塑造神像的传统与以色列人的宗教倒是很相似的，这是一种合乎经济精神的祭祀。他们的原始宗教的简洁与后世的新教革命不能说毫无关系。

　　同早期的希腊、罗马一样，日耳曼正义具有一定的民主性。日耳曼人的社会不像罗马那样复杂，按日耳曼部落习惯，社会成员一般分为四个等级：贵族、自由人、半自由人和奴隶。起初，他们并没有固定的领袖，对于这一点，恺撒说："一个国家遇到战争时，不管是别人对他们进犯，还是他们把战争加诸别人，总是会选出握有生杀大权的首领来指挥战斗。和平时期，他们就没有这种掌握全面的领袖，只有各地区和部落的头人，在他们中间主持公道、解决纠纷"。关于他们的首领的推举，塔西佗说："他们的国王是按照出身推举的，而选拔将军则以勇力为标准。国王的权力并不是无限的，他不能一意孤行，将军们也不是以命令来驾驭士兵，而是以身作则地统率着士兵，他们借作战的勇敢和身先士卒的精神来博取战士们的拥戴。但死刑、囚禁，甚至鞭笞等种种事务都只有祭司们才能执掌，因为他们并不把这些视为刑罚或是将军的军令；在他们的想象中，有一位神祇常在战时伴随着他们，而这些应当是这位神祇所降的责罚。他们从树丛中将所崇奉的图腾标志取出来伴同作战。"他们的部落代表大会由贵族、侍卫和自由人所组成，奴隶没有权力参加。关于古代日耳曼人的政制，塔西佗做过很认真的考察。他说：

　　　　日耳曼人中，小事由酋帅们商议；大事则由全部落议决。人民虽有最后决议之权，而事务仍然先由酋帅们彼此商讨。他们对时间的计算，不以日而以夜；他们的政令也是按夜颁布的，他们认为夜在昼前。当召开会议时，他们不能立刻集合，而要费两三天的时间才能召集，这倒是他们自由自在的一个缺点了。在聚合了相当多的人以后，会议便开始了，大家都带着武器就座。祭司们宣布肃静，这时，他们有维持秩序的权力。[1] 于是在国王或酋帅们之中或以年龄、或以出身、或以战争中的声望、或以口才为标准，推选一个人出来讲

　　1　后来构成英国民族主体的盎格鲁－撒克逊人也是这样。有学者描述：大会由全体自由民组成。届时，会场四周竖以木桩，用一根称之为"圣围"的长绳圈围起来，圈内之地，称作"和平圣地"。审判开始时，首先举行静肃仪式，由主持人（即各级首领或祭司）庄严宣告："余要求诸位静听，不听者禁之。"这种"圣围""和平圣地"及静肃仪式均体现出古代日耳曼人严格的规则意识和崇法遵法习惯。这种意识和习惯，即使在古日耳曼人的娱乐活动中也随处可见，如他们对待掷骰子游戏从来都十分严肃，有时"不惜押上自己的自由，如果输了，就心甘情愿地接受奴役并耐心地等待拍卖"。

话，人们倾听着他的讲述，并非因为他有命令的权力，而是因为他有
条理、有说服力。如果人们不满意他的意见，就报以啧啧的叹息声；
如果大家很满意他的意见，就挥舞着他们的矛：这种用武器来表示
同意的方式，乃是最尊敬的赞同方式。

　　在这种会议中，也提出控诉或宣判死刑。刑罚的方式取决于罪
行的性质。叛逆犯和逃亡犯则吊死在树上；怯敌者、厌战者和犯极
丑恶之秽行者，则用树枝编成的囚笼套住而投入沼泽的泥淖中。他
们认为这样分别处罚，是表示对于犯罪的行为，应当明正典刑，悬
尸示众；而对于可耻的丑行，却应当秘而不宣。轻罪也有着各种规
定的刑罚：被判定有罪者应出马或牛若干作为罚金。罚金的一半归
国王或国家所有，另一半则归受害人或其亲属所有。他们还在这种
会议上选举一些长官，到各部落和村庄里处理诉讼事件：每一个长
官都有一百名陪审者，他们是由人民中选出来作为他的顾问的。

　　这些属于日耳曼人早期的法律文化特点，没有文字的记载，散乱地以口
头、习惯及其他方式保存并沿承下来，在日耳曼人入侵罗马以后，才把法律
以文字的形式记录下来，他们的习惯、法律才得以清晰地表述。也就是在这
一阶段，日耳曼的法律文化进入了一个新的发展融合阶段，既保持了日耳曼
的早期特点，又融合学习了罗马人的先进成果。此时日耳曼法实行属人主
义，即对本部落成员适用部落习惯，对被征服的罗马臣民适用罗马法，所
以，罗马法得以保存。随着时间的迁移，日耳曼法与罗马法日渐融合。公元
5 世纪至 9 世纪，日耳曼王国以各自的习惯为基础，先后编纂了成文法，即
所谓“蛮族法典”。如 5 世纪末西哥特王国的《欧里克法典》、5 世纪末 6 世
纪初法兰克王国的《萨利克法典》和 7 世纪伦巴第王国的《伦巴第法令集》
等。其中以《萨利克法典》最为重要，历来研究也最多。这些法典除盎格
鲁－撒克逊法和北部日耳曼诸部落的法律是用方言写成的以外，其余大都用
拉丁文写成，并使用了若干罗马法术语。它们并没有规定社会成员所应遵守
的一般规则，只是记载了一些具体案件的判决。此外又出现了国王颁布的法
令，如法兰克王国查理大帝（768—814 年在位）颁布了大量法令，适用于
全国居民。自 9 世纪开始，随着封建制度的逐步形成和查理曼帝国的分裂，

属人主义逐步改变为属地主义，这些在日耳曼法与罗马法相结合的基础上发展起来的封建地方法，适用于本地区的所有居民，而不论其民族与国籍。

在财产法方面，入侵罗马前只是房屋和篱笆围墙以内的宅旁园地属于家庭私有，森林、牧场和水流等则属于公社所有，共同使用。耕地定期分配给各个家庭使用，分配的多寡依其社会地位高低而定。至日耳曼成文法时代，分地已为各户家庭长期占有，不再定期分配，并可以转让。对掠夺来的大量罗马土地，也按社会地位的高低进行分配，国王、贵族和教会成了最初的大地主。动产的私有权比不动产的私有权产生得更早。遗产中战争用具由男性继承，家庭用具主要由女性继承。

在刑法方面，犯罪分为两种：一是侵害全社会利益的犯罪，如叛逆、放火、暗杀等，处死刑或宣布不受法律保护，即可以被任何人杀死。二是侵害个人利益的犯罪，如伤害、窃盗、公开杀人等，则由被害者的亲属复仇。后来逐渐以赔偿金代替，金额决定于被害人身份的高低。赔偿金大部分归被害者或其亲属，小部分归国王政府。追根溯源，英国的法治传统和政治协商传统都根源于盎格鲁-撒克逊人所导入的日耳曼人原始民主习惯。

虽然汲取了古典文明的营养，日耳曼的司法文化，还保持了其自有的特点。比起希腊与罗马，日耳曼人有其特点：首先，强调个人服从集体，个人的权利义务要受到家庭和部族的制约。后来的法学家称日耳曼法的这个特点为"团体本位"，以区别于尊重个人意志、严格保护私有财产和以个人为中心的罗马法。这种"团体本位"的倾向，在日后的日耳曼民族的历史上，仍可见到它的踪影。在日耳曼法中，每个日耳曼人都不是单一的个体，他必须融入家庭、亲属甚至整个部族或村落，所以说日耳曼人社会应该是以家族甚至是村落或部族为其构成本位的，家族本位在今天传统的欧洲国家还有所表现。这是源于日耳曼人以农立国，农业社会是以家族、部族为中心的共同生活团体。家族或部族的结合，受天然地域及自然血统的限制，形成了生活上的单一体，共同生产和共同消费，表现为自给自足的经济生活。随着日耳曼人入侵西罗马帝国并接受了其高度的物质文明，其构成本位也逐渐地发展为城镇。

可以说，同样以农为本的东方社会，其立法中也含有浓厚的团体本位思想，这说明农业社会、天然地域及自然血统的限制、自给自足的经济生活确实是滋生团体本位思想的重要因素。然而，古代东方法中的团体本位与日耳曼法中的团体本位还是有很大的不同。首先，东方法中的团体本位中的"团体"一词主要指称国家或者政府，其立法的目的是构建一个单级君主制社会，对古代东方社会尤其是中国社会稍有了解的人就会知道构成古代中国社会的主要方式就是一种"国家—家庭"模式，即上君权下家长权的二级社会结构。而日耳曼人在发展过程中承传了古罗马完善的私法体系，[1] 当日耳曼人进入西罗马帝国，是以一种部落联盟的方式进入的，确切地说他们是被罗马人引入的，同时他们引入了罗马完善的私法观念。当日耳曼各部族征服了罗马帝国的时候，他们在那里学会了文字的使用。他们模仿罗马人把自己的习惯用文字写出来，并编纂成为法典。孟德斯鸠在著作《罗马盛衰原因论》中论述"西方帝国首先被击败的理由"时说道："他（匈奴王阿提拉）死亡以后，一切蛮族再度分化了，但罗马人却衰弱到这种程度，以至最小的民族都能加害他们了……蛮族被引入了帝国世界，就在那里受到了安置……而且看来这些民族不得不变成罗马人。"从中看出他们确实与罗马人有了很大的融合，而且主要是在制度上的结合。这种制度的融合，尤其体现在哥特人和勃艮第人身上，《论法的精神》中描述：从前哥特人和勃艮第人所征服的地区，由于同意大利毗邻的关系，就更好地保存了罗马法；不仅如此，在那里，罗马法更成为一种属地法和一种特权。然而日耳曼人并不会照搬罗马法，他们运用罗马法来改变他们本身习惯法上的不足，却没有从根本上改变日耳曼法原有的原则和习惯。[2] 日耳曼人放松了对社会基层的控制，与之相对的是他们也没有很好地维护君主或者是联盟领袖的权威。日耳曼法中团体本位仅指家庭、部族（部落）及后来的城市（希腊人的城邦制度和罗马的行省制度给日耳曼人提供了很好的借鉴），日耳曼社会逐渐趋向于多极并立，甚至于诸侯林立，这使得欧洲社会出现了"君主的封臣的封臣，非君主的封

---

[1]　但在公法领域主要是确立和维护君权制度。在这一方面罗马人却不能教导日耳曼人，从罗马帝国不断发生的军事政变就可以看出罗马人也没有做好确立君主权威的工作。

[2]　日耳曼各部族接受罗马法的程度是不同的，这源于各部族之间生活的地域差距，法兰克人、撒克逊人受罗马法的影响相对较少。这为后来欧洲社会的分化埋下了伏笔。

臣；封臣的君主的君主，非封臣的君主"的现象。

其次，规定部族全体成员无论居住何地，都必须遵守本部族的法律，而不必遵守所在地的法律，即"属人主义"。蛮族国家建立以后，各国国王在适用法律方面沿袭固有的习惯，因人而异，对日耳曼人适用日耳曼人的法律，对罗马人适用罗马人的法律，两种法律发生冲突的时候以日耳曼法律优先。针对各个地区的法律冲突，日耳曼人制定了相应的法律适用规则，但是在欧洲封建制度的早期，封建领主在其领地上实行独立的统治权。9 世纪以后，法律使用的属人主义逐渐向属地主义转变。据历史记载，蛮王提奥多里克和意大利的原公民达成协议，允许他们继续保留罗马的法律和罗马的司法制度，而日耳曼人的法律和习俗则在哥特人中实行。于是，两种差别极大的文化和法律制度得以在意大利的东哥特王国中。这实际上就是属地法和属人法的共存问题。这一制度的实施，其最重要的意义在于保存了罗马文明不至于完全被摧毁，在日耳曼人大迁徙和黑暗的中世纪，成百上千的城市变成废墟，百业凋零，经济崩溃，但是在意大利，罗马文明的硕果因为这一政策得以保留。[1] 日耳曼法的属人主义使得它能同其他法律共存共生，并进一步借鉴、吸收、融合外来法文化，逐渐发展成为欧洲后世法律的两大渊源之一。

比起成熟严密、重推理分析的古希腊罗马法系，日耳曼人法更加简朴，倾向于常识化、更重视生活经验，严格地说不是抽象的法规，没有一般的原则规定，而只是案例式的解决各种案件的具体办法，没有关于犯罪罪名的一般概念和规则，也没有量刑幅度和法官自由裁量的余地。这主要是由于日耳曼法形成于一个经济文化发展程度比较低的阶段，法律尚比较原始，处理案件的根据是以前同类案件的判决，而不是一般法规，蛮族法典实际上是一种判例汇编。以盗窃为例，《撒利克法典》第 2 条规定，"如有人偷窃一只小猪而被破获，罚金 120 银币，折合 3 金币"；"如有人偷窃一只满一岁的猪而被破获，罚 120 银币，折合 3 金币，另加所偷窃猪的价值和赔偿损失"；"如有人偷窃一只母猪或带领一猪豚的母猪，应罚金 700 银币，另加所偷窃猪的价

---

[1] 这是沿袭原始公社时期部族习惯只适用于本族全体成员的惯例而形成的原则。各日耳曼王国在法律适用上的这种因人而异，导致了法律的多样性和不统一性。

图 2-2 查理曼大帝

值和赔偿损失"。因此，日耳曼人的各种法律行为都必须遵守固定的形式，讲特定语言，并配合着做特定的象征性动作，否则就不发生效力。个人外部表现出来的语言和象征性动作，都按因袭相沿的习惯加以解释而发生法律后果，至于真实意思如何，则无关紧要。这一点，一直到后来的英格兰法律，仍可看到痕迹。

　　这种情况没有一直持续下去，刚入主欧洲的时候，日耳曼非常落后，被称作"野蛮人"，随着社会的发展进步，在教会与罗马残余文化帮助下，赤裸而强壮的身体，总是会穿上文明的外衣，恣意强悍的行为终究会被体面优雅的行为所代替，那些曾居住的小山丘，最终被巍峨的高山遮盖，他们会以自己的方式建构社会秩序，形成自己的文明国家，日耳曼的正义事业还是以新的姿态发展起来。公元 800 年至 1400 年左右，日耳曼人作为农民定居下来，不同部族的人有着不同的法律制度，那是游牧迁移时代；但大家定居下来时，这种差异便会让你难以忍受地发狂。正如当时巴黎一位主教所说的："任何五个人，如法兰克人、罗马人和伦巴第人等，大路上或餐桌上相遇，他们会发现，他们之中没有一个人同其他人生活在一种法律之下。"[1] 因此，随着定居建房、土地开始私有成为个人财产，法律也慢慢变得属地化，即所有居住在某一地域的人的法律都是统一的，这个时期最出色的君主就是查理曼大帝——他制定了最早的官方文字教育制度，修改了各部族早期的法典，将以前民主的民众大会变成难度较大的议事会或议会，这种议会依然保持传统在露天举行，而且，他还颁布一条牧师会法规（capoitovearies），该法规确定了一个制度，即派他的私人代表巡视各地的办案情况（ad justitias faciendas），而这一做法发展成为英国的巡回法律制度，[2] 这表明，日耳曼文化正在保持以往的一些传统的基础上，进行艰难的转型。

然而，好景不长，查理曼过世后，他的帝国分裂成成百上千个小国，因此，也就出现了成百上千的法典，这些法律就像是马赛克一样，镶嵌在欧洲的土地上，或大或小，在自己的区域行使法律效力。每一个封建主都有司法权，只是权力被分成不同等级，高级司法有权判处死刑，仅此而已，每个地方的权力都不容侵犯，用当时的话说：男爵在领地享有所有司法权，国王不经男爵的同意不得在男爵的土地上发号施令。这就是我们所说的封建习惯法。

对于许多尊奉"大一统"习惯权力自上而下的民族来说，这种状况可能使人难以忍受。但对于新生的欧洲大陆文明，这并不都是缺点。对于封建法，伯尔曼在其名著《法律与革命》中曾经指出：没有法律改革运动，没有错综复杂的法律机制，没有一种强大的中央立法权，没有一种强大的中央司法权，没有一种独立于宗教信仰和情感的法律体系，也没有一门系统的法律科学，但这些只是硬币的一面。硬币的另一面是，存在着生活的整体性观念或法律与生活的所有其他的相关性观念，这种观念表明，法律制度、法律过

1　约翰·H. 威格摩尔. 世界法系概览：下 [M]. 何勤论，李秀清，郭辉等，译. 上海：上海人民出版社，2004：841.

2　约翰·H. 威格摩尔. 世界法系概览：下 [M]. 何勤论，李秀清，郭辉等，译. 上海：上海人民出版社，2004：841.

程、法律规范和法律判决都被归入宇宙的和谐之中。在欧洲各民族历史的早期阶段，法律就像艺术、神话、宗教和语言本身，对于欧洲各民族来说，它主要不是一个为了决定犯罪和确定判决而制定和运用规则的问题，不是基于一整套原则将人们相互区分的一种工具，而是一个将人们维系在一起的问题，一个和解的问题。法律首先被想象为一种调解过程、一种交流的方式，而不是首先被想象为制定规则和做出判决的过程。[1]

正是由于封建制早期占主导地位的日耳曼法的这种包容性，使得中世纪欧洲法律突出地表现为多元化的特征：在国家权力的立法之外，有民间的商法与海商法；在成文法之外有各种不成文的习惯法；在全国的普通法和无数的地方习惯法之外，还有性质迥异、相对独立的城市法；而在整个世俗法之外更有基督教会法的存在。多种多样的法律成分互异互补，构成了西方法律文化的开放性的特征，近代以来的资本主义法律更是从中汲取了生生不息的活力。

德国比较法学者 K. 茨威格特和 H. 克茨在谈到作为"法国私法的核心，而且也是整个罗马法系诸私法法典编纂的伟大范例"的《法国民法典》时，指出：1789 年后的年代里所发生的一系列革命事件对于该法典的形成极其重要，但是最重要的还不是这些。虽然受到革命性的推动，但该法典还是经过深思熟虑吸收了长期历史发展的成果，并且在很大程度上是深受罗马法影响的南部成文法与以日耳曼、法兰克习惯法为基础的北部习惯法这两种传统制度的巧妙融合物。尽管在许多方面民法典创造了革命性的起点，其全部内容均带有来自所谓"旧法"（"ancien droit"）即革命前法律历史由来的标记。

在经历了激烈革命的法国，将民法典的制定"立足在保守主义和传统法律制度的基础之上"，是如此深入地继受了日耳曼法，其他大陆法国家就不消说了。如果说日耳曼法和罗马法共同构成大陆法系（它的另一名称正是罗马日耳曼法系）的法律渊源的话，那么英国法便是"传播于世界各洲的唯一的日耳曼法"。因为构成英国判例法主体的普通法，就是以日耳曼法的一个

1　哈罗德·J. 伯尔曼. 法律与革命［M］. 贺卫方等，译. 北京：中国大百科出版社，1993：60.

重要分支盎格鲁-撒克逊习惯法为基础，通过英国王室法院的巡回审判活动，并以司法判决为主要表现形式而形成和发展起来的。美国学者西罗·斯密认为："就研究英国法律史而言，古日耳曼法尤为重要。缘近代英国法与近代欧洲大陆民法，其情形正同，俱系代表罗马法制、日耳曼法制与其他中世及近代所发展之各种独立制度之混合物。英国法中所含之日耳曼因素，反较近代西班牙、意大利、法兰西乃至德意志法律中所包含者为多。"[1]

　　古希腊给予西方文明的遗产主要是自由和民主，古罗马给予西方文明的遗产主要是法律；而在个人的思维方面，古希腊给予西方文明的遗产主要是逻辑和数学，基督教给予西方文明的遗产主要是伦理方面的东西，即希伯来人的宗教，不过这些都仅仅是一种可能性，最终日耳曼的粗粝质朴使得这些成为现实。看似黑暗，却孕育着光明，虽质朴纷乱，却为一种新的法律形态产生提供了空间与土壤，这正是日耳曼人在正义追索之路上的历史使命。

1　西罗·斯密：《欧陆法律发达史［M］. 姚梅镇，译. 北京：中国政法大学出版社，1999：10.

第二节 摩西，摩西！

神啊，求你为我造清洁的心，使我里面重新有正直的灵。

——《圣经·诗篇》

欧洲的古典文明起始于海面广阔的地中海，这里风平浪静、景色宜人，既有土地的滋养，又有大海的拥抱，大海对他们来说，就是平坦的马路，喜欢冒险的希腊、罗马先民就在这片大海上纵横驰骋，创造了欧洲的古典文明。然而就在地中海还在希腊、罗马的光辉照耀之下时，地处西亚、毗邻沙漠、命运多舛的犹太民族创造了希伯来法，这些法律保存在《圣经》中，通过犹太教的践履，再转经基督教，终于在欧洲文明中注入了虔诚的宗教活水，直到今天，其影响仍处处可见。

希伯来法是指公元前 11 世纪至公元 1 世纪古代希伯来国家法律的总称。因犹太人适用的语言文字称希伯来文而得名，它的形成与发展同希伯来国家的形成与兴衰紧密相连。在整个过程中，希伯来人总是强调信仰上帝，遵循律法，追求正义（公道），反抗不义，形成了他们独特的"道"。

希伯来人由犹太和以色列两个部落组成。据《圣经·旧约全书·出埃及记》记载，希伯来人本是两河流域地区的游牧民族，在公元前 2000 年中期，因寻找牧场，进入西亚的巴勒斯坦（当时称迦南）一带地区，遭到迦南人的强烈抵抗，只好另寻生路。希伯来人流浪至埃及时，曾有一段相对安定的生活，人口繁衍很快，形成了 12 个部落群体，埃及法老感到自己的统治可能会受到威胁，于是将希伯来人全部贬为奴隶。受尽奴役的希伯来人后来在先

图 2 - 3 《旧约全书·塔纳赫》

知摩西的带领下逃出埃及，在沙漠中流浪了 3 个月后又回到迦南，并在迦南定居下来。传说，摩西登上阿拉伯半岛上海拔 2285 米的锡安山，从耶和华那里领取了两块书有诫条的石板。当他拿着石板下山时，看到三心二意的以色列人铸造了一头金牛进行祭拜，盛怒之下将石板摔碎，但后来他又祈求上帝原谅以色列人，并奉上帝之命与以色列人立约，要求他们遵守《十诫》诫令。[1]

随着部落人口的增加，社会生活更加复杂，部落首领的个人判断也开始被有组织的法律阶层所取代。《出埃及记》记载：摩西带领以色列人出埃及后，有一天他的岳父叶忒罗来访，看见摩西终日坐着审理百姓案件，百姓从早到晚都要站在摩西的左右。摩西的岳父等摩西做完了一天的工作后，就对他说：你这样做并不妥当，你和你的百姓都会非常疲惫，这样做你的工作太

1　《圣经·旧约全书·出埃及记》。如上文所言，以往的部落习俗都比较复杂，而"十诫"简单扼要，将普通的道德、正义与信仰完美地关联起来。

图 2 - 4　伦勃朗的名作
《摩西十诫》

重，独自一个人是办理不了的。现在你要能听我的话，从百姓中选出有才德的人，也就是那些能敬畏神、诚实不欺、不取不义之财的人，指派他们做千夫长、百夫长、十夫长，把部分的工作交由他们去做，这样你就可以省下时间只审理一些难判的案件，其他较小的事件给千夫长、百夫长、十夫长随时处理，百姓们就不必终日围绕在你的身旁。在这个阶段，被授命的法官是祭司阶层，他们的这种方式类似于汉谟拉比时期早已形成的世俗审判方式。对于希伯来人来说，开始出现一个职业的发展法律的阶层。对他们来说，世上之事最重要的莫过于把上帝与以色列人所立之约落实到现实，遵约便是公义，背约即是不义，会导致罪孽丛生，原罪难去。

公元前 12 世纪至前 11 世纪中叶，希伯来人开始从部族部落向国家过渡。他们建立了著名的圣殿，并在圣殿内创造了希伯来民族的法律史，加强对上帝之道的坚信：以律法约束以色列人，彰显他们的义。这时的最高会议是犹太大公会，就在圣殿内对耶利米等人进行审判。希伯来的国王与其他古老民族一样，都是在圣殿门口或皇宫门口审理案件。《撒母耳记》记载：大卫王之子押沙龙阴谋颠覆大卫政权，来到圣殿门口坐下，当人们遇有纠纷来请求王的裁断时，押沙龙会说，我是这领土上的裁判者，每个要诉讼的人可以来这儿，我会还其公道。《历代志》评曰："押沙龙窃取了以色列的心。"伟大的所罗门也是一名大法官，甚至在历史上，人们将他的名字当作公正英明的代名词。据说，上帝曾经出现在他的梦里，允诺送他一件礼物，所罗门索要了一颗明理之心以治理子民，从而可以分辨善恶。曾经有两个妇女同住一房，各育有一个婴儿，一个婴儿夭折后，其母亲暗中将婴儿调换，于是两人向所罗门请求裁断。所罗门说，拿一把剑，将这个孩子砍成两半，一人一半。假的母亲非常高兴，但真正的母亲流泪说，不，别杀孩子，把孩子给她。所罗门敏锐地判断出真伪，于是，《圣经》记载，人民看到了上帝的智慧在主持正义。其逻辑是：上帝—祭司—正义，只是祭司有时会以国王代之，但因为以色列的政权数次灭亡，所以，在希伯来法当中，其形式仍然是：上帝—祭司—正义。[1]

所罗门逝世后，犹太人先后受到亚述人、新巴伦人、波斯人、希腊人和罗马人的统治，因而受到种种影响，但犹太人仍坚持以往的政权形式。对此，犹太人之列祖约瑟夫曾经讲过："有的立法者让政府处于这种辖治之下，有的实行寡头政治，有的采取共和政体。但我们的立法者没有采取这种形式，而是让政府处于神的统治之下，把权力归于上帝……我们到哪里去找到一个比这样更好的政体呢？它令我们视上帝为宇宙之主宰，使祭司们成为常务的管理者。此外，又由大祭司统辖其他所有祭司……这些人负责法律的实施和规范人们的行为，因为他们是受命检查所有一切的祭司、审理疑难案件的法官和处罚那些应受处罚的制裁者。"在这个政权样式里，审判功能不属于王室，而只是属于一个特殊的机构：犹太大公会（Sanhedrin），这个拥有宗教的、社会的、管理的权力的组织，掌握着立法权和司法权。它有 71 名

1　约翰·H. 威格摩尔. 世界法系概览：上［M］. 何勒论，李秀清，郭辉等，译. 上海：上海人民出版社，1994：111–113.

成员，下设两个位于耶路撒冷的中级法院和其他位于较大城市的中级法院。小一些的法院各有 23 名成员，再下面则是乡村法院，各有 3 名成员。在中级法院，23 名成员围坐成一个半圈，各有 3 名助理，如有缺位，则由助理顺补。法院的成员来自于宗教法学院毕业的学生，这些学生一旦毕业被委任为拉比，便具有成为犹太大公会成员的资格，[1]　所以说，法院采取一种学徒式、由低到高的顺序递升的司法体制。

　　即使在罗马统治的 200 年里，犹太人仍坚持自己所执守的道，他们的首领希律（Herod）依然称王，但公元后他们的道跟罗马冲突，最终以政治暴动的方式被镇压。公元 70 年，耶路撒冷失陷，士兵们把神圣的《摩西五经》文卷和嵌有 7 支蜡烛的约柜运到罗马，以色列人在此世的政权彻底消亡。希伯来人不得不四处逃亡，流散到世界各地，被迫适用居住地的法律；少数留下的则开始适用罗马法。至此，希伯来法作为一种由国家强制力保证实施的法律规范已不复存在，只能在流散各地的犹太人中以一种自我约束的宗教信仰和法律文化得到继续传播。

　　相比于罗马法与日耳曼法，希伯来法有其独有的体验和历史，因而，也就有其独有的特征与观察世界的视角。

　　一般来说，信仰是炽热的，类似于酒神的迷狂与恣意，而法律却是冷峻的，它的精神在于理性地面对一切，两者的气质差异就像冰火，而希伯来的法律特点正在于把两者融合在一起，形成独有特色的法律体系。希伯来法与犹太教的发展几乎同步进行。希伯来法产生时，犹太教尚未定型，但其影响已经存在，正是由于宗教因素的影响，希伯来法便从信仰出发，称"上帝赐法"[2]，由祭司参与国家立法，并执掌司法审判实权，他们在传达教义的同时也在宣讲律法，在编纂法律的同时也在撰写教规，这就使得法律与宗教在希伯来国家成了一对孪生姐妹。例如，《圣经·摩西律法》既是希伯来国家

　　1　这个阶段的犹太法官并非专职，相反，在法院休庭期间，他们仍能从事各种职业，其中就有去法学院教授学生律法的，所以法院与学院之间有着非常密切的交流，最终促进了法律的繁荣，而以色列式的正义模式也更加深入人心。耶稣小时候的早慧就是在与拉比讨论问题时体现出来的，《圣经》记载，在从耶路撒冷回家的路上，耶稣的父母发现耶稣不见了，就返回去寻找。三天后在圣殿中找到了他，他正坐在法学博士之间倾听讨论。

　　2　在西亚，汉谟拉比法典就宣称，其法律来自于神。

的法律规范，又是犹太教的经典——在希伯来国家存在之时，它们是国家强制力保证实施的法律规范；在希伯来国家灭亡之时，它们仍然是约束教徒行为的教规。

此外，希伯来法中体现出的诸多原则与制度和宗教观念紧紧相连，犹太教的本质是"一神论"。犹太教的首要原则是对上帝的呼告，他们绝对信仰宇宙只有一位而且是唯一的上帝——耶和华，他是独一的，是全能的、超越一切的，不受任何物质存在形式和表现的约束；他永恒存在于所有的历史事件中，不断以永恒的活力干预其发展，赋予其新的生命力，使之永无停止地向前进；他也在历史事件中行动并彰显自己；他创造并主宰宇宙万物，不仅创造了自然界及其秩序，还创造了人类应当遵守的道德律法、伦理规范及与之相应的社会秩序。这些律法、规范与秩序不仅对犹太人适用，而且对每一个人、每一个民族都适用。他是仁慈的、至公至圣的，他看到一切、了解一切、审判一切，因此人类要敬畏上帝、热爱上帝——耶和华。希伯来法中最重要的就是对上帝的信奉，对上帝创造的道德律法、伦理规范进行践履成为希伯来人的首要条件，也是正义的根本基础，看似矛盾的东西最终统一起来，而原有法律不被信奉，或者不知法律基于何地的问题，在希伯来人看来，完全不是问题。正义，就是你（自己）对上帝的信仰、对道行的奉行，舍此无他。因此，以往的法律重点在于家庭或宗族，在希伯来人看来，是每个个体平等地站在法律面前，对自己的行为以及他自愿为之承担责任的其他人的行为负责，这是他的原则。《诗篇》《以赛亚书》以及后来的《新约全书》就是以这样的深厚情感充实并升华了人类的精神境界，滋养了日臻完善的责任概念。这也是正义的应有之义。

除此之外，以上帝为绝对本位的法学思想，也构成了对世俗国家权力的约束。与其他民族纷杂的多神教相比，犹太教的一神论形成了一个非常典型的世界框架：上帝—个人—民族，在这个框架中，民族（国家）被其他元素给平衡起来，而不是首要元素，因此，不会像其他民族中出现因为世俗权力太大，最终导致个人被国家完全掌控的情况。在其他民族，人有三六九等、上下之分，在世俗的功业、地位甚至血缘、阶级都会成为分等的标准。而在犹太教中，所有的以色列人都是平等的。这种平等体现在两点：一是上帝面前人人平等，这很容易演化成法律面前人人平等的思想。在犹太教里，上至先知、祭司、国王、拉比，下至普通的个体，大家在世俗的地位会有差异，但在上帝面前一律平等。因此，你的地位功业都不重要，重要的是你在上帝面前要虔诚，在生活中要奉上帝的道。[1]　二是所有人都有罪。犹太教中最重要的是两个主题，即是人的"罪性"和"救赎"。在他们的主题里，哪怕你是国王、贵族，在上帝面前你仍然是有罪的，既然有罪，那么在道德上，你就不能把自己打扮成完美的圣人，当然也就不能从道德上对他人指手画脚。这实际上也是从根本上对人性持怀疑态度，而对人性的怀疑态度，也延伸到由个体构成的社会与组织上。因此，这使得以后的人们更倾向于从制度上设置限制，防止个人、组织甚至国家因为人性当中的罪性，而造成更大的罪。

　　公元1世纪对希伯来法而言，是一个不幸亦有幸的世纪。在这一世纪，由于罗马帝国的镇压，希伯来法彻底失去了发展的机遇与条件，成为失效的法律。然而也正是在这一世纪，希伯来法的精华《摩西律法》被基督教所吸收，成为《圣经》的重要组成部分，从而使希伯来法的历史地位与影响发生了根本性的变化，而希伯来法对正义的看法，也终于从仅属犹太人一族，而扩及全世界，最终希伯来法的一些理念经过后人的诠释、践行，在西方生根发芽。

　　1　其他民族经常会出现一种情况，就是把此世的东西无限神化，而犹太教认为那些都不是神，都是伪神，上帝是看不见的，所以，可以断定，凡有所见，即是伪神。这避免了出现某种权势太大而导致真理流失、空间受压的情况。因此，从这个意义上，犹太教的一神教纯粹而冷峻，甚至与无神论有些气脉相通。

第三节　天国的秩序

上帝的恩典绝不改变他公义的律法，而是赐给我们力量去遵行。十字架的精义是永恒的慈爱，而十字架的根基则是永恒的公义。

——瑞森格

　　大流散时期，犹太人四散漂流，他们在与地中海文明充分接触后，终于孕育出新的宗教形态——基督教，而基督教在罗马后期又充分吸收罗马的营养，建立起一个宏大的教会组织。公元 5 世纪，罗马在内外交困的压力下，轰然倒塌，原来庞大的帝国四分五裂，日耳曼人建立的帮国林立。日耳曼人逐渐在欧洲大陆上定居、融合、发展，形成新的文明样态。他们文化落后、信仰简单，很快就被基督教征服，从而使欧洲大陆进入教会大行其道的时代。在这个时代，最重要的烙印就是由"教会法"打下的、从旷野的呼告到内心的忏悔，他们总是在内心呼唤企望一个超越于世俗的天城，保护内心因战栗而带来的信仰自由。可以说，这就是基督教的正义与世间的不义战斗，尽管这也来自于我们人类的原罪。

　　《圣经》中记载：耶稣和他的门徒在庆祝逾越节时共用最后的晚餐，耶稣被加略人犹大出卖，在客西马尼园被捕。耶稣被带到犹太公议会面前连夜受审。耶稣最先被带到大祭司该亚法的岳父亚那（可能是前任大祭司）那里，亚那盘问耶稣关于他的门徒和他教训的事，耶稣拒绝在暗地里说话，说自己向来是公开对世人说话，请亚那问曾听见他教导的许多见证人。旁边的一个差役用手掌打他，耶稣说："我若说的不对，你可以指证哪里不对；若说的对，你为什么打我？"议会授意一些假见证人控告耶稣，例如耶稣要拆毁圣殿，三日内另造一座非人所造的殿，但是还是找不到足以置他于死地的证据，而且那些见证又互不吻合。耶稣此时竟默不作声。最后大祭司直接问耶稣是否是上帝的儿子基督，耶稣回答说："我是！你们要看见人子坐在那大能者的右边，驾着天上的云而来。"于是大祭司撕开衣服，说，"他说了僭妄的话，我们还需要什么证人？你看，这僭妄的话现在你们都听见了，你们怎么看？"群众回答说，他是该死的，并且吐唾沫在耶稣脸上，用拳头、手掌打他。随后在凌晨，犹太议会将耶稣交给罗马总督彼拉多判决。彼拉多有一个常例，每逢这节气，随众人的要求释放一个囚犯。当时有一个出名的囚犯叫巴拉巴。众人聚集的时候，彼拉多对他们说："你们要我释放哪一个给你们？是巴拉巴呢？还是称为基督的耶稣呢？"祭司长和长老挑唆众人，请求释放巴拉巴，除灭耶稣。彼拉多说："这样，那称为基督的耶稣我怎么办呢？"人们都说："把他钉十字架！"总督说："为什么呢？他做了什么恶事呢？"他们便极力地喊着说："把他钉十字架！"彼拉多，就拿水在众人面前洗手，说："流这义人的血，罪不在我，你们承当吧。"众人都回答说："他的血归到我们和我们的子孙身上。"于是，彼拉多释放了巴拉巴，对耶稣施以鞭刑，然后命人钉十字架。

罗马士兵把耶稣带进衙门……给他脱了衣服，穿上一件朱红色袍子；用荆棘编作冠冕，戴在他头上；拿一根苇子放在他右手里，跪在他面前，戏弄他说："恭喜，犹太人的王啊！"又向他脸上吐唾沫，拿苇子打他的头。戏弄完了，就给他脱了袍子，仍穿上他自己的衣服，带他出去，要钉十字架。

他们出来的时候，遇见一个古利奈人名叫西门，士兵就强迫他背着耶稣的十字架，到一个名叫各各地的地方，意思是髑髅地，士兵拿苦胆调和的酒给耶稣喝。他尝了，不肯喝。他们将他钉在十字架上，就拈阄分他的衣服，之后坐在那里看守他。士兵在他头的上部钉了一个牌子，写上他的罪状——"这是犹太人的王——耶稣。"当时，有两个强盗和他同时钉十字架，一个在右边，一个在左边。从那里经过的人讥诮他，摇着头说："你这拆毁圣殿、三日又建造起来的人，快拯救自己吧！你如果是神的儿子，就从十字架上下来吧！"祭司长和长老也这样戏弄他，说："他拯救了别人，却不能救自己。

图2-5　耶稣受审。右侧最淡定的那位就是耶稣

他是以色列的王，现在就从十字架上下来，我们就信他。他依靠神，神若喜悦他，现在可以救他；因为他曾说：'我是神的儿子。'"那两个强盗也这样讥诮他。

从午正到申初，遍地都黑暗了。大约在申初，耶稣大声地说："以利！以利！拉马撒巴各大尼？"意思是："我的神！我的神！为什么离弃我？"有的人听见了就说："这个人呼叫以利亚（《圣经》里的犹太先知）呢！"内中有一个人赶紧跑去，拿海绒蘸满了醋，绑在苇子上，送给他喝。其余的人说："且等着，看以利亚来不来救他。"耶稣又大声喊叫，气就断了。

忽然，圣殿里的幔子从上到下裂为两半，大地开始震动，磐石崩裂……百夫长和看守耶稣的人都经历了这些事，极其害怕，纷纷说："这真是神的儿子啊。"有些妇女在那里，远远地观看；她们是从加利利跟随耶稣而来服侍他的。有抹大拉的马利亚，雅各和约西的母亲马利亚，还有西庇太

图2-6　哀悼基督（米开朗琪罗　作）

两个儿子的母亲。[1]

　　这个场景，中世纪的每个基督徒都耳熟能详。然而，它也是一场审判，从控告到审问，到定罪，再到执行。可以说，在这个审判情景中，体现了基督教内在的正义观念，这似乎预示着，基督徒早期随时都会遭受到的命运。历史记载，基督徒们跟希伯来人一样，备受迫害。然而，犹太人的污名一直持续到很久以后，而基督教却摆脱这不幸命运，最终征服了罗马。

　　公元313年的《米兰告示》确立了对宗教和信仰的普遍容忍的制度，基督教成为帝国的官方宗教，基督教会因此取得了合法的社团地位，而在这之前，还曾有过许多迫害基督教徒的活动。在以前的历史里，犹太人作为异类

　　1　Crossan, John Dominic. Who killed Jesas: Exposing the Roots of Anti-Semitism in the Gospel Stors of the Death of Jesas [M]. 1997。里面对耶稣之死进行了深入的研究。

被罗马人迫害，即使伟大的耶稣也因罗马总督彼拉多而惨死在十字架上，为世人流下赎罪的血。而《米兰告示》显示基督教不仅被帝国政权接受，而且民众也已深深浸入，为什么？是基督教的成长壮大从而导致世俗政权的"招安"？这是简单化的阶级斗争式分析；是因为基督教在 3 世纪时已建立了一个组织良好的僧侣等级体制？这是倒果为因；是因为基督教的教义玄妙难测？实际上，当时类似于基督教的改革性宗派非常之多，那时的教派自由竞争、异彩纷呈，然而基督教最终由地下转向地上，由非法转为合法，最终从被视为洪水猛兽的邪教组织，一跃而成为西方垄断性宗教，其影响绵延至现在。

实际上，罗马帝国接受基督教到其灭亡，还持续了一段时间，而且，这个过程并非简单的逼迫与招安。即使真是如此，基督教要定位成国教，也需要有一个被接受、被洗白的过程，也就是说，它需要被罗马的法律、正义观念内在地接受，甚至于，它要提供更有吸引力的正义概念。

基督教会由于长时期受到公法意义上的对待，以至于它的命运成为社团结社史中命运多舛的典型。但罗马的私法非常发达，私法的发达在国家政权之外培养出一个自在的自由社会提供了可能，这种可能性就使各种团体在法律的框架下，得以建立，并最终合法。基督教征服罗马的过程就得益于这种框架，它从私法中受益，冲破公法的重重阻碍成为罗马帝国的国教，实现了社团结社史的突破。

跟其他社团不同，基督教对正义与裁判有自己的要求，在古代基督教徒中，认为教会间所发生之一切争议，不应诉诸非基督教俗界法院，而应于教会内部解决，因为这不仅是荣誉攸关的问题，也是道义的问题。因此，越来越多的人愿意将一切争议交由主教仲裁。而罗马法对于这些仲裁，不仅没有强力干涉，反而积极加以鼓励提倡。只要争议双方当事人所选定的仲裁，关于问题之是非曲直所下了判定，罗马法即认可之为肯定的最终决定，不再有争议。也就是说，罗马法承认基督教主教之仲裁判决为终局判决。当时许多主教为底层人民提供了公平正义的裁定，因而经常被选定为仲裁人，而这之所以成为可能，正是因为对私法自治的遵守，实质上成为古罗马各阶层的共识。基督教会作为公法社团曾不断遭到迫害，但是私法营造的自治空间，使基督教会有了自己的根据地。私法自治是基督教会最终战胜世俗权力迫害的重要因素。

正是在法成为一种权威，虽仍在王权之下，却能约束王的社会里，私法的原则会贯彻到底。这样一来，一个社团如宗教就有可能找到自己赖以存在的空间，因此，古罗马社会选择法治，那么划分公私法而有私法自己的空间，远离公法与政治的纠缠不清，私法得以发达的部分原因也就在此。而一些处于公私法之间灰色地带的事物，也就会在这片中间地带生根发芽，基督教的形成即是法制观念背后信仰的自然延伸，基督教越过重重阻碍而发展壮大同样是在法治里找到了自己的成长环境。公私法的分治，无疑为基督教的发展开辟了道路。

为什么基督教徒能在私法上取得胜利，最终取得合法地位，成为罗马帝国国教呢？还要在正义的思想市场中找原因。

在基督教世界，应得、德行整体、相关于他人的善、不干涉、比例的平等这些被古代希腊人阐述的正义概念与相关观念，都融合在一种与神相沟通的良心正直（righteousness）的概念之中。[1] 在各民族被并入罗马帝国版图的过程中，一种受迫害者的普遍主义的精神意识发展起来，这种无力与强大帝国对抗的普遍主义意识遂成为一种精神上的抗争，一种信仰世界包容所有这些德行的敏感而不肯与非正义妥协的良心正直的意识。基督教使古代希腊人努力辨别的与正义相关的那些丰富含义回到一种笼统的良心的正直的概念，

---

[1]　良心（conscience）一词在西方有多重含义。古希腊语中指代"良心"的词是"syneidesis"。据学者考察，"古希腊文'oida'与拉丁文'scio'都表示'我知道'，因此'sunoida'与'conscio'就表示'我也知道，我和（某人）都知道'"。拉丁文的良心是"conscientia"，具有知悉与道德双重含义，即"一是共同知悉，和他人共知；二是意识到、知悉、感觉，特别是意识到道德意义上的对错"。到了基督教时代，圣徒保罗将良心一词的含义扩展为"知悉上帝之言"，并且，将它和圣灵联系起来。在《罗马书》5:5中，"我们的希望不会落空，因为上帝之爱已经通过赋予我们的圣灵，植入、浇灌到我们心中"；在《罗马书》8:9中保罗说道："圣灵注入你的心中"；在《加拉太书》中，保罗布道说："上帝已经差遣其子之灵进入你们的心中"；在《哥林多前书》6:19中保罗主张："岂不知你们的身体就是圣灵的殿堂吗？你领受的圣灵乃出于上帝，住在你们里面"；在《哥林多后书》3:3中，保罗坚称："你们明显是基督的信，借着我们修成的。它不是用墨水写的，乃是永生的上帝写就的；不是写在石板上，乃是刻在人的心中。"圣灵是上帝植入人心中的律法，通过人的良心来感知。《罗马书》9:1说道："我在基督里说真话：我不是撒谎，我的良心通过圣灵已经证实了这一点。"因此，个人良心＝圣灵＝上帝旨意的基督教原则就此确立起来。

但是这些丰富含义又都被保持于其中。在这种意识发展的同时，亚里士多德的公民友爱观念在罗马人和基督教世界演变为普遍兄弟友爱观念，并成为基督教最重要的德行之一。贯穿两者的一个共通的东西是共同实践某种信念的秘密团体生活。造成这种演变的原因在于，亚里士多德讲公民友爱的背景是人人面熟的城邦社会，罗马人和基督教讲兄弟爱的环境则是地域广阔的帝国。基督教的兄弟爱观念是真正宇宙主义的。基督教世界不知道亚里士多德所说的私人友爱。《圣经》要人们对陌生人以衣食相助，分享己之所有。另一方面，《圣经》又教导人们将财产有效地经营。所以基督教的兄弟爱并不以不问差别地分享财物作为条件，尽管在基督教看来是一种极高的境界。

正直是良心的正确，良心处在这种正确的状态才给人以内心的平静。良心正直就是正义，它仿佛既是神的启示，又是与神沟通的管道。读过《圣经》的人都会发现，正直这个概念的真实含义就在于找到正确以后内心的一种平静，是良心的正确使人获得平静。这是欧洲人的反省的良心的基本来源。而一个人要良心正直，对他自身而言，他就要只取己之应得。只有行为端正，只取自己的应得、不损害他人的善，并且表现出体谅他人的态度、爱的态度，一个人的良心才能宁静。应得是良心正直的本有之义。所以耶稣要人"把属于恺撒的给恺撒"。耶稣说，他不是来废除法律而是来成全法律的真义的，他说守法的人在天国里要成为最伟大的。对基督徒来说，良心折磨是最大的痛苦。一个人如果不处在这个状态，就会感到紧张、烦恼，不得平静。但是，在基督教的教义里面，应得与法律不是足够的。一个人做的好事应当得到奖赏，但是不应当索取奖赏；敌人加恶于我，但是我不应当以恶报恶。相反，对陌生人、敌人都应当报以爱。如果说正义在于应得，那么我们的邻人所应得于我的便是我的爱。但是爱又需要小心谨慎地分配。所以，一个诚实的基督徒会经常面对困惑的良心。做人始终意味着重负，因为人需要辛苦地在同神的沟通中寻求良心正直。人之所以常常要经受良心的折磨，其实主要还是因为现实世界中恶的伤害流行。这良心正直注定是要在流行的恶中存在的，没有恶也就没有良心正直了。既然行善在现实世界得不到奖赏，良心正直只是"播撒""种子"，良心就始终很辛苦，因为它得不到直接的工作成绩的验证。而且，良心还要在恶的流行、在不义的人以恶的行为获得种种利益与好处的境况中保持正直。基督教不仅教导人在恶的流行中要出淤泥而不染，而且要人在面对伤害时也不以恶回报。基督教赋予人的良心负载之沉重由这里就可以明白。所以基督教教堂里面都设有忏悔室，其目的一是让人可以聆听自己良心的声音，因为现实世界的恶太流行了，二是通过与神的沟通减轻其良心的负载，以免人在良心的重压下不能自持。基督教要求基督徒面对恶，不要跟随，要用自己的良心同恶抗争，其主旨是要信徒寻求和平，以良心同恶抗争，使恶的循环在自己这里停止而不再循环下去。[1]

基督教里面究竟有没有说过对恶该怎么办呢？它不是没有说，但是它在对恶进行报复是一种恶还是正义这点上持着矛盾的态度。耶稣在"山上宝训"中训导信徒放弃报复，因为报复是以恶报恶。实际上，《圣经》并不谴责所有对恶的报复，以法律为据的惩罚被看作是在现世中对恶的必要的遏制手段：杀人者要受法律的制裁，奸淫者应自残其身；向兄弟动怒者也要受制裁，甚至无用的仆人也要被赶到黑暗中去让他哀哭。基督教并不认为对恶不应当报复，或者对恶进行报复是不正义的。不过在总体上，基督教的教义是把对良心正直的奖赏和对恶的惩罚推到了末日审判。因为，正义在那时具有最强大的权力：它使一切的恶最终得到清算。人因为自身有恶，所以不可能清楚恶。而且，以恶报恶，反使报复者自身又增添了恶。对流行的恶的真正遏制力量是人心中的信念，这信念也包含对正义最终将在世界终结时使善得善报、恶得恶报，从而灵魂因其善恶而各得其果的信念。这仿佛是耶稣借耶和华之名的承诺：一切终将到来，善的将得回报，恶的将受惩罚，而且那惩罚将是最严厉而彻底的，远超过人世间的惩罚。与这种惩罚相比，人世间的法的惩罚将不值一提。同时，末日审判对良心正直的奖赏也将是最大的，没有任何人间的奖赏可以与它相匹配。不过，尽管审判终将到来，每个人实际上都有拯救自己的机会。如果倾听良心的声音，放弃罪恶，保持良心正直，最终就会获得拯救。从这个意义上说，基督教的教义给人容留了最大的弃恶从善的机会，每个人不论何时，都可以争取自己的记录中善对恶的余额更多一点，在最终受到审判的时刻地位更好一点。

1　廖申白. 论西方主流正义概念发展中的嬗变与综合 [J]. 伦理学研究，2002（2）.

　　就是在这些新的正义观念与实践指导下，在私法的框架下变得合法之后，教会便谋求替代国家，开始承担起示范的重任。这样，教会就在生活中、在政治组织中牢固地确立了自己的地位。在有的地方生活中，国家的权力越是脆弱和遥远，主教和教士就越成为当地民众的当然保护人（尤其对下层民众来说），教会对行政管理和公共生活的领导就施加越强有力的干预，教会及其结构带来了一系列观念、规范、制裁和法律组织，而且，基督教取得国教地位后，受到帝国的大力扶植，其中表现之一是规定教会按罗马行省建制划分教区。显然，基督教继国家之后又为公法意义上的社团人格的形成、完善，提供了新的样板。对西方来说，这是一个非常巨大的转变。

　　成为国教后，教会并没有定位在罗马法的框架里，在罗马法里它仅被看作社团，而它自身却被视为"基督的身体"，也就是说，它的合法性来自私法，现在却塑造了一种新的公法结构，取代以往所有的政权样式，它所追求的公法合法性，不仅对于罗马，就是对于所有世俗政权，这是一种新的公私法划分方式。

　　在罗马帝国时代，基督教会已经形成了系统的组织，罗马教会和教皇在教阶体系上已经取得了优于东方其他大主教区和大主教的地位，这种优越地位尤其赢得了西方教会的敬重。历任教皇坚持不懈地提出教会独立和教权至上的要求。不过，这种要求在当时还不可能成为现实。随着中世纪的到来，事情才有了新的转机。

　　在罗马帝国衰亡后，罗马教会因为与世俗政权的合作，而最终稳定下来，占据宗教意识的统治地位。[1] 然而，政权自身的逻辑要求它再进一步，继续加强它在公法领域中的地位，也就是说，教会要成为一个缜密统一、自上而下、效率职能强大的组织。组织要强大，重点之一就是人事任命权。在中世纪，人事权叫作叙任权（Investiture）。而教会的这一诉求始终是与世俗政权相矛盾，所以在 12 世纪至 13 世纪之际，一场叫作叙任权斗争的大戏就轰轰烈烈地上演了，双方是教会和世俗君主。地位叙任权斗争之前，教会官

　　1　关于中世纪早期王权与教权的关系，参见邱胜利. 试论中古早期西欧的"王权神授"[J]. 河南大学学报：社会科学版，2010（4）.

图2-7 一位中世纪国王以职位象征授予主教

员的任命尽管理论上是罗马天主教会的任务，但实际上由世俗权威履行。由于大批财富和土地与主教或修道院院长之位紧密相连，故贩卖教会职位（即贩卖圣事活动）成了世俗领袖的一个重要的收入来源。由于其识文断字具备管理能力，主教们以及隐修院院牧们又通常是世俗政府的一部分，所以，任命（或卖职给）忠心之人对世俗统治者非常有利。此外，神圣罗马帝国皇帝具备特别的任命教皇权能，而教皇则会任命和加冕下一位皇帝。因此，这样一个对教会职位的世俗叙任便成了周而复始的纠缠。

批评开始于教会内部格里高利改革的成员，他们决定将叙任权收归教会以对付贩卖圣事之罪。格里高利改革者们知道在皇帝保有任命教宗权能的情况下，改革是不可能的，因此他们的第一步便是将教宗职位从皇帝的控制下解放出来。1056年，机会出现了，当时亨利四世于6岁时成为神圣罗马帝国的皇帝。改革者们抓住此时他还是孩童这一良机准备解放教宗职位。1059年，教会在罗马举行大公会议，宣布世俗领袖不再在教宗选择中扮演角色，

图 2-8　教皇格里高利七世在做弥撒

　　并创立了完全由教会官员组成的枢机团（College of Cardinals）作为选举人团。自此枢机团负责选择教皇。

　　当罗马控制了教皇选举并稳住阵脚后，便开始在更广的战线上对世俗叙任活动发动进攻。1075 年，教皇格里高利七世在《教皇训令》（Dictatus Papae）中声言，罗马教会是由天主独自建立的；教皇权力——教皇哲拉修一世的权威（auctoritas）是唯一的普世权力；特别是，于同年 2 月 24 日至 28 日在拉特兰宫召开的大公会议，诏令教皇独自即可任命或免去教会人员之职，或将其从一个主教位置调到另一个。这是对中世纪早期的权力平衡带有根本性的背离，在格里高利改革之时，消灭了叙任——由神委派的最高统治者以世俗兼精神的权力之象征任命教长的权力——的活动。但是此时，亨利四世已经成人，就对此种宣称进行反击，致信格里高利七世，在信中他以毫不含糊的用语收回了他作为皇帝对格里高利七世的支持：该信开头即"亨利，非经篡权而乃由上帝圣授之国王，致希德伯兰，此刻非教宗而乃伪隐修士"（Henry, king not through usurpation but through the holy ordination of God, to Hildebrand, at present not pope but false monk）。该信要求选举一位新的教皇。信尾如下：

> 朕，亨利，上帝恩眷之国王，同朕全体主教，晓谕尔，下台，下台，而且永被诅咒。（I, Henry, king by the grace of God, with all of my Bishops, say to you, come down, come down, and be damned throughout the ages.）

随即，亨利四世任其专职司铎（chaplain）为米兰主教，而当时已有一位候选人在罗马被选中，形势因此变得非常紧迫。1076 年，格里高利七世的反应是严惩国王，将其开除出教会，并罢免其神圣罗马帝国皇帝之位。这是自公元 4 世纪后首次发生的国王被罢免事件。皇帝被罢免，这听起来似乎有些天文夜潭。

显然贯彻这些声明并不是一件难事，而且优势很快就落在格里高利七世一方。德国贵族很高兴听到国王被罢免。他们要利用宗教作为借口以继续自 1075 年朗根萨尔察第一次战役（First Battle of Langensalza）开始的反叛，并图谋夺取皇家保有地。贵族们主张地方对农民和财产的统治地位，建立要塞——这在过去是非法的，以及建立地方采邑制以保卫他们的自治权不受帝国剥夺。一时间，亨利四世众叛亲离，皇位危如累卵。在庞大的压力下，亨利四世被迫向托斯卡尼的马蒂尔德（Matilda of Tuscany）以及隐修院院牧克吕尼的休（Hugh of Cluny）请求调停。

1077 年，他行至意大利北部的卡诺莎，只披一件粗布衬衣（cilice hair shirt），于数九寒冬赤脚立于雪中，要求觐见教皇，并以个人名义致歉悔罪，史称"卡诺莎之行"。

叙任权斗争持续了数十年，因为每位即位的教皇都力图通过挑起帝国内的叛乱以减少皇帝的权力。亨利四世在 1106 年去世后，由其子亨利五世即

图 2-9　亨利四世卡诺莎之行

位。这位新皇帝曾支持教皇反对其父，并迫使其父在临终前声明放弃其拥立教皇的合法性。亨利五世曾选立了另一位教皇——格里高利八世，但他根据《沃姆斯协约》放弃了部分叙任权，并被教会重新接纳且因此被正式承认为合法皇帝，为此教会与帝国皇帝之间的争执以教会占优的情况暂时结束。

　　这次斗争的失败方是君主。君主在被卷入与教会的争端前，权力已经衰落并解体。领主对农民的地方权力增长，增强了农奴制并导致大众权利减少。地方税费增加，而皇家金库资金减少。正义之法权地方化，法院不必向皇家当局汇报。长期的帝国权力衰落使帝国四分五裂，一直到 19 世纪。在意大利，主教叙任权造成了帝国权威的丧失，增强了对帝国的离心力，而教皇则变得强大无比。在叙任权斗争中，双方都力图引领公共舆论，结果是世俗人士开始从事宗教事务，而平信徒增加，为十字军以及 12 世纪巨大的宗教活力做了准备。

　　这次争论并没有因为《沃姆斯协约》而结束。教宗们和神圣罗马帝国皇帝们的争论，直到北意大利完全落入帝国之手为止。在腓特烈二世任内，教会调转十字军的枪头直指神圣罗马帝国。根据诺曼·康托（Norman Cantor）的记述，"叙任权斗争颠覆了中世纪早期教会与世俗的平衡，并结束了二者的相互渗透。中世纪王权——过去主要是教会理想和人员的创造物——被迫发展新的制度和支持。在 11 世纪末至 12 世纪初，其结果是首例世俗官僚制国家——其基本组成要素出现于盎格鲁 – 诺曼君主制中。"[1]

西罗马帝国的解体和日耳曼国家的建立，给西方教会即天主教提供了一个难得的契机，使其获得了相对独立的地位。天主教会在政治上和组织上脱离东方帝国，形成了独立的权力中心，使西方各国"基督教化"并建立起统一的超国家或跨国家的教会组织，这一切都标志着西欧社会实现了国家与教会在组织上的分化和政教二元化权力体系的形成。这是中世纪西欧最引人注目的特征之一。正如当代著名社会学家帕森斯指出："初民社会和西方之外的其他许多文明社会在社会组织的宗教方面和世俗方面是没有显著差别的；在那些社会里，没有'教会'这种分化的组织实体。根据这种观点，教会与国家的分化（与分离有别）基本上是从西方基督教开始的。"

对此，当代美国著名法学家H. 伯尔曼认为，11 世纪末至 13 世纪末发生的"教皇革命"，是政教二元化权力体系正式形成的标志。正是从这时起，教会与世俗国家各自形成独立的权力实体，划分出大体相互分离的管辖范围。通过这场革命，使教皇能够控制教会，使教会获得了所谓的"自由"，即在教皇之下不受世俗权力的支配。H. 伯尔曼指出，在这场以授职权之争表现出来的教皇革命中，教会方面的口号是"教会自由"，即"使僧侣摆脱皇室、王室和封建的统治，并使他们统一在教皇的权威下"。[2] 教会关于教皇的新概念"接近于要求创造国家的新概念"，事实上，这场革命也使教会形成第一个近代国家。此前各地教会、主教受世俗的帝王、领主的管辖，从这时起，教皇对各国教会的最高管辖权得以确立。"在格里高利七世之后，教

1　Cantor Norman. F. The Cililization of the Middle Ages. Harper Collins ［M］. "The Entrenchment of Secalar Leadership"，p. 395.

2　H. 伯尔曼. 法律与革命——西方法律传统的形成 ［M］. 贺卫方，译. 北京：中国大百科出版社，1993：124.

会具备了近代国家绝大部分的特征。"[1] 与此同时，教皇革命在西方世界产生了一种新的王权观念。国王不再是教会的最高首脑，最高政治权威的宗教职能和宗教特性被剔除，神圣王权的时代逐渐结束，在称作"属灵"的事物方面，教皇是最高权威。人们第一次感受到皇帝和国王是"世俗"的统治者，他们的主要任务首先是维持各王国的内部安宁即制止暴力行为，其次是主持正义即在政治经济领域里进行管理。而且即使在这些事物上，教会也起到一种重要作用。至此，世俗领域与神圣领域的区分才明晰化。[2]

然而，事情不仅在于此，公法结构的变化也引起私法的变化。因为二元化权力体系是教俗双方所不情愿的，有位教皇曾将其称为双头"怪物"。它给西欧中世纪带来无数的混乱、动荡和罪恶。然而当这一切痛苦的经历过去之后，人们看到它给西方也留下了珍贵的遗产。私法中的个体自由概念的形成在很大程度上得益于它。

我们知道，以个人的自由为本位进行法学建构是近代西方政治文化的主流和典型表现。它把个人视为正义的基础和终极价值，把国家视为服务于个人正义诉求的工具。在他们看来，在个人与国家之间划出界线，限制国家权力的范围，维护个人权利，本来就是正义的内涵。表面上看，这种个人主义是作为基督教神学的对立物出现的，然而在深层里它却是悠久的基督教传统的产物。

现代司法对个人权利范围与国家权力界限的观念起源于基督教。在世界上，教权与俗权的关系往往趋于某一个极端：一种是世俗国家吞没了教会，俗权控制了教权，如古代中国、东正教的俄罗斯、拜占庭等，古代希腊和罗马也属于这个类型。在这类国家里，世俗政权或直接承担起道德教化的功能，行使着宗教权威，或将教权作为政权的一个有机组成部分发挥其作用。个人生活的一切都受国家的支配。另一个极端是教会吞没了国家，如《圣经》中记载的古代犹太人由先知统治的国家，某些伊斯兰教国家等。在这类国家里，

1　H. 伯尔曼. 法律与革命——西方法律传统的形成［M］. 贺卫方，译. 北京：中国大百科出版社，1993：136.

2　H. 伯尔曼. 法律与革命——西方法律传统的形成［M］. 贺卫方，译. 北京：中国大百科出版社，1993：489.

宗教领袖同时是国家的最高主宰，代表神行使着精神的和世俗的权力。[1] 不仅个人的精神生活，而且个人世俗生活的每一个细节都受到宗教权威的支配。前一种是世俗的极权政治，后一种是极端的神权政治。在这两种政治下，个人软弱无助，没有任何手段可以抵御国家或教会权力的侵犯，也没有任何方式可以逃避这种侵犯。整个的生活都受一个无所不在的权威的任意支配。而这个权威不会遇到有组织的竞争和制度化的制约，也不会受到任何认真的争议，表现为一种天然的权威。个人在它面前被压缩到近于零的程度。

然而，中世纪西欧的基督教社会却形成了一种独特的二元化的政教关系。政权与教权各自独立，互相平行、并立、平衡并互相制约，形成各自传统的相对稳定的控制领域。由此便把人的生活分成两个部分，使人具有二重的社会角色，也产生了独特的指向双重权威的两种忠诚。

这种持续上千年的独特的政教关系在西方人深层心理上积淀为一种根深蒂固的意识，即国家的权力是有限的，个人的自由才是正义的根本。无论是从历史传统上还是从赋予国家的理论上的地位来说，国家权力不可能是绝对的、无所不在的、万能的。国家权力只与个人的一部分生活有关，并且只与价值上较低的那部分有关，个人生活还有一部分是国家无权干预的。

因此，教会法的意义主要在于为罗马法提供了新的参照。"教会作为一种与各种世俗政治体相分离的政治体，无论是教皇还是主教，其独断权力都要受到来自理论和实践两方面的约束"。教会在世俗政权与内部教众之间寻找自己的社团规则，在世俗政权之下，教会也要遵守法律，世俗政权要对教会权威加以限制。与此同时，教会内部，特别是教会自身的"社团机构"和教会的教义也对教会权威加以限制，这种制约的思想由实践转为习惯，内化为教会的社团法制，从而培育出某种超过法治意义上的依法而治。这种无意的分权加上有意的制约，应该说是分权与制衡的源头所在，它是私法的贡献，更是罗马法精神的贡献，它们融合在一起。最终，形成"上帝的归上帝，恺撒的归恺撒"的二元权力框架。

1　罗纳德·L. 约翰斯通. 社会中的宗教［M］. 尹今黎，张蕾，译. 成都：四川人民出版社，1991：162.

第四节　国王的荣耀

　　王权不仅当事武备，以镇压反对国王和王国的叛逆和民族，而且宜修法律，以治理臣民及和平之民族……

——格兰维尔《论英国的法律与习惯》

　　国王不应服从任何人，但应服从于上帝和法律。

——布莱克顿

　　国王遵守法律，法律保卫国王。

——爱德华·柯克大法官

　　教会的权力在中世纪曾非常强大，然而这一地位并不会永久存在下去。13 世纪末，在整个西欧，王权开始增强，权力开始集中，一些缺乏竞争力的政治实体，在新一轮的竞争浪潮中被淘汰了，而以王权为核心，以爱国的国家主义因素引导的政治文化活动越来越多。英国历史学家佩里·安德森曾把带有类似特征的国家称为"绝对主义国家"。在这些国家里，国王的司法实力逐渐上升，其合法性随着时代的发展而日益增强，原来的基督教的审判优势，逐渐被世俗法院所代替；原来欧洲提供正义的最主要形象代言人是教士，现在，国王慢慢取代了他们，成为这个时代的焦点人物。比如，法国国王路易九世（圣路易）就因为热爱审案，而被大家描绘成一个公正而英明的法官；1300 年，在英国在爱德华一世因为对国家立法有力而积极的影响，被誉为"英国的查士丁尼"。

　　在西欧，国王的荣耀主要来自他对正义事业的贡献。因为，战争与武力

100

图 2 - 10　英国国王亨利二世

虽然使人敬畏，可以打倒面前的敌人，而世界的认同却无法纯粹靠强制实现。同教士一样，伴随着经济的发展，国王通过各自的资源手段，为社会提供正义的服务，从而奠定了自己的地位。当时最先进行这一事业的就是英法两国，其中，法国通过中央集权的建立和罗马法的复兴来构建新的王国[1]；而英国则因为孤悬大西洋，最终选择了以自己原有的习惯法为基础，通过判例与令状，建立了一个具有新特点的普通法体系[2]。这两者的差别最终使西欧的法律制度归属于两个不同的法系：英美法系和大陆法系。相对于大陆法系对罗马法的承继，普通法对宪政的建立有着非常重要的意义。因此，我们重点谈一谈普通法。

　　1　在法国，这一过程开始于 14 世纪初，于 1790 年革命议会颁布废除宗教法院法案告终。这一过程，得益于罗马法复兴的滋润，后来的《拿破仑法典》也承认罗马法的影响。
　　2　亨利八世的宗教改革中的《至尊法案》规定：禁止在英国国土向教皇法院上诉；英国教会首脑任命要经过国王批准；英国国王是英国教会的最高牧首。

图2-11　伊丽莎白一世

　　所有国家都会形成一定的法律体系，即使它们在后人看来缺点重重，但每个地方，随着人口增加、经济发展，总是会出现一套管理控制社会的模式，尤其是在一个地方文明开始整体化以后，也是对法律进行系统化的高峰。从这个意义讲，法律就是秩序的渊源和保证，有什么样的法律即出现什么样的秩序与正义，就像正义之神的样子不同民族各不相同一样。相对于其他的法系，普通法显得比较怪异，而且谁也没有预料到，在英国这个偏僻岛国，会产生一种土生土长的、有自己特色的地方性法律。或许这与英国的地理位置有关。我们从地图上看，英国地处欧洲西北，远离曾经的欧洲文明中心——地中海，同时它又被英吉利海峡跟大陆分开，从而在文化与习惯上都有异于欧陆大国。其远，使之能有自己的空间与节奏走自己的路；其近，又使它不至于孤悬海外，像澳大利亚和美洲那么脱离文明，反而吸收了凯尔特、罗马、丹麦、撒克逊和北欧及基督教的文化营养，最终，经过千年的酝酿发酵，随着英国人民和风俗习惯开始趋向统一，最终形成独具特色的普通法系。

　　什么是普通法（common law）？英国著名法律史家密尔松认为，"普通法是英格兰被诺曼人征服以后的几个世纪里，英格兰政府逐渐走向中央集权和特殊化的进程，行政权力全面胜利的一种副产品"，换言之，普通法的早期发展仅仅是中央集权的一种需要、一种技术性手段。如上文所言，英国特殊的地缘特点，使英国各种文化与习惯交相混杂，因此，很长时间四分五裂，缺乏统一，虽然在诺曼征服以前，英国曾有过阿尔弗雷德大帝的短暂统一，但很快就崩溃解体，直到诺曼征服以后，英国的统一才由理想变为现实。自1066年威廉征服英国以后，诺曼人便尝试在英国建立一个有力的中央集权封建制国家。为此，国王对英国进行全国普查，将全国财产登记造册，史称《末日审判书》。

　　诺曼征服之后，为了稳固政权，威廉以忏悔者爱德华的继承者的姿态，向臣民保证，承认先前的人们所留下的各种法律、习惯。这样做的好处是一方面增强了自身政权的合法性，另一方面，维持了业已有效的地方治理；不利之处就是各地法律不一，很难进行沟通，尤其是一些地方还出现了司法营私舞弊，严重妨碍了司法公正。12世纪，英国各地联系加强，社会变得更加复杂化，人们需要更公正的仲裁，需要国王提供更有效的秩序，这就给国王统一法律提供了机会，既可以从地方法院收权，又可以借此获得一笔不菲的收入。

　　1154年，作为在王位权利上没有任何争议的君主，安茹的亨利登上英格兰的王位，是为亨利二世（1154—1189）。经历了近20年的内乱之后，他力图"恢复外祖父时期的情况"，他在加冕宪章中承诺，让他的整个王国——神圣教会和他的所有伯爵、男爵和封臣们，如同在他的外祖父亨利一世时期一样，"完全地、和平地、自由地"保有"他们的习俗、获得的权利以及自由"。

　　这个目标并不像听起来那样容易达到。亨利一世时期的王权经过两代君主的悉心经营，再加上亨利本人的雄才和手腕。才拥有了相对稳定的秩序。而亨利二世登基时面临着一个经过20年内战，社会严重失序、王权治理几近崩溃的局面。亨利一世的王权虽然强大，但王权仍然是个人化的，极端依赖于君主个人品性，因此，一旦王位纷争将王国拖入内战之后，国王完全没

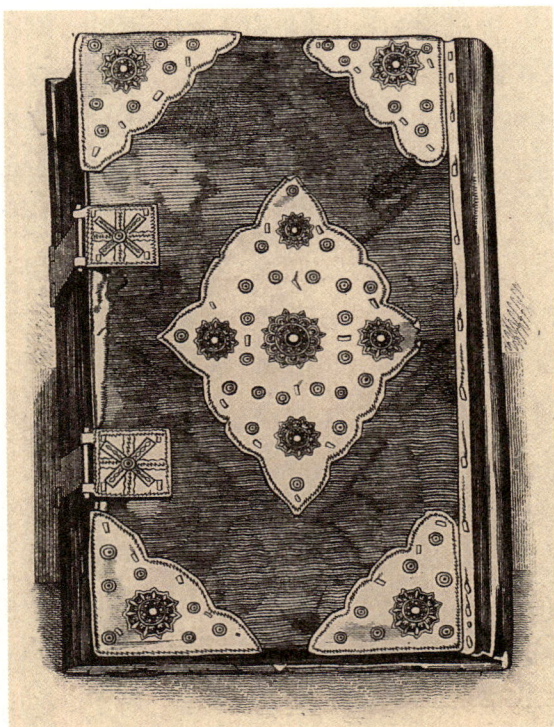

图 2 - 12   《末日审判书》

有能力重建王权秩序，他面对的是一个内战带来的高度封建化的状况。国王的地方代理人郡长此时已成为地方豪族。内战时修建起来的大大小小的堡垒遍布英格兰。暴力犯罪借内战之机盛行，与弥漫的暴力状况相一致的是，作为农业社会之根基的有关土地权属的和平秩序已经失去了。在亨利一世时，已经承认了土地保有的可继承性，使保有从一种领主的"恩惠"向真正的"权利"的方向转化。而在内战时，对土地的暴力争夺成为家常便饭，特别是领主以暴力驱逐土地保有人或继承人。在一个土地作为权力和地位基础的年代，这种状况很容易理解，并且会被领主原具有的在土地保有人未履行役务时的自力救济权利所加剧。"如果小偷小摸是普通劳动民众的日常邪恶之举的话，那么剥夺他人土地占有则是上层阶级的犯罪，是一个持续达数世纪之久的社会动荡的根源，直到土地不再是权力和地位的唯一基础"。因此，对于亨利二世而言，要恢复其外祖父时期的情况，必须解决两个重要问题，一是抑制暴力犯罪，二是恢复土地的和平保有秩序。而在第二个问题上，他实际上面对的是封建制的根基——领主权的问题。在解决这两个问题的同时，他还需要克服内战时期出现的郡长封建化的倾向，加强对郡长职权的控制。国王实现其集权的企图主要通过两种方式进行：一方面加强法院职业化运动和法律程序的理性因素，以扩大王室法院对地方法院的优势；另一方面通过不断干涉地方法院审判以扩大自身审判权。

正如上文如言，英格兰的司法管辖权实际上主要集中于地方法院的手中，尤其是封建法院手中。英格兰的封建制度建立之后，他们根据领主权在领地内享有除国王法院保留的所有管辖权。"领主权就是财产权，它是来自上级的法律保护的客体；同时，领主权又是司法管辖权，是对下属权利给予保护的渊源"，从这个意义上说，即使国王法院也是一个封建法院，因为国王被认为是所有领主的领主（lord's lord），国王早期的司法管辖除了上述基于领主权而享有的处理主要封臣之间的纠纷之外，仅局限于王室诉讼（the pleas of the crown）以及其他重要案件。所谓王室诉讼，主要是指国王提起的诉讼。这诉讼实际上或理论上应由国王提起，国王只是诉讼一方，并没有裁断的权力，是国王利益或王国安宁受到侵害后的一种申诉程序。现在，出于巩固统治的需要，国王就需要扩张其管辖权，（1）通过灵活解释国王的安宁这一弹性概念扩大王室诉讼范围，将所有刑事案件和不法行为纳入管辖；（2）颁布大量的司法令状，扩大民事诉讼管辖权；（3）开启巡回审判，王室法院定期派出巡回法院到地方受理案件。亨利二世对这些问题的系统解决是从1166年总巡回（the General Eyre）开始的。

1166年1月，在克拉伦敦举行的王廷大会议上，亨利二世"在所有英格兰的大主教、主教、修道院院长、伯爵和男爵的同意下"，"为了和平的保持和正义的维护"，发布了"自诺曼征服以来出现的最重要的法律性质的文件或法令"——《克拉伦敦敕令》。但它显然又是一个国王特权的表现，其最后一条写道："国王陛下希望只要他愿意，本法令就在他的王国内得到遵循"。

这部法令共22条，它的内容实际是关于王室特使如何在各郡举行巡回审判的工作方法的指示。前六条是直接针对王室特使如何在地方审理刑事案件的规定，即常规性地运用誓证调查，设立刑事大陪审团（Grand Assize）向王室法官就本社区的重大刑事犯罪进行检举和控告，受到检举的嫌疑人由郡长立即逮捕，交给巡回法官以神明裁判法进行审判，被判定有罪的，处以刑罚。[1]

大陪审团由郡长从每个百户区召集的 12 名、从每个村召集的 4 名最有资格宣誓的自由人组成，他们要在王室法官面前经宣誓后检举自亨利二世即位以来本地发生的抢劫、盗窃、谋杀等重大刑事犯罪的嫌疑人。这些人组成的誓证团体不是代表他们自己，而是代表整个地方社区。拒绝参加誓证的人要被处以罚金。这一团体责任可以视作十户联保中团体治安担保责任的一种延伸。国王不仅征用了地方社区作为治安力量，现在又征用了地方社区作为检察力量来提起公诉，地方社区负有责任与国王协作以维系治安、打击犯罪。同时强化了一种观念：犯罪不仅仅是对个人的加害，而且是对社区和国家秩序的侵害。[2]

《克拉伦敦敕令》以维护和平的名义发布，然而它的后续条款表明，它的效能决不仅止于打击刑事犯罪。它规定所有的自由人都要在王室法官到达时出席该郡的法庭，如有必要参加检举，特许权持有人也概莫能外。这使得王室法官到达时的郡法庭集会成为全郡规模最大、最彻底的公共集会，相当于整个地方社区被召唤到国王特使面前，加入由国王特使主持和进行的对于本郡公共事务的调查和处理。

当时的巡视兼具司法和行政功能，这一点从总巡的派出机构上体现得淋漓尽致。总巡法官是由王国的统治实体王廷派出的，其成员通常是王廷小会议成员，持着盖有国王印玺的委任状巡回全国。换言之，总巡法庭就是王廷的派出机构，一个不跟随国王的王廷巡回分支——它就是王权自身。王廷以法庭的形式处理王国政务，巡回在地方的王廷分支同样以法庭的方式处理地

1　如上文所言，教会此时已经废除了神明裁判的方法。
2　这背后也隐藏着一定的经济动机。在英国，诉讼裁断是需要花钱的，原来人们在地方法院诉讼，钱就归地方领主，正义也归领主，但既然是国王封臣的封臣，不是国王的封臣，那国王就既没有收入也没有正义，而只是象征和封建意义的领主，与其他领主和教会相比，他就像众多正义经销商中的一员。而从普通法形成之日起，英国就有一种习惯：如果当事人在普通法法庭上蒙受了冤屈，可以直接向号称"正义之源"的国王及其咨议会请愿，请求国王恩赐特别干预，以伸张正义。据记载，"到 14 世纪，国王已经开始接受要求在普通法外予以救济的请愿或起诉。如果他认为这些救济应该予以考虑，则自己做出决定，或者交给咨议会、大法官或议会解决"。这实际上既增加了王室的收入，又强化了王国的合法性。

方事务。

由于总巡法庭实际是王廷的派出机构，因此，总巡法庭受到委任的权限就是王廷的权限，它处理的事务是无所不包的。《克拉伦敦敕令》所起的作用是将总巡常规化并规定地方社区在总巡尤其是刑事追诉方面的责任，而不限定总巡法官的权限。总巡可以处理王权之诉范围内的全部事务，包括与国王自身利益尤其是财政利益相关的事项，严重刑事犯罪，以及对所有地方政府功能的彻查。

事实上，对地方政府功能的彻查是总巡的重要目标之一，郡长及其助理都是总巡检查的对象。列入调查范围的总巡条目"覆盖了政府的整个领域"，包括地方的所有官员义务履行的情况、是否存在不端行为、是否发生对王室特许权的篡夺和误用，等等。早在总巡开始之前，设在内府小教堂的王室文秘署（chancery）就会向郡长发布一般传唤令状，要求郡长为总巡做好准备。郡长依此必须传唤自上次总巡以来履行郡长职责的所有人，包括已故郡长的继承人和执行吏，携带他们所收到的所有令状出席法庭；所有主张王室特许权的人也必须应传唤出席，并向总巡法官出示特许权的依据；郡长自身和他的所有官员及助理也要出席。郡长还需要提前发布文告，告知凡有任何对于上述官员或助理的申诉，都前来总巡法庭向国王的特使提出。

在将整个地方社区召唤到王室特使面前时，总巡实际上成为一种王权与地方社区互动的方式。在总巡法庭中，国王与地方社区之间的关系得到一种仪式化的展现：一方面是坐在法庭中心、接管郡长职权的王室特使，另一方面则是整个地方社区的集会。巡回法官要做的第一件事是向集会宣读总巡委任状。通常，委任状中包括这样的措辞：

> 国王的意愿是所有作恶的人应当在他们的恶行之后受到当有的惩罚，正义应当被无差别地施与穷人和富人。为了更好地达成这一目的，国王祈请本郡共同体的成员通过出席此一场合助他一臂之力，以建树一个幸福的和确定的和平，这既是为了王国的荣誉，也是为了他们自身的福利。

国王以"正义的名义"吁请整个地方社区与他合作，以实现"王国的荣誉"和子民"自身的福利"。在这样一个场合中，国王通过他的特使与他的王国面对面。国王可以将"王国"召唤到他的特使面前，自然也可以召唤到他自己面前。日后，国王正是通过议会把"王国"面对面地召唤到自己面前。

总巡也要求地方社区为其自身的法律义务承担责任。大陪审团的检举和控诉是与十户联保责任连在一起的，如果法官在对检举的调查中查实社区自身存在着过错，未能很好地监控犯罪行为人，社区本身要被处以罚金。同时，誓证陪审团在回答提问时如果存在错误，也要被处以罚金。这固然充实了国王的金库，但也确立了一种外在的约束机制，使社区得以培育对自身职责的敏感和自负其责的精神。

当总巡成为常规化的制度，它毫无疑问是一种王权与地方社区互动并监控地方官员的有力机制。它解决了两个重大的困难。第一个困难是信息问题。总巡解决这个问题的方法有三：誓证调查法、郡长的卷宗（record）——在理查德一世之后还包括验尸官的卷宗以及个人控告。地方社区和个人都将他们"出借"给国王，在国王对地方官员的监控机制中承担相应的功能。第二个困难是保持总巡法官自身不被地方"捕获"。这个困难是通过委任来解决的。总巡法官的权力来自于委任状，每一次总巡的委任状都是单次发布的，且受委任的人员并不固定。总巡法官在完成每一次总巡任务后即返回王廷，下一次的总巡法庭由当次的委任状重新任命并派遣。单次委任的做法日后一直保持下来。在总巡消失之后，保持到民事特别巡回审和刑事特别巡回审之中，也保持到对治安法官的任命之中。

通过王廷的分支机构在地方常规性地巡回，亨利二世事实上建立了一种王权直接与地方社区互动的机制。这一机制既能实现与地方最大程度的接触，又始终不失其中央集权的性质。中央和地方之间形成了常规性的双向沟通关系。总巡的这一体制功能在其自身消亡后，仍由特别巡回审继续下去。1617年，培根向夏季巡回审的法官致辞说，"你们必须记住，在你们的司法行政之外，你们携带着这个国家的两面镜子；这是你们的职责，在你们的巡访过程中，向人民代表国王的恩典和关怀，并且，在你们返回时，向国王提出人民的苦情和厌憎"，这将使得"政府在它自身中更为统一"。

总巡不仅仅使王权与地方社区面对面，它也开始使王权直接与个人面对面，更重要的是亨利二世的总巡激发了英格兰的自由民从封建法院和古老的地方法院转投王室法院的热情，逐渐从民众内心确立了对王室的认同。在民众投向王室法院的过程中，最大的纠纷是土地问题。

亨利二世时土地问题是非常严重的问题。可以说土地问题能否解决关系国家存亡，所以，土地是财富之源、国家之基，梅特兰在《英格兰宪政史》讲义的末尾说，如果要对英国宪法有任何了解，首要的是对英国土地法的了解。而在讲到土地法时，他如此评论"占有（seisin）"的概念："在我们法律的历史上，没有一个观念比占有的观念更为核心……在过去，它是如此重要，以至于我们几乎可以说，我们土地法的整个体系是关于占有和它的后果的法律"。独一无二的英国法上的"占有"概念正是新近被夺占有之诉的结果。创造新近被夺占有之诉的敕令被梅特兰称为，"从长远来看，是曾在英格兰发布过的最重要的法律之一"，"被它所施行的原则是崭新而惊人的"。

在斯蒂芬乱世之后，亨利二世要恢复土地和平保有秩序，相当大程度上所要对付的是领主权滥用。但他处理这一问题面临着一个巨大的法律障碍，就是依照封建制理论，与土地权属相关的问题由领主法院管辖。他如果直接管辖土地权属问题，相当于剥夺了领主按照封建法所享有的合法权益。因此，亨利二世必须拿出一种办法，能够在表面上无损领主对土地的封建管辖权的情况下，直接插手干预土地问题。

"在为它耗费许多个不眠之夜"后，这个包含着"崭新而惊人的原则"的新办法诞生了，它就是新近被夺占有之诉。它也是一道下达给郡长的令状，内容是指令郡长：某 A 已向国王提起控诉，他被某 X 不公正和未经审判地（unjustly and without a judgement）剥夺（disseisin）了某块自由保有地（tenement），如果某 A 向郡长保证会将诉讼进行到底，郡长应扣押被诉土地及其上的动产并保持土地的和平状态直至王室巡回法官到达该地审理，同时召集 12 个守法自由人组成誓证团，到国王法官面前回答对事实问题的提问。被告某 X 则应向郡长提供届时在王室法官面前出庭的担保。这一令状是回呈令状，要求郡长让陪审团成员在令状上签名，届时与执行官的姓名和被告的担保物一起交给巡回法官。

简言之，这一令状的实质是：如果一个人被剥夺了占有，也就是说，其自由保有地被"不公正和未经审判地"剥夺了，他将获得王室令状的救济，由一个预先召集的誓证团（小陪审团）在国王法官在场的情况下，对被告是否如令状中所称的那样侵占了原告土地的问题作答，如果回答是肯定的，该人就将被恢复占有。[1]

这实际上非常灵活地解决了问题，达到了目的。在这一令状中，国王可以合理地主张这一令状并没有侵夺领主法院的权限，而是国王在履行其维护正义的职责，原因在于两个方面：一方面，国王干预的并非是土地的"权属（ownership）"，而是"占有"。一是令状适用的时效性。该令状只针对新近发生的土地侵占——一般是在国王最近一次跨海出巡与归来之间，按照亨利二世时的常例是一年，如超过这一时间，即不在该令状适用的范围内。二是令状的非终局性。该令状并不是对最终权属的判定，即便在国王法院被认定为侵占，该人仍可向领主法院提起关于土地权属的诉讼。另一方面，国王的干预是针对"不公正和未经审判地"剥夺土地占有的行为，而对不正义的制止是国王的职责。理由是与王之和平密切联系在一起的。每一个侵占行为都是一个对和平的破坏，以暴力进行的侵占更是一个严重的破坏。在每一起侵占事例中，侵占者都将被施以罚款（amercement），罚款数额不低于他所造成损害的数额。法官还将调查侵占人在实施侵占时是否使用了暴力和武器，如果情况属实，此人将被投进监狱和处以罚金（fine）。此外，他还需向郡长缴纳一头牛或五个先令。如果他对于同一块被判决返还的土地重复侵夺，他必须被投入监狱，因为他破坏了王之和平且藐视了国王的法庭。

引起国王干预的关键是，"不公正和未经审判地"对他人占有土地的剥夺。换言之，"不公正地"剥夺他人占有即是对王权秩序的破坏。新近被夺占有之诉中所包含的罚则指示得很明确。然而，什么是"不公正地"剥夺占有？领主因为土地保有人未履行役务而将之逐出土地，是否属于"不公正地"剥夺占有？更有甚者，如果起诉的土地占有人本就是通过暴力侵占了土

1 　杨利敏. 亨利二世司法改革的国家构建意义［J］. 比较法研究，2012（4）.

地，原土地保有人同样使用暴力将之逐出，是否属于"不公正地"剥夺占有？这些都不在新近被夺占有之诉考虑的范围之内。也就是说，一个人具有的对土地的实体权利并不能为他剥夺他人"占有"——从土地上驱逐他人的行为提供任何正当性。对"公正"与否的判断完全是程序性的，在此，"不公正"和"未经审判"是同义语。因此，新近被夺占有之诉的效果之一相当于宣布土地上的自力救济为非法。国王不是要一般性地恢复占有，而是指在土地秩序上永久性地排除私人暴力。而这里的私人暴力，很大一部分曾是领主权中原本蕴含的合法权利。

对此，梅特兰认为，新近被夺占有之诉同时具有私法和公法两个面向上的效果：在私法上，"占有（possession or seisin），作为一个明显区分于所有权或最佳权利的事物，将通过一个非同寻常的迅捷救济得到保护"；在公法上，"自由保有地的占有，无论它持自哪一级的领主，均受到国王的保护"，国王已然放置了一条重大的公法原则，"土地所有权可以是一个留给封建法庭的问题：国王将通过王室令状和邻居们的调查保护每一个自由保有地的占有"。

在梅特兰提示的私法层面上，我们看到，新近被夺占有之诉事实上创造了一个独立的权利种类：占有。因为它保护的是一个纯粹的"占有"，这一占有是与土地所有权完全相分离的，不论何人，不论是否具有合法的土地权属，只要有和平占有的状态，就应当得到保护。保护是两个方面的，在程序上获得公正审判和在实体上恢复占有。因此，一个与所有权完全分离的"占有"取得了充分的权利形态。同样，"占有"也与封建制的人身关系完全分离。土地保有（tenure）关系原本的实质是将土地授予与人身役务相联结，因而使土地的持有带有一种人身关系的性质。领主对土地的授予是基于对封臣个人的选择和基于人身信任而来的恩惠，而封臣则报以效忠和人身性质的役务。而新近被夺占有之诉保护的"占有"，也与人身役务没有任何关系，不论封臣即土地保有人是否履行了其人身性质的役务，领主都无权将其逐出，亦不影响其"占有"的存续。原基于人身关系而来的土地保有，此时，已经转化为纯粹的对土地的权利，而剔除了其中人身关系的内容。

这一新近被夺占有之诉是私法上的重大创造。它使英国土地法乃至整个财产法走上了与大陆完全不同的道路。我们看到，由于将"占有"从土地保有关系中抽取出来塑造为一个独立的对"物"的权利，使之与封建制的人身关系完全分离，并排除领主基于此的暴力使用，新近被夺占有之诉事实上对封建制起了釜底抽薪的作用。一旦国王决心将其中的逻辑贯彻到底，领主权的解除只是时间问题。在这一意义上，它在私法上的效果实际也具有公法意义。

而从梅特兰提示的公法层面上，我们又看到，对于新近被夺占有之诉而言，所有权是一个可以被悬置的问题，但只要有人被"不公正和未经审判地"剥夺了土地占有，就是破坏了国王的秩序，国王就要予以干预，同时也就是对被剥夺者予以保护。这里包含了两层意思，一是一种"权利推定"，在未经审判之前，任何人都被假定权利存在。这种假定不仅可以用来对抗领主、对抗第三人，也可以用来对抗国王的官员，乃至国王自身。二是私人的权利是与国王的秩序连在一起的，对私人权利的保护是国王的秩序的一部分，因此，当私人的权利受到侵害时，也就意味着国王的秩序受到了侵害，国王有职责要予以保护。在第一个层面上，"未经审判"很容易演变为"未经国王法院的审判"，国王法院的审判又是与陪审团联系在一起的，由此演变为"未经陪审团审判"，而陪审团审判日后则是"正当法律程序"的同义语。因此，梅特兰说："大宪章最著名的词句将铭刻新近被夺占有之诉的公式"。英国式的公法、私法合体的意蕴在此表达得极为明确：权利之所以为权利，是因其在最强的意义上可以对抗任何人，无论是私人，还是官员，乃至国王。[1]

第一个层面的公法意涵，可以称之为"宪政功能"，其重要性不言而喻，但第二个层面的公法意涵同样十分重要。新近被夺占有之诉不仅包含了"权利推定"的逻辑，而且还包含了私人权利与国王的秩序直接关联的逻辑。国王的管辖权的基础是"王之和平"，国王要越过封建的和地方公共法院而主张自身的管辖权，其正当性寄托于对"王之和平"中包含的秩序观念的伸张。因此，当新近被夺占有之诉把一项对私人权利的侵害与对国王秩序的破

---

1 杨利敏. 亨利二世司法改革的国家构建意义［J］. 比较法研究，2012（4）.

坏联系在一起时，实际也将对私人权利的保护与国王的秩序结为一体。国王的管辖权原本是例外的而非常规的，是概括性的而非具体的，而新近被夺占有之诉的逻辑意味着：当某一项新生的权利受到侵害时，就与国王的秩序直接相关，随之产生了一项国王的管辖权。进而，国王每一项常规管辖权的确立，都依赖于一项新的"权利"的推定，依赖于国王从秩序观念出发对权利的保护功能。整个普通法的发展事实上系于这样一种观念：具有"权利"的臣民与国王的秩序相关，因而与国王本人之间具有直接的关系。通过不断地培植新的权利，国王不断地取得新的管辖权。从这一意义上，国王真正成为"正义之源"。

所以，由国王的法院统一保护的权利，本身意味着由一个地域性的强制机构统一推行的秩序。如果考虑到新近被夺占有之诉被设计出来以绕开领主法院管辖权的初衷，以及在事实上解除领主权的人身内容的效果，那么，由一个直接从属于最高权威的强制机构统一保护的私权，意味着不再有其他任何个人、机构或团体能与个人之间形成一种具有人身性质的封建关系，成为分割国家权威、阻断国家与个人之间的中间层。独立的、不依附于任何其他个人或团体的"个人"是被"权利"建构的结果，只有这样的"个人"才能被完整地整合入国家。这种"权利"不是理论上的"自然权利"，而是实实在在受到最高权威直接保护的权利。而国家只有保护个人，才能使自己成为最充分意义上的国家。

因此，在上述基础之上，继新近被夺占有之诉之后，亨利二世又创制了收回被占继承地诉讼令（assize of Mort d'Ancestor）、地产性质诉讼令（assize of utrum）和最终圣职推荐权令（darrein presentment）。收回被占继承地诉讼令解决在土地保有人去世，其继承人进入土地之前，土地被他人占有或被领主收回的问题。由于亨利一世对于土地保有可继承性的确认，这一令状成为新近被夺占有诉讼令的合理补充和延伸，两者一起保证普通自由土地保有人及其继承人对土地的和平保有。到亨利三世时，该令状又衍生了一大堆子裔——收回被占之祖父地产令状、收回被占之曾祖父地产令状、收回被占之表兄弟姐妹地产令状，来适用于其不能覆盖的情况。最终圣职推荐权诉讼令涉及土地保有人向建立在其土地之上的教堂的主教推荐教士供职的权利，亨利二世将王室法院保护的主教推荐权也塑造为一个类似于新近被夺占有之诉下的"占有"模式，而将最终的权利留给相应的领主法院。地产性质诉讼令用于解决教会与俗人之间争议的土地性质问题，后来成为专门的"牧师权利令状"。这些诉讼全都适用陪审团程序。

另一方面，新近被夺占有之诉开始其扩张适用。领主失去了其在土地保有人不履行役务的情况下，通过扣押土地或收回土地而进行自力救济的权利；作为交换，王室法院提供给领主对等的保护，领主也可以用新近被夺占有令状向王室法院提起诉讼，要求恢复自己被非法剥夺的对相应役务的占有。如果第三人不当地接受了保有人履行的义务，也同样是侵夺了领主的占有。进而，如果土地保有人将土地转手，领主可以针对取得土地的不特定人向王室法院提起诉讼，主张自己的领主权被侵夺，要求恢复。与国王的兵役一样，领主基于土地保有关系而取得的原本人身性的役务被附着于土地上，变成一种土地上的权利。对土地占有保护的诉讼形式同样适用于领主权，国王的法院用"公正的审判"交换了领主的自力救济，同时将领主权转变成了一种无体的"物"。此时，原本土地保有制下领主与封臣之间人身性质的相互关系已经转变为各自所具有的对于两种不同"物"的权利。

从征服时期开始，威廉就没有采取制止土地转移的政策。当国王本人在土地保有关系中取得的役务被附着于土地上，且其土地所有人的身份不因土地转移而有任何改变时，土地流转对国王带来的影响并不大；而对于国王的封臣而言，土地越是流通，其中的人身关系就越是淡化。王室法官坚定地采取了支持土地流转亦即土地买卖的立场。而由于土地买卖从诺曼时期就以再分封的形式开始，也以再分封的形式沿袭下来，即一桩对土地的买卖表现为形成一个新的土地保有关系。土地的出让，无论对方支付多大的对价，都被视为是一个出让人的授予（grant），而依照土地保有制的原理，授予的这一方可以自由地设定权利的范围。例如，甲可以设定某块土地由乙终身保有，而在乙去世后交给丙及其继承人。因此，以土地保有制形式出现的土地买卖事实上转变为一种自由的设权行为：

通过宣布他在转让时刻表达的意志，他可以使土地以这种方式或那种方式传下去，使它是"保留的"。那就是说，留给这个人或那个人的，使它是

"回复的"或者当这样或那样的事件发生时还给他本人或他的继承人的。他的转让，如果我们可以这样称呼它的话，不是一种他所享有的权利的简单转移；它是新权利的创造，而且法律只是规定他不可以做什么，而不是规定他在这种事务中可以做什么；它是限制他的权力，而非授予他权力，因为看起来似乎有无尽的这种类型的权力蕴含在权属的概念中——他可以自由地在土地上施加他的意志，如同它是必须被遵守的法律。

事实上，领主权益和家族权益都可以变成如同物一样附着在土地上的附随义务，这极大地促使王室法官在13世纪下决心赋予个人以完整地依其意愿自由处分土地的权利，而不受领主权或家庭利益的影响。

由于土地买卖以土地保有制的形式出现，而土地保有关系中的权利能够获得王室法院最充分的保护，这激发了以"保有"的方式构想其他社会关系的热情。例如，在大陆法中以合同方式处理的问题，在英国转变为以"保有"的方式处理。一个人要在另一个人的土地上放牧，这一关系的建立不是通过合同，而是以一方封赐另一方放牧权的方式出现。易言之，本来是一个人与人之间的关系，会在保有制的框架下，既转变为两个不同的人对"物"的关系，又转变为其中一方的权利创设行为。一方面，在保有制的思维方式下，整个社会关系的形成带上了个人权利创设的效果，即个人自由的创设行为不断产生出新的社会关系；另一方面，各种社会关系又都带上被构造为一种如同人对土地一般的人对"物"的"财产"关系的倾向，包括"无体物"的概念大量产生。从这一意义上，从新近被夺占有之诉中产生的逻辑深刻地塑造了英国社会和英国人的观念结构。可以说，早在萨维尼创立法律行为概念的几个世纪之前，中世纪的英国人已经在以自由意志塑造自己的生活，并不断将自己的社会存在转化为受王室法院保护的"财产"。

但是，亨利二世并未到此止步。他还采用了其他方法节制领主法院的管辖权，首先是命令所有关于土地的诉讼，必须有王室令状才能开始。理由是国王对于土地和平秩序的保持。这虽然保留了领主法院对于土地权属的管辖权限，但已将之纳入王权的控制范围。其次，继续使用司法懈怠的理由，将案件从领主法院转到郡法院（陶特调卷令状，writ of tolt），再从郡法院转到王室法院（庞恩调卷令状，writ of pone）。再次，在领主法院进行的土地诉讼中，赋予被告一种选择的权利，如果他愿意选择陪审团审判，则案件随之转移到王室法院。

斯塔布斯评论说，亨利二世终其一生保持着反封建（anti – feudal）的政策，但亨利二世在具体措施上显然是很审慎的，无论是否有意系统地削弱封建管辖权，他都小心地避开了与封建主义的正面冲突，而代之以授予个人选择的权利。领主法院的管辖权并没有受到直接的剥夺，但王室法院高效、迅捷的保护和陪审团审判比领主法院有吸引力得多。他没有直接废止领主权，而是用公正的司法保护交换了领主权中的自力救济内容，并将领主权及时地转化为一种财产权益。

12 世纪末期和 13 世纪见证了司法改革的成效。《亨利一世之法》一书写作于 1118 年，作者声称，"在 32 个郡中的每一个，法律的细节上都有区别"。1180 年时，在王室法院的工作之上，格兰维尔已经可以写作《英格兰的法律和习俗》一书。理查德一世统治时期可以视为对亨利二世司法改革成效的一次检验。虽然这位国王在十年中只有五个月的时间待在英格兰，但英格兰的治理一切如常，并仍向前发展。

最终，王室法院的管辖权以保护"占有"的逻辑继续推进。"占有"受到保护的时限越来越长，从事实性的占有状态扩展到精神性的占有状态，导致一系列被称之为进占令状（writ of entry）的诉讼形式被创造出来，针对在瑕疵权利之后进占土地的第三人。到布拉克顿时期，"占有"已经和"权属"没有多大的区别了。另一方面，以"王之和平"的名义推进的管辖权大获全胜。在 13 世纪中期出现了直接侵害之诉（Trespass），任何一种非法地对于他人的土地、财务或人身使用肢体暴力的行为都被认为破坏了王之和平，进而发展到只要非法侵入他人土地或接触他人的人身或动产都被认为是已达必要的暴力程度并破坏了国王的和平。此时，王室法院几乎能受理所有关涉自由人的案件。

英国的司法改革，不仅加强了国王权力，也使英国臣民更乐于通过法律途径解决问题，这培养了人民的公民法治意识。也就是说，国王的法院在向自由人提供保护的同时，也让他们自己做出选择，并为此承担责任。这从令状的选择上就可以看出，英国的令状非常复杂，它是针对一个一个具体的权利设计出来的，每一种令状都包含了特定的救济对象和程序，哪怕令状选择上的错误也意味着要失掉诉讼。[1] 因此，在向国王法院提起诉讼的同时，个人必须审慎地做出选择并为之担责。国王的法院发展到后期出现了分殊，先是三大普通法法院的分殊，继而出现了大法官法院，继而在大法官法院之外又出现了星宫法院等特权法院。每一个法院的救济都各有长短，当事人也需要在此之间权衡选择。最酷烈的选择出现在刑事大陪审团审判中，因为大陪审团的应用属于王室特权的行使，因此，需要被告人的同意才能进行审理。在被告人不同意的情况下，王室法院有时也会施以"狱中折磨"迫其同意，但当事人仍可进行选择——是同意陪审团审判，还是忍受折磨，直至在狱中度过终身，但可保全自己的财产不因定罪而被没收。这些都增长了个人"同意"的理念和自负其责的精神。

除此之外，国王的法院注重对官员和自身的监督。王权有注重监督官员的传统。亨利一世时，就有王廷的重臣因行政过错而被施以罚金乃至监禁。自亨利二世开始，国王无论使用何种机制都会注意相应的监控。对于陪审团的裁决有撤销陪审团裁决令状（writ of attait）和重审调卷令（Certiorari），以及对于陪审团成员个人的罚金责任。从王室小会议中分殊出来的王座法院逐渐承担起监督机构的责任，以纠错令状（writ of error）以及调卷令（Certiorari）、禁止令（Prohibition）、强制令（mandamus）等特权令状对包括王室法院在内的各类法院的审判进行监督。这些权限后来也针对半司法半行政性质的治安法官。议会产生后，王座法院自身的判决也要受到议会的监督。

总之，普通法始终保持着高度的中央集权性质和规则统一性。巡回法官遇到的疑难问题都会带回威斯敏斯特的财政署合署会议讨论。在总巡取消之

---

[1]　令状（writ）是国王为了扩大权力、增加权威发布的一种书面命令，上有国王的签名，其主要内容在于命令接受令状的人去做或不做某事。令状虽以国王名义发布，但实际上都是由国王秘书处（court of chancery）在具体负责草拟、颁布，因而，有人将之比作我国古代的圣旨。现在看来，这只是一张薄纸，但考虑到当时教育的落后，许多领主贵族甚至不识字和地方法庭不规范的毛病，这种形式严谨漂亮的令状，对于那些需要诉讼的人所造成的吸引力就可想而知了。比如以下一张令状：奉天承运英国国王诏曰：牛津地区地方首长知悉，兹命你处理阿宾顿修道院院长之水闸被斯坦顿人破坏之事件，且以后不可再犯。违者，罚金十镑。钦此。——拉尔夫秘书长，于西敏见证。

后，从取代总巡的特别巡回审中发展出了与固定在威斯敏斯特的三大普通法法院直接联结的体制——自动移审（nisi prius）。中央法院受理的案件由巡回法官在案件发生的当地交由陪审团对事实问题进行裁断，再由巡回法官将陪审团的裁断带回威斯敏斯特，由中央法院在此基础上对法律问题做出最后决定。

1215年，在经过激烈的冲突之后，大贵族代表逼迫约翰王签署了《大宪章》。《大宪章》充分见证了亨利二世司法改革的成功。在这部被认为具有封建性质的文件中，只有一个条款是有益于保存封建管辖权的，至少有五个条款是指向王室司法管辖权的需求的。其中著名的有：第24条，取消郡长对王权之诉的管辖权——这也证明了亨利二世改革在刑事管辖方面的成功。第17条，要求民事高等法院不再跟随国王巡回，而固定在某一地点听审诉讼。第18条，要求国王定期地派出民事巡回法官。第39条，所有的自由人"未经国土的法律（the law of the land）"或同等地位人的裁判，不受羁押、监禁，不得被剥夺占有，不得被驱逐或流放。在这些条文中，第39条通常受到最大的重视，但事实上第17条和第18条有着不亚于第39条的意义。在亨利二世统治后期，在威斯敏斯特的王廷中设立了一个固定的受理民事诉讼的法庭，当约翰王1204年失去大陆领地退回英国后，他将这个设置取消了，带着全部王廷成员随地巡游。普通法及其司法机构——王室法院，原本是从国王特权中派生出来的，是国王特权的产物，约翰王的做法实际是将尚未完全成型的普通法体制重新收回其个人王权中。而《大宪章》第17条和第18条阻止了国王的这种做法——普通法及其法院需要永久性地与国王的人身相分离，不能再被收回个人王权之中，它们不再是国王特权的一部分，而是属于整个王国的。从此，大贵族小心翼翼地保卫着普通法不受国王特权的影响。1258年，通过牛津条约，国王不受限制地发布令状的权力受到制止，此后，只有在大会议通过的成文法（statute）作为"王国的法律"才能更改普通法。1300年，乘爱德华一世有新的金钱需要之机，大贵族逼迫国王发布《新宪章》。该宪章的第6条规定，国王不得以小印章发布任何触及普通法的令状，司法令状只能由王国的大印章发布。大贵族并不完全反对国王特权的行使和他的个人化政府，但是，普通法体制必须严格地与国王特权相隔离。

118

在大贵族的压力之下，从国王特权中派生出来的法律成为王国的法律，国家基础建制的一部分。与欧洲大陆同一时期的国王一样，英国国王开始不断地主张王权的绝对主义，即主张乌尔曼所称的王权的"神权"一翼，但在国王的有形身体之外，英格兰民族和王国已经找到了自身的载体，这就是王国的法律。

在这一法律的生长中，整个王国也在和法律一起成长——个人、地方社区和官员都在其中经受训练和学习，学习自我管理、自负其责、相互沟通。而在个人自负其责的创设性行为中，法律不是外在施加的义务和强力，仍是个人生活实践的内生部分，是个人参与共同体生活的方式。国王以公正的司法交换贵族武力和领主权的策略如此成功，贵族的权利转化为法律保护下的普通自由民的人身权利和财产权利，并与这套法律和习俗牢牢地绑在一起。1236 年，大贵族对亨利三世说，"我们不打算改变英格兰的法律"。不再有同一片土地上不同族群的区分，只有适用同一套英格兰国土法律的英格兰人。

在这种情况下，当玫瑰战争爆发时，普通法法院的法官们用长袍罩着铠甲继续端坐在威斯敏斯特宫中。王族可以更替，英格兰国家和它的法律共存。大贵族在内战中拼尽力量，都铎绝对主义开始兴盛，普通法的地位更加巩固，星宫法院显赫一时，但不能侵越普通法法院对于土地和重罪的管辖权。17 世纪，詹姆斯一世和柯克的著名对答是王权最后一次把普通法收回自身的尝试。王廷大会议的子嗣议会随后接管了国家，它和普通法一起成为王国的两个载体。在此，我们倾听戴雪在 19 世纪传来的声音：英格兰的政治制度有两件异彩，相互密切关联，它们是——议会主权和法律主治。

福蒂斯丘曾在 15 世纪对英格兰政制做过一次总结：与法兰西相比照，后者实行的是纯粹王室的（only royal）统治，而英格兰实行的是政治且王室的（political and royal）统治。纯粹王室的统治表现是王以自己的嗜好（体现自己意志的法律）统治人民，而英格兰政治且王室的统治则是王以人民自己的法律统治人民。[1] 后者是一个民族为自己确立起王国或其他政治体，王

---

1 约翰·福蒂斯丘. 论英格兰的法律与政制 [M]. 袁瑜珺，译. 北京：北京大学出版社，2008：47 - 48，117.

国从人民中来，确立王为首脑，而民族是借助于法律而形成的，如同自然之体通过法律而维系，王不能改变和剥夺民族的法律。前者则是凭借王的权威和权力结成王国，人民基于听从并接受王的法律的统治，根据王的意志而被构造为一个王国。

尽管这位司法大臣的声音历经五个世纪曾一度黯淡消沉，但穿越历史的迷雾，这位中世纪普通法法官对自身的洞察和理解或许仍然比今世法学家更接近于历史的本真。事实上，福蒂斯丘口中的"王室的统治"正是以法国为代表的欧洲大陆绝对主义王权的写照：超出共同体之上的王权独自代表共同体，王权以直接隶属于自身的强制机构推行地域性统一秩序。这套秩序本身及其强制机构都出自王权，共同体本身对此并无参与，王权及其机构是维系这套秩序（亦即王国统一性）的唯一力量。诚如路易十四的名言"朕即国家"所表达的，绝对主义王权的本质仍是个人王权，王国被吸收在王权之中，乃至最终被吸收在国王人身之中。

在英格兰，由于王权起源于古老的撒克逊王权，而撒克逊王权诞生于日耳曼原始部族民主制，王国政治组织在从部族性组织（属人团体）转向地域性组织（属地团体）的过程中，保持了部族民主制的基本观念，突出表现就是部族共同体（nation）领有王国以及法律作为部族共同体的法律的观念，这构成了福蒂斯丘所称的"政治的统治"的基本内涵。尽管同样受到拉丁基督教的影响，国王从原初的部族军事首领转变为在共同体中占据有某种突出的地位，表现为王权中的国王"特权"，但这种地位不是脱离共同体而凌驾于共同体之上的，而是对共同体的看护职责，这构成了福蒂斯丘所称的"政治且王室的统治"中"王室统治"的内涵。

诺曼征服者以合法继承人的身份主张英格兰王位权利，从而延续了撒克逊古老王权及其内在观念是英格兰的一次幸运。在威廉及其后继者亨利一世以强健的行政才能打造地域性政治组织的过程中，撒克逊王权内在包含的部族共同体观念及其政治建制继续贯穿在地域性组织的营建和巩固中。而12世纪中期进行的亨利二世司法改革是英格兰的另一次幸运。在司法改革中，通过巡回审判，英格兰实现了个人与作为中央治理者的王权之间面对面的直接关系。国王以法院作为其推行统一地域性强制秩序的机构，并保护个人不

图 2－13　英国法学家约翰·福蒂斯丘爵士

受任何中间层的控制。从撒克逊王权保持下来的部族共同体观念在陪审团宣法制度中得到了进一步强化，法律作为古老共同体的法律在英格兰成为现实。王国地域性统一秩序的推行与通过法院施行的私权保护合为一体，在英格兰诞生出一套以普遍权利方式构造的统一秩序。这套秩序原本是从国王特权中生长出来、由国王提供的地域性强制机构来支持的，正如福蒂斯丘所阐释的，一个民族政治体的存在制约着王权，民族政治体的观念不断释放使得从国王特权中生长出来的普通法最终脱离个人王权，成为民族政治体的财富和国家的基础建制。从而，以私权保护为其内核的普通法使得英格兰民族政治体的构建与作为地域性组织的王国的构建合为一体，而个人则以主动性和创造性的方式参与其中。

第三章　怪兽与女神

世人听到那个声音的诱惑，
他们拼命挤进天堂的大门，
但当大门在身后怦然关上之时，
他们却发现自己在地狱里。

——米兰·昆德兰

第一节　利维坦——怪兽！

它的心坚硬如石头，如同磨石那样结实。它站起来的时候，就是最勇猛的人，也要浑身战栗。刀剑扎它，不伤分毫；矛或短枪，奈何不得。在尘世上没有能比得上它的；它被创造，而一无惧怕。它傲视百兽，在它们中间称王。

——《圣经·约伯记》

中世纪后期，教会权力日益下降，国王权力日益上升。17 世纪时，经过宗教革命的震荡，教会势力已经日薄西山，奄奄一息。虽然，在平信徒中还有一定影响力，但已经今非昔比。人们在询问正义的标准时，已经不需要关注教皇怎么说，转而倾听自己国家内的世俗意见。因此，在 17 世纪的欧洲出现了一系列介于王朝国家与民族国家之间的政治实体。这些政治实体日益强大，它们关注经济发展，在欧洲列国的争霸中，逐渐脱颖而出，占据主流，最终形成现在我们都熟悉的现代国际体系（modern international system）。以往的基督教共和国不再有影响力，国家之间处理问题的规则，以世俗为国家本位。以 1648 年《威斯特伐利亚条约》的"教随国定"为起点。

这种政治实体，最早出现在英法两国。这两个国家最早在欧洲完成统一过程，最早在欧洲摆脱教会的影响，也最早产生自己的国家理论，因而也最早拥有自己的国家利益。在这种情况下，法国大主教黎塞留放弃自己天主教主教的身份带领法国站在新教徒一边与教皇作战。博丹提出了自己的"国家主权"理论，鼓吹国王统治的合法性；而在英国，因为宗教原因，有过亨利

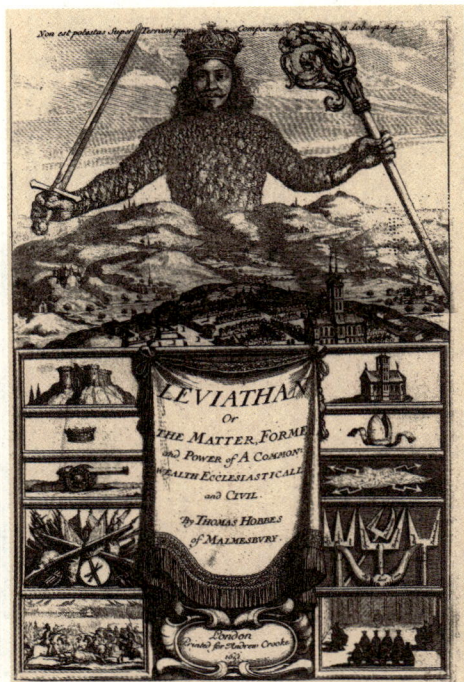

图 3-1　托马斯·霍布斯及其名著《利维坦》的封面

八世的离婚，有过"血腥玛丽"的残酷统治，而又因为詹姆斯二世对天主教的态度，英国发生了"光荣革命"，邀请詹姆斯二世的女婿、荷兰执政奥兰治亲王进入英国，从而开始了威廉三世与玛丽二世的共治时期。在理论上也有霍布斯的"利维坦"。因此，在中世纪，如果问一个人你是谁，他会回答，我是一个虔诚的基督教徒，或者说，我是某某老爷的仆人；如果问，你觉得世界上最重要的问题是什么？精英们肯定会说，是人的灵魂拯救，那么在这个时代最大的政治问题其实是是否信仰上帝和信哪一派的问题，而不是国家利益，这个时代最大的坏蛋，人们称他为异端。然而，进入到民族国家时代后，一切都发生了变化。如果问一个人你是谁？他会说，我是英国人，我是法国人，或者他是哪个地方的人，这只是对国内的人而言；如果你问这个世界上最大的问题是什么？他们会说，国家的强大发展与个人的权利保障，因此，这个时代的最大政治问题，对外是国家要强大与发展，对内要限制国家的权力，在这个时代最大的坏蛋是国奸或者独裁者。[1]

然而，在英国和法国，就像前期走向统一的路不同一样，在形成国家所走的路来说，也有很大的差异。英国从诺曼征服，经过亨利二世、爱德华一世，再到亨利八世、玛丽一世、伊丽莎白一世，几百年间，虽然王位归属曾有争议，但国家在普通法的路径引导下走的是改良路径，他们不追求惊天动地，也不相信哪个人会扭转乾坤，只是固执地遵守着一些原则——不能做的事不做，因而英国的革命（如果称之为革命），是光荣革命式的不流血革命，而且在革命过后，社会便沿着一条平稳的道路走下去。法国从卡佩王朝统一，到路易十四，直到路易十六，发生了多次革命，他们信奉理性主义，先后掀起几波高潮，曾出现罗伯斯庇尔式雅各宾派的专制恐怖，最后被拿破仑窃取果实，又与欧洲其他国家发生数场大战。每次都有很多的兴奋点，但每次国内的矛盾既深且巨，因此，法国虽然进行了最彻底的革命，但引起了更大震荡，政权频繁更迭，曾经当政的人都以悲剧告终，它的政权形式——帝国，共和国，督政府，帝国，共和国，再帝国，到现在，法国已经是第五共和国了，它的这种风疾雨骤，不禁让我们感叹不已。

那么，英国的推进为什么这么平稳？我想，最根本的原因在于，英国找到了行进的平衡技巧。凡事欲速则不达，英国意识到在一个组织内，正义要实现，就必须去限制那些强者的权力，在王朝时代是王权，在现代社会则是国家。实际上，这是英国对这个世界的最大贡献，它为世界贡献了最伟大的政治思想——法律与宪政，虽然这些宪法并没有用成文的具体形式体现出来。

我们看到，法国对国家的看法是主权（sovereignty），主权是什么？是一个国家对其管辖区域所拥有的至高无上的、排他性的政治权力，简而言之，是"自主自决"的最高权威，也是对内立法、司法、行政的权力来源，对外保持独立自主的一种力量和意志。[2] 问题就在于，国家的主权如此之高，它

1　有关正义标准的转换，参见布莱恩·莱瓦克，爱德华·缪尔，迈克尔·马斯，博雷迪斯·威尔德曼. 西方世界：碰撞与转型［M］. 1 版. 陈恒等，译. 上海：上海人民出版社，2003. 该书每章末尾都有一节"历史上的正义"，可供参考。

2　叶明德. 政治学［M］. 台北：五南图书出版股份有限公司，2006：44.

的法律从何而来？法国在后来给出的是卢梭的解决方案——公意（general idea），用现在的话说，全体人民的根本利益（或意志）。随之又会产生几个问题：它是至高无上的，它怎么行使权力？怎么约束？在法国，人们想当然地认为，我认为的就是对的，即使我认为的不对，如果大家都认为是对的，那么它就是对的；既然我认为我们是对的，所以，如果你认为我们不对，那就是你不对，这一点天经地义，毋庸商量——人民的权力与意志一旦形成，那么它就是对的，因为它代表国家，而国家权力又是至高无上的。这样，在法国国家形成过程中，暴力就是必然且不可妥协的。人们总认为，问题之所以没有得到解决，不是因为这种想法，而是因为我们没有更彻底地把事情做到底，因此，就会越来越激进，最终国家精疲力竭为止——1815 年，那一年拿破仑彻底战败。

英国则不同，或者说，他们对一切权力异物，充满着怀疑与质疑，这或许与英国的唯名论与经验主义有关，也与普通法形成时所走的程序正义有关。他们认为，你可能是对的，我也可能是对的。既然这样，如果我们无法达成共识，那就暂时搁置，我们回答另一个问题：我们认为哪些是对的，哪些是不对的，尤其是，哪些是不对的，我们要坚决打击不对的。于是，英国在革命过程中，固然有利益纷争，甚至也有激化，但是没有发生激烈的社会动荡，最终英国的大部分关键问题都在这种框架下得到解决，他们打击的就是大家公认的犯规者，比如查理一世、詹姆斯二世，但是大部分结构性问题，他们都是通过法律框架消化并解决的。

所以，差异在两个国家形成时就出现了，比如说，在英国，国家是什么？在英国伟大的政治学家托马斯·霍布斯的著作里，国家就叫"利维坦（Leviathan）"。什么是利维坦？

这本全名为《利维坦，或教会国家和市民国家的实质、形式和权力》（*Leviathan or The Matter, Forme and Power of a Common Wealth Ecclesiastical and Civil*，又译《巨灵论》）的书中，国家是强势的，国家，即伟大的利维坦——是一个人工制造的人；其中，主权是它的灵魂，官员是它的关节，奖惩是它的神经，财富是它的实力，安全是它的事业，顾问是它的记忆，公平法律是它的理智，和平是它的健康，动乱是它的疾病，而内战则是它的

图 3 - 2　海中怪兽利维坦

图 3 - 3　怪兽贝希摩斯

死亡。

　　实际上，利维坦的形象来自基督教《圣经》。"Leviathan" 的字意为裂缝，在《圣经》中象征一种邪恶的海怪，通常被描述为鲸鱼、海豚或鳄鱼的形状。在基督教中"利维坦"成为恶魔的代名词，强大得足以与上帝相比，被冠以七大罪之一的"嫉妒"。

　　《约伯记》（第 41 章）中提到，利维坦是一头巨大的生物。它畅游于大海之时，波涛亦为之逆流。它口中喷着火焰，鼻子冒出烟雾，拥有锐利的牙齿，身体坚固，好像包裹着铠甲。它性格冷酷无情，暴戾好杀，在海洋之中寻找猎物，令四周生物闻之色变。

　　传说，上帝在创世的第六天创造了一雌一雄两头怪兽，雌性的就是盘踞大海的利维坦，而雄性则是威震世界上所有陆地的贝希摩斯（Behemoth）。当世界末日降临之时，利维坦、比蒙和席兹（Ziz）三头怪物，将会成为奉献给圣洁者的牺牲。

　　有人说，霍布斯支持专制，依附国王，不像洛克那样重视民主。的确，霍布斯受法国理性主义的影响，在其著作《一个哲学家与普通法学家的对话》也显示出他与普通法的差异，但是，从思想深处，也显示了他对国家的

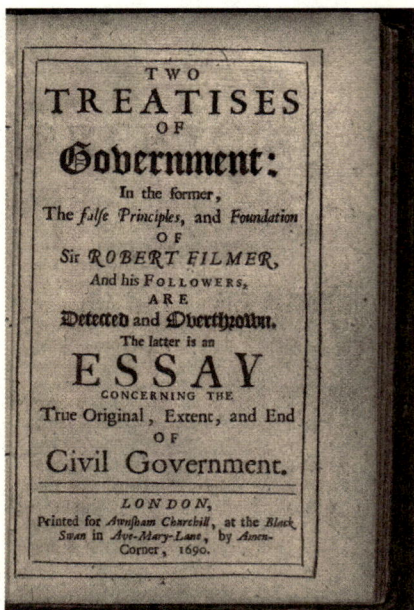

图 3 - 4 约翰·洛克的《政府论》封面

敬畏与疑惧。因此，国家在他的世界中呈现的是这种景象：力量无穷而又可畏可怖。然而，又有什么办法呢？世间总会出现无序和战争状态，这个世界需要国家来给予秩序。持有这种国家观的英国人以及认同他们观点的学者，为什么在后来的发展过程中，发展出一套限制国家、限制权力的观念体系与法律框架，就可以理解了。

霍布斯在英国思想家中只是一个开端，而且是有些异类的开端。在霍布斯以后，更能体现英国人思想，被英国人深深认同的是著名哲学家约翰·洛克。1689 年"光荣革命"以后，英格兰通过议会主权弥补了中世纪两权分立理论中国王治理权不受限制的缺陷。议会取代了可能带来个人恣意统治的国王，使得公共权力所有权与行使权相分离。那么议会的权力要不要受到限制呢？洛克在《权利法案》签订的第二年，发表了《政府论》下篇，系统地论述了相关思想，从法律的框架下，重新约束与限制有可能膨胀的国家权力，不管它是以什么面目出现，是国王还是议会。

洛克认为，人们为了"和平地和安全地享受他们的各种财产"，需要"最初的和基本的明文法"，因而立法权需要建立。由于立法权存在的目的

"就是为了保护社会以及（在与公众福利相符的限度内）其中的每一个成员"，加之它是每个人同意和授权的结果，所以立法权"不仅是国家最高的权力，而且当共同体一旦把它交给某些人时，它便是神圣的和不可变更的"。[1] 这种体现一国主权的立法权不属于某一个人或某一群固定不变的人。这不仅是因为"任何人，只要宣称对他人拥有绝对权力，就将自己置于与他人的战争状态"，而且"因为，如果将公众的集体力量给予一个人或少数人，并迫使人们服从这些人根据心血来潮或直到那时还无人知晓的、毫无拘束的意志而发布的苛刻和放肆的命令，而同时又没有可以作为他们行动的准绳和根据的任何规定，那么人类就处在比自然状态还要坏得多的状况中"。[2] 基于这样的理由，洛克将过去由国王所享有的"政治统治权"转换给了由人民组成的议会，并将原来由国王一人掌控"政治统治权"的政府称之为"原始的政府"。

不仅如此，洛克还认为，这个由人民组成的享有最高主权的议会，其权力也应是有限的，它们享有的仅仅是一种有限的"治权"。如，议会所享有的立法权由于如下理由应加以限制："第一，它们应该以正式公布的既定法律来进行统治，这些法律不论贫富、不论权贵和庄稼人都一视同仁，并不因特殊情况而有出入。第二，这些法律除了为人民谋福利这一最终目的之外，不应再有其他目的。第三，未经人民自己或其代表同意，决不应该对人民的财产课税。这一点当然只与这样的政府有关，那里立法机关是经常存在的，或者至少是人民没有把立法权的任何部分留给他们定期选出的代表们。第四，立法机关不应该也不能够把制定法律的权力让给任何其他人，或把它放在不是人民所安排的其他任何地方。"[3]

更为重要的是，洛克认为自然状态下每个人让渡给政府的对于自然法违反的执法权，构成了对于最高立法权的又一层限制。因为执法权与立法权相分立的原因就是为了防止任何一种权力的独大，这一点也构成了洛克权力分立学说的精髓所在。正如洛克所说："如果同一批人同时拥有制定和执行法

1　洛克. 政府论：下篇［M］. 叶启芳，瞿菊农，译. 北京：商务印书馆，2007：83.
2　洛克. 政府论：下篇［M］. 叶启芳，瞿菊农，译. 北京：商务印书馆，2007：87.
3　洛克. 政府论：下篇［M］. 叶启芳，瞿菊农，译. 北京：商务印书馆，2007：89 – 90.

图 3 - 5　法国思想家孟德斯鸠

律的权力，这就会给人们的弱点以绝大的诱惑，使他们动辄要攫取权力，借以使他们自己免于服从他们所制定的法律，并且在制定和执行法律时，使法律适合于他们自己的私人利益"。[1]

　　需要强调的是，洛克语境中的"执行权"在本质上等同于上文所一直强调的"司法审判权"。因为"执行权"来源于自然状态下"人人拥有执行自然法权力""充当自己案件的裁判者"弊端的补救，是"自然状态下"人们放弃自我裁判权的结果。

　　　　我相信总会有人提出反对：人们充当自己案件的裁判者是不合理的，自私会使人们偏袒自己和他们的朋友，而在另一方面，心地不良、感情用事和报复心理都会使他们过分地惩罚别人。……
　　　　为防止上述三种使自然状态很不安全、很不方便的缺点，所以，谁握有国家的立法权或最高权力，谁就应该以既定的、向全国

1　洛克. 政府论：下篇 [M]. 叶启芳，瞿菊农，译. 北京：商务印书馆，2007：91.

人民公布周知的、经常有效的法律，而不是以临时的命令来实行统治；应该由公正无私的法官根据这些法律来裁判纠纷；并且只是对内为了执行这些法律，对外为了防止或索偿外国所造成的损害，以及为了保障社会不受侵略，才能使用社会的力量。

从这些分析中，我们可以看出洛克对权力和人性的洞察之深彻，对后世司法正义的追求，产生了深远影响。

发展了洛克思想并产生深远影响的是法国思想家孟德斯鸠。这位思想家在中国已经大名鼎鼎，早在近代之初，严复先生就翻译过他的《论法的精神》，可惜时人因为革命救亡之影响，忽略了其中的微言大义。孟氏虽是法国人，但其思想路向私淑于洛克，有着浓重的英国气味。他对英国的政治和思想始终心向往之，洛克阐发的对法律尊崇，对权力限制的每一句话都在其心有戚戚焉。他在巨著《论法的精神》第十一章"确立政治自由的法律和政制的关系"第六节"英格兰政制"里明确地从旧的"执行权"中分离出一种新的独立的裁判权——司法权（le pouvoir de juger）——的概念，而且将司法权作为一种"市民性的权利"，对作为"政治性权力"整体而存在的立法权和行政权进行限制。这本身既构成了孟德斯鸠对于洛克两权分立理论的一种深化，使两权分立理论的内在的宪政逻辑得以明确。[1]

他说："世界上还有一个国家，它的政制的直接目的就是政治自由。我们要考察一下这种自由所赖以建立基础的原则。如果这些原则是好的话，则从那里反映出来的自由是非常完善的……每一个国家有三种权力：（一）立法权力；（二）有关国际法事项的行政权力；（三）有关民政法规事项的行政权力……我们将后者称为司法权力，而第二种权力则简称为国家的行政权力。"[2] "当立法权和行政权集中在同一个人或同一个机关之手，自由便不复存在了，因为人们将要害怕这个国王或议会制定暴虐的法律，并暴虐地执行这些法律。如果司法权不同立法权和行政权分立，自由也就不存在了。如果

---

1 李栋. 司法审判权与政治统治权两权分立理论的"知识考古"及其合理性评说——以英格兰"中世纪宪政主义难题"为线索 [J]. 比较法研究，2011（6）.

2 孟德斯鸠. 论法的精神：上册 [M]. 张雁深，译. 北京：商务印书馆，2004：184－185.

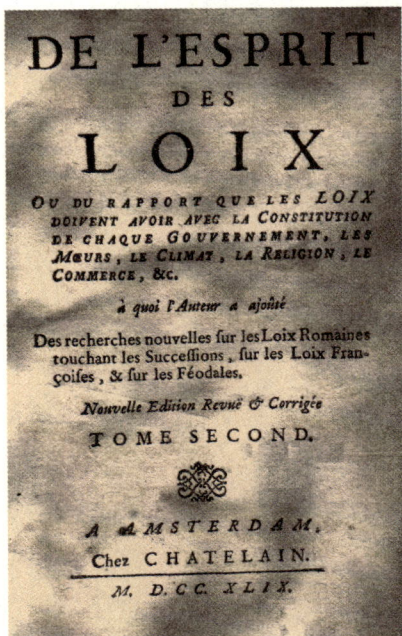

图 3-6　1749 年《论法的精神》封面

司法权同立法权合二为一，则将对公民的生命和自由施行专断的权力，因为法官就是立法者，法官便将握有压迫者的力量。如果同一个人或是由重要人物、贵族或平民组成的同一个机关行使这三种权力，即制定法律权、执行公共决议权和裁判私人犯罪或争讼权，则一切便都完了。"[1] 这一著名论断不仅构成了后世"司法（权）独立"的标志性例证，而且道出了宪政主义精髓所在。

　　然而，孟德斯鸠在这一节的总结性的结语中说，"在上述三权中，司法权在某种意义上可以说是不存在的"。[2] 因为，司法权在性质上与立法权、行政权不同，它不是一种"国家性的权力"，而是一种"市民性的裁判权力"。[3]

　　"司法权在某种意义上不存在"，实质上即是，司法权在"国家性权力"意义上是不存在的。"司法是近代国家产物，孟德斯鸠所认为的'司法权'

1　孟德斯鸠. 论法的精神：上册［M］. 张雁深，译. 北京：商务印书馆，2004：185-186.

2　孟德斯鸠. 论法的精神（上册），张雁深，译. 北京：商务印书馆，2004：90.

3　程春明. 司法权及其配置［M］. 北京：中国法制出版社，2009：12-27.

不存在，并不是形式上不存在，他说，法院还要有，国家中还要有这项权力。只是这类权力不是国家创设的，而是国家从市民性法则中继承而来的。这类权力的存在形式在国家，但其权力属性在社会"。[1]

应该说孟德斯鸠对于司法权是一种"社会性权力"的洞见在理论谱系上承袭了洛克的观点，但是，孟德斯鸠的贡献在于，他将司法权的"社会性"更为清晰地表达了出来，同时，将具有"社会性权力"的司法权与具有"国家性权力"的立法权、行政权进行区分本身，意味着前者对于后者的警惕与限制。两权分立理论的内在宪政逻辑也因此在孟德斯鸠这里得到明晰与确立。自此以后，人们逐渐意识到将争议交给既无"钱"也无"剑"的司法审判权，是自由与权利得以保障的关键。

通过对洛克以及孟德斯鸠等学者两权分立思想的梳理，我们发现，他们在强调"司法审判权"与"政治统治权"分立的同时，对两权分立理论基本上达成了如下共识："政治统治权"与国家主权密切相关，其主要表现形式就是立法权和行政权，是一种关涉"国家性的权力"，这是公权；而"司法审判权"是国家从市民社会中继承而来的一项"社会性的权力"，它的存在形式虽在国家，但其权力属性在社会，这是私权。私权可以限制，但绝不能被侵犯或剥夺，所以，"司法审判权"对于"政治统治权"在整体上的制约与限制是宪政主义的精髓所在。

然而，如何将国家权力局限于一个范围内？在以往的政权中，比如罗马、法国，包括中国现代一些学者，都认为是三权分立的政治设置。是的，三权分立的设计在表面上防止了任何一种权力的独大，避免了单项的、绝对的命令与服从关系的产生。同时，这些权力之间的分立在一定程度上使各种权力主体之间形成法律上的彼此牵制关系，在"技术层面"规范了任何一种可能膨胀的权力，较之过去"制约权力的形而上努力"无疑是一种进步。因

1　国家在现代社会就是政治权力。政治权力的形成史就是国家的历史。它起源于市民性社会，市民性社会之后才有公民社会，公民政治社会就是共和国。共和国的政治权力经过社会契约论的改造之后，演变成为今天的国家政治权力。因此在这个意义上讲，具有市民性的"司法裁判权"不是国家构建的权力，而是继承而来的权力。

为只有从权力内部对权力进行分解，并在此基础上建立一个稳定的、相互制约的权力体系，"以权力制约权力"，才能有效地控制权力。

尽管如此，与权力的博斗之路依然漫长艰辛，自博丹、霍布斯提出国家主权学说以后，在其影响下旨在限制权力的三权分立理论，也在实践中逐渐暴露出致命缺陷，即司法权实质上成为执行立法权的被动机构。例如，霍布斯在列举按约建立的主权者权利时，在第 8 条明确指出，司法权属于主权的范围。[1] 而主权在霍布斯眼中就是立法者，即"制定法律之人"。在讨论民约法时，霍布斯指出，法院不能自行解释法律，而只能机械地适用立法机构所颁布之完备的制定法。[2] 换言之，依据主权学说，法律只能由立法机构制定、解释，司法机构只能依据已制定出的法律进行裁判，因为立法者制定出的法律已为法官所受理的每一具体案件之最终判决结果，给出了详尽而明确的指南。更为极端的例子发生在近代欧陆法典化运动之后。腓特烈大帝规定法官审理案件必须严格依照法典进行，禁止对法典做任何解释。遇有疑难案件，法官必须将解释和适用法律问题提交一个专为此目的而设立的"法规委员会"。否则，就是对腓特烈大帝的冒犯，应招致严惩。[3] 在这种情况下，三权分立理论下的司法分支所谓的独立性，仅仅具有形式的意义，而没有任何实质的独立意义。

除了主权学说对传统三权分立理论产生负面影响外，民主原则为三权分立理论带来了更为糟糕的结果，即立法权在某种意义上可能成为一种不受约束的权力。因为民主原则的加入使人们"天真地"认为，只有为了普遍利益，强制地使用才能够得到正当性的支撑；只有依照平等适用于所有人的统一立法所实施的那种强制，才是符合普遍利益的；只有通过民主选举所产生的代议制机构，才是防止专制产生的有效措施。于是，依照民主原则组成的议会在行使立法权制定的法律限制行政权的同时，却自负地独享了法律的创制权。他们相信其在立法时是全知全能的，他们已掌握了本国国民的一切活

1　霍布斯. 利维坦［M］. 黎思复，黎廷弼，译. 北京：商务印书馆，1997：38.

2　霍布斯. 利维坦［M］. 黎思复，黎廷弼，译. 北京：商务印书馆，1997：215 – 218.

3　约翰·亨利·梅利曼. 大陆法系［M］. 顾培东，禄正平，译. 北京：法律出版社，2004：39.

动所需要的全部规则。这种立法至上实质上隐含了这样一个知识论前提："某个人知道所有相关的事实，而且他有可能根据这种关于特定事实的知识而建构出一种可欲的社会秩序"。[1]　这种立法权至上观念直接导致的恶果就是，它不仅不能解决权力所引发的专制问题，反而助长了问题的进一步恶化。对此，哈耶克指出："一个拥有无限权力的议会所处的位置，会使它利用这种权力照顾特殊群体或个人，不可避免的结果是，它会变成一个通过对特殊利益进行分配，以此为它的支持者提供特殊好处的机构。现代'全能政府'的兴起和发展，以及有组织的利益迫使立法机构进行对自己有利的干预，都是因为赋予最高权威机构强制具体的个人致力于特定目标的不受限制的权力而导致的必然和唯一的结果。"[2]

更为严重的是，民主原则的膨胀致使作为三权分立之重要一环的立法权或立法机构，其职能发生了重大变故。原本通过制定法律限制行政机构的立法机构，逐渐将制定行政法规及其规章制度视为自己的主要工作，越来越像是行政机构的立法部门，其结果是政府的治理与代议机构的立法合为一体，立法权与行政权合二为一。对此，哈耶克指出："由于那种被我们称之为立法机关的代议机构主要关注的是政府治理任务，所以这些任务所型构的就不只是这些立法机关的组织机构，而且还包括其成员的整个思维方式。今天，人们常常会这样说，权力分立原则因为行政当局僭取了指导或操纵政府权力的时候（把立法委托给主要关注政府治理事务的那些机构，也许更为准确一些），就已经在很大程度上被破坏了。"[3]　立法权与行政权的结合使传统的三权分立原则趋于解体。更为重要的是，在它的包裹下，政府权力极易成为一种独断专行、不受限制的权力。对此，哈耶克担忧地说道："当这种一身兼有二任的机构履行政府职能的时候，它事实上是不受任何一般性规则约束的，因为它可以随时制定一些使它能够去做即时性任务要求它去做的事情的

1　弗里德里希·冯·哈耶克. 法律、立法与自由：第一卷［M］. 邓正来等，译. 北京：中国大百科全书出版社，2000：11－12.

2　哈耶克. 经济、科学与政治——哈耶克思想精粹［M］. 冯克利，译. 南京：江苏人民出版社，2000：414.

3　弗里德里希·冯·哈耶克. 法律、立法与自由：第二、三卷［M］. 邓正来等，译. 北京：中国大百科全书出版社，2003：305.

规则。的确，这种机构就某个具体问题所做的任何决定，都会自动地使它所违反的任何先已存在的规则失去效力。据此我们说，一个代议机构集政府治理与立法这两项权力于一身，不仅与权力分立原则相抵触，而且也与法律下的政府的理想和法治的理想不相融合……因此，以民主方式控制政府的理想与用法律限制政府的理想，乃是两种极为不同的理想；再者，如果把制定规则的权力与政府治理的权力都置于同一个代议机构之手的话，那么我们就可以肯定地说，这两种理想无法同时得到实现。"[1]

既然传统意义上的三权分立理论在主权学说以及民主原则的影响下不仅失去了制约权力的功效，而且极易成为专制主义的"帮凶"。于是，自布拉克顿以后这样一条以政治统治权与司法审判权为主线的公私两权分立理论理应受到我们的重视。

两权分立理论与传统三权分立理论最大的区别在于：司法审判权地位的提升以及对传统三权分立理论中由立法权和行政权所构成的政治统治权的警惕。申言之，司法审判权在两权分立理论中被赋予了更为丰富的内涵，它不仅能够对极易膨胀、异化的政治统治权进行钳制与平衡，而且还能生成治理社会的正当行为规则。

在两权分立理论中之所以要提升司法审判权的地位，是因为主要由立法权和行政权构成的政治统治权至少在以下三个方面存在着明显的缺陷。第一，无论是立法权还是行政权，在法律上讲它们都是一种支配权，均以暴力为最后的支持，因而在性质上具有进攻性和主动性。这种进攻性和主动性本身就意味着国家政治统治权力对于个人和公共生活的积极改造、修正和冒犯。第二，在民主制下由于立法权和行政权具有直接的民意基础，因而它们的行使获得了更多的合法性，与此同时，加剧了政治统治权的自负和危险。第三，立法权与行政权的混同趋势在政治统治权的实践中时有发生，一方面，议会把更多的立法权授权委托给政府；另一方面，议会也以立法的方式频频干预和处分行政事务。这种政治统治权的内部混同不仅在外部模糊了立

1 　弗里德里希·冯·哈耶克. 法律、立法与自由：二、三卷［M］. 邓正来等，译. 北京：中国大百科全书出版社，2003：305－308.

法权与行政权的本质差别，而且使二者在实践中退化为行使政治统治权的两种具体技术。原本相互制约、平衡的立法权与行政权日益下降为政治统治权的一种内部监督机制，失去了分权制衡的应有之意。

正是在这个意义上，司法审判权在宪政权力结构中的地位才应得以凸显。它不应仅仅是分权学说中司法审判权所指涉的那种司法机构享有的独立审判权，它更应是一种涉足国家政治事务，规范、平衡政治统治权的力量。

那么，司法审判权如何能够在整体上限制和规范政治统治权呢？

目前，西方最常用的就是"司法审查"制度。1803 年"马伯里诉麦迪逊案"所确立的司法审查原则是检验一国是否实施宪政的首要标准，它在某种程度上构成了对立法权和行政权的限制。然而，司法审判权如果仅仅通过司法审查制度去"审查"政治统治权，并不能从根本上达到规范和限制政治统治权的目的。尽管司法审查的方式也是一种以恶制恶、以权力制约权力的有效方式，但司法审判权"审查"政治统治权的前提，还是被动地、机械地适用政治统治权所颁布制定的法律，行使政治统治权的民选机构仍然有可能制定出侵害民众权利与自由的法律，因为代议机构行使的权力并未受到根本性的限制。对此，学者秋风指出："倘若大陆法系之宪法法院像普通法院在适用民法、刑法时那样，也只能机械地适用宪法文本，则其司法审查的效力是非常有限的，甚至是自相矛盾的。"[1]

然而，司法审判权在英格兰的历史发展实践改变了这一"铁律"。在英格兰，司法审判权除了适用法律外，还能够自发地发现、创制、改变和发展法律。如梅里士法官说："英国普通法和衡平法的 90% 都是法官创制的。"[2] 哈耶克将英格兰法律的这种产生路径称之为"自生自发秩序"。

更为重要的是，在英格兰不仅一般意义上的法律由司法审判权创制，而且规范、调整公共权力，具有宪法性质的法律也是司法审判权行使的结果。关于英格兰宪政的这一特点，戴雪曾指出："英宪的通常原理（譬如即以人身自由的权利或公共集会的权利为例）的成立缘起于司法判决，而司法判决

1　秋风. 立宪的技艺 [M]. 北京：北京大学出版社，2005：40.

2　在英格兰除了"法官造法"之外，有时候也采用立法的形式制定法律，如由议会制定的法律。但是，无论制定法的数量如何增多，这些立法仅仅是"补充而不是取代英国的司法判例"。

又缘起于民间讼狱因涉及私人权利而发生……世上有许多国家，他们的宪法
是一件慎思而发出的立法行为；比利时即是一个好榜样。是故就比宪而论，
你可以真实地断定，谓个人对于人身自由的权利是从宪法而出，或被宪法保
障。若在英国则不然。个人对于人身的自由权利所以成为宪法之一部者，只
因为此类权利曾经为法院以判决拥护之故；同时复因为出庭法案整个的承认
与推行之故。倘若名学的法式可被用以解答法律问题，比宪与英宪所有差别
可以名理陈述如下：就是在比利时中，个人权利是从宪法的原理演绎出来之
结论；在英格兰中所谓宪法原理是由法院涉及每个人所有权利的判决案归纳
得出之通则。"[1] 也就是说，英格兰的宪法与欧陆不同，它不是立法机构立
法的结果，民众的宪法权利是通过普通法院的司法判决获得的，"英宪只是
一宗裁判官造成的宪章"。

　　英格兰法律发展的历史告诉我们，它们通过司法审判权创制出的法律是
一种开放状态下的产物，它避免了任何立法者自上而下的主观建构，符合英
格兰法律中特有的"技艺理性"。正如学者莱奥尼所说："在英国，普通法
法院不可能轻易按自己意志制定颁布专断的规则，因为他们从来就无法直接
这样去干，他们根本无法像立法者那样，可以经常性地、心血来潮地、广泛
而专横地制定规则。"[2] 于是，法律及宪法在司法审判权这个开放的系统里
能够永远保持未完成状态，通过司法实践不断细化、深化或修正、废弃，越
来越接近"完美"。此外，这种法律及宪法的生成模式，保证了人民的自由
权利免受"政治统治权"可能对其带来的侵害。这不仅是因为英格兰的司法
审判权能够为民众带来自由权利的救济，更为重要的是这些由司法审判权发
现的规则能够为"政治统治权"的良性行使划定一个应有的界限。对此，哈
耶克深刻地指出："令18世纪其他欧洲国家的人民羡慕不已的英国人所享有
的那种自由，并不像英国人自己最先相信并在后来孟德斯鸠告诉全世界的那
样，原本是立法机关与行政机关进行分权的产物，而毋宁是这样一个事实的
结果，即支配法院审判的法律乃是普通法，亦即一种独立于任何个人意志，

1　戴雪. 英宪精义［M］. 雷宾南，译. 北京：中国法制出版社，2009：239－241.
2　布鲁诺·莱奥尼. 自由与法律［M］. 秋风，译. 长春：吉林人民出版社，2004：90.

而且既约束独立的法院又为这些法院所发展的法律……人们甚至可以这样认为，权力分立制度之所以在英国得到确立，并不是因为仅有'立法机关'立法，而恰恰是因为它并不立法：这是因为在英国，法律是由那些独立于指导和支配政府的权力——即那个被错误地称之为'立法机关'的机构所具有的权力——的法院决定的。"[1]

古往今来，但凡政治文明、宪政制度良备的时期，无一不是政治统治权受制于法律的统治。如果本应受制于法律的政治统治权本身可以创制法律，那么，这些创制出的法律不仅不具有限制政治统治权的法治主义作用，反而极易激发政治统治权的扩张，因而，其宪政制度不可能得以稳定，获得良性发展。这一点可以从古代罗马法中得到明证。在罗马共和国时期由于法律与政治制度不是通过"政治统治权"创立出来，因而，罗马政治获得了极大的发展，宪政制度也成为后世关注的焦点。然而，到了罗马帝制时期，当专制成为主旋律后，法律的产生方式逐渐从司法者手中转移到代表政治统治权的立法者手中，大量成文法典诸如《国法大全》的制定就是明证。在某种意义上讲，与其说罗马帝制时期法典的出现是专制加强、宪政制度衰败的直接表现，毋宁说这是政治统治权取代司法审判权创制法律所带来的恶果，正如学者李红海所说："罗马法之所以选择法典化是因为专制。"

因而，英格兰由于法律以及宪法生成于与政治统治权分割的司法审判权领域，英国法不但不赞成王权政治或议会政治的主权、政治统治权之合法性，反而对任何政治统治权保持冷静的态度，并通过强有力的司法审判权抵御任何政治的侵袭，顽强地维持着英格兰宪政的稳定和传承。因此，英格兰的宪政生成模式就是，"政制依存于法律，法律又依存于法官，从政治到法律再到司法，这是政治秩序自身的一套演进序列"。[2]

英国宪制之所以是一种自由政制，是因为它很好地处理了公法、私法之间的关系。公法在英国不是一种不受限制的力量，相反，它不仅受到私法为

1　弗里德里希·冯·哈耶克. 法律、立法与自由：二、三卷［M］. 邓正来等，译. 北京：中国大百科全书出版社，2003：131 – 132.

2　高全喜. 法律秩序与自由主义——哈耶克的法律思想与宪政思想［M］. 北京：北京大学出版社，2003：131.

其所划定界限的羁绊，而且反过来能够保障私法所自生自发的正当行为规则。例如，议会在英国作为法律的制定者，它所制定出来的法律不能随意地改变基于习惯和惯例的历史积累汇集而成的英国普通法。在哈耶克看来，宪政法治意味着法律对于个人权利与自由的保护，显然能够担当如此责任的法律不可能是国家制定的旨在实现其特定目的的公法，即便这种国家目的是以全体人民的共同利益，以国家主权的神圣资格为旗号，因为各种各样的国家理由看似高尚，但它们不能保证社会中的每一个人都能因此而使他们的权利不受非法的侵害，只有那些维护个人自由与权利的法律，即在社会自发地产生或由法律人制定的旨在抽象性地、否定性地维护个人自由的私法，才是真正的正义之法。因此，自由政制的根子乃是经由实践经验自发而成的私法之治，是私法之治为宪政划定行为标准，才能从根本上解决宪法的吊诡性。

与英国相比，以法国、德国为代表的自由主义和"法治国"却没有确保宪政发展的平稳与优良。大陆的宪政法治观念起于法国，1789 年法国大革命赢得了人们的普遍欢迎，尔后，《法国人权及公民权宣言》更是向世界宣告了天赋人权、权力分立等宪政法治主张。然而，法国大革命旨在增进个人权利的目的最终还是流产了，其失败原因用哈耶克的话说，"导致这个结果的决定性因素乃是法国大革命所创造的这样一种信念：既然所有的权力最终已被置于人民之手，故一切用来制止滥用这种权力的保障措施，也就变得不再必要了。当时有些人认为，民主的实现，会自动阻止对权力的专断使用。然而，事实证明：经选举产生的人民代表（elected representatives of the people），热情期望的乃是行政机构能够彻底地服务于他们的目标，而不太关注应当如何保护个人以对抗行政机构的权力问题"。

如果说法国的宪政法治思想还含有限制国家权力、保护个人自由的自由主义精神的话，相比之下，发端于德国的"法治国"观念则与后期的法律实证主义的国家理论相互呼应，在欧洲肇始了一种有别于英国宪政法治学说的实践，即它们强调国家在实施法律之治中的主导性作用。在它们眼中，只有国家立法机构制定的法律才是社会治理所依据的规则体系，而法律的实施是需要国家权力机构的各种职权行使来体现的，例如，法治国的观念便是借助于国家行政职能的法律化规范来实施的，国家以其颁布的行政性法律来治理社会，因此德国的法治国所强调的法律之治是一种国家的立法之治。哈耶克写道："法治的理想最早也是在德国被抽离掉了实质内容变成了一个空洞之词。实质性的法治国观念为一种纯粹形式的观念所替代，前者要求法律的规则具有一些明显的特征，而后者只要求所有的国家行动得到立法机构的授权即可。简而言之，所谓'法律'，就只是表明了这样一点，即不论当权机构做什么，只要是立法机构的授权行为，它在形式上都应当是合法的。因此，这里的问题就变成了一个仅仅是形式合法性（legality）的问题。"

　　尽管法国的自由主义思想和德国的法治国观念不约而同地使各自的统治由君主专制主义转变为国家的依法之治，国家的治理不再依靠统治者的个人命令，而是将具有一定普遍性和一般性的法律作为遵循规则，但是，它们的治理模式却日益显示出一个致命的弊端，那就是它们有法而没有自由，有法治而没有权利的保障。萨托利说："虽然法律，按照人们在过去所理解的那样，可以有效地充当抵制专断权力的强固堤坝，但是立法，根据人们对它现在的理解，则可能（或者将会）根本就起不到这种保障的作用……一旦法治变成了立法者之治，那么这就为'以法律之名'进行压制打开了大门，至少在理论上讲是这样的。然而，这样的压制在人类历史上则是没有先例可循的。"由此可见，立足于公法之治的自由主义或法治国徒有法治之名，而无法治之实，即便是作为公法的宪法已经为个人的基本权利列出了一份完整的"清单"，法国、德国宪政失败的根本原因在于，它们的宪政法治建设说到底还是一种公法之治，寄希望通过立法的形式实现宪政，但实际上并没有得到根本性的解决。因此，宪政法治不能是单方面的公法之治或国家立法之治，法国大革命后宪法秩序的动荡以及体现一定民主、法治精神的《魏玛宪法》被纳粹德国公然废弃的事实即是明证。如此，回头看英国的路，就别有意味。

第二节　职业法律人

法律人，不仅是法律的先知，还是人类灵魂的代言人。

——罗伯特·N. 威尔金

英国在近代之后的成就，很大程度上得益于其在中世纪和近代早期完成的国家构建以及他们的理论家在独特路径上的创造与深思。因此，在 15 世纪至 16 世纪，当欧洲大陆国家包括法国在内还是"采邑和封地的集合体"时，英国已经被称为一个"有主权的民族国家"，当然也有限制。也就是，如果说，国家是一辆发动机强劲的汽车，它的优点就是速度快、力量大，然而如果没有刹车系统。反而容易车毁人亡。因此，所谓宪政以及相关制度，本质上就是一种制动管理系统。那么在一个日益复杂的系统里，谁能更好地完成这种刹车制动管理呢？在古希腊，当国家出现问题时，人民激动地处死了伟大的哲学家苏格拉底，这是因为没有刹车的系统。还有其他原因呢？我想，应该有一个原因是他们没有专业的法律人士。在只有正义之理想而无实现理想之专人时，悲剧的出现是正常的。因此，我们在驾车前行的时候，需要看一下刹车系统，而实在不懂的时候，就需要去请教专业的师傅。在现代的国家里，这师傅就是专业的法律人，他们可能是律师，也可能是法官。但因为英美与大陆法官有不同的传统。在英美，法官是如同足球裁判规则的维护者，律师才是主导；而在大陆国家，法官才是正义的执行者。因此，如果顺一条线去思考，我们必须考查英国的法律人——律师。

图 3-7 查理一世 1630 年肖像画　　　　　图 3-8 审判查理一世

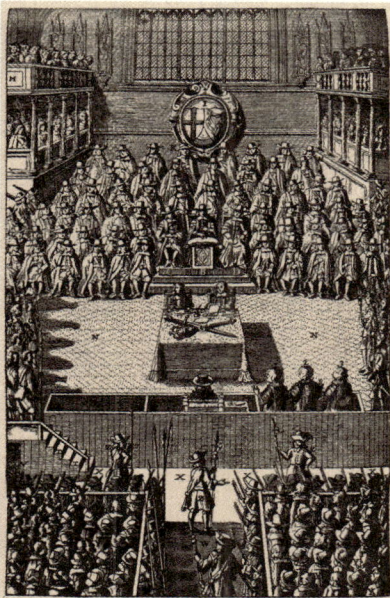

　　律师在普通法体系的形成过程中举足轻重。英国著名的法律史学家梅特兰教授在考察了英国和西欧大陆的法律发展情况后指出：我们很怀疑究竟是什么东西在罗马法复兴的浪潮中拯救了英国法？中世纪英格兰最有特色的不是议会，因为在欧洲大陆，各阶层的民众大会随处可见；也不是陪审团，因为这东西是慢慢在法国衰落下去的；而是律师公会（律师学院）以及在其中讲解的判例报告，因为在其他地方我们很难发现类似的东西……我认为，在那样一个书籍并没有普及的年代，很难设想有什么更合适的制度能够比这种强迫每一位律师前来通过听取知名法律家公开演讲而接受法律教育的方式更能建立和强化一种法律的传统。[1]

　　一般认为，英国的律师学院起源于 13 世纪后期被称作"法律学徒"（Apprentices）的特殊社会集团。这些学习法律的学生为方便业务学习，基于自由结合寄宿在伦敦三大中央法庭所在地威斯敏斯特区附近的客栈或酒

<hr>

　　1　李红海. 普通法的历史解读——从梅特兰开始［M］. 北京：清华大学出版社，2003：20.

145

图 3－9　英国威斯敏斯特宫（现为国会大厦）

馆，聘请执业律师讲课或提供辅导，居住在一起的学徒逐渐自发组成一所所具有自治团体性质的、行会式的简易法律学院（Inn）。这些简易法律学院大多集中在威斯敏斯特区的道路两侧。在爱德华三世（1327—1377）统治时期，一些受人崇敬的律师开始以每年 10 英镑的价钱租用一些庙宇供律师及法律学徒居住使用。律师学院开始初具规模，并形成了类似于同业行会（Livery Companies）的组织管理模式，主要由资深律师（Masters）和法律学徒组成。这些律师学院保留了一些中世纪圣殿骑士的传统和习俗，注重等级和仪式，如用餐时将其外套挂在大厅里，用餐时保持安静，等等。由于这个时期能够保存下来的史料有限，对此时期律师学院的起源、发展、组织管理模式缺乏确定的记录，对上述律师学院的起源发展只能是建立在分析和猜测的基础之上。尽管如此，以下三个事实是显而易见的：首先，在 14 世纪，英国普通法已经变得越来越系统化和科学化，这使得普通法的知识有可能得到传授；其次，在 13 世纪后期，法律学徒作为一个独特的阶层得到了官方的认可；再次，如同欧洲大陆一样，英格兰也存在着一定数量的运行良好的大学，它们为律师学院的建立、形成和发展提供了现成的模式。[1]

　　14 世纪，律师学院开始形成一定的规模，其数量已有十多个。14 世纪以后，这些律师学院中的四个脱颖而出，形成了后来著名的"四大律师学

---

　　[1]　叶秋华，孔德超. 英国律师学院制度历史考察［J］. 河南省政法管理干部学院学报，2007（3）.

院"，即林肯律师学院（Linconln's Inn，1422 年）、中殿律师学院（The Middle Temple，1501 年）、内殿律师学院（The Inner Temple，1505 年）、格雷律师学院（Gray's Inn，1569 年）。四大律师学院互不隶属，相互独立且地位平等，其成员包括正在各院学习的学生及已从各院毕业的大律师，学院由君主或皇族担任名誉院长，院长由资深的大律师通过互选产生。四大律师学院各具特色，每一个都保留了自己独特的规则和习惯，但在有关律师职业的组织、纪律和礼节等方面都基本相同。这个时期律师学院的主要任务就是为其成员提供严格的法律训练，同时也为学员提供一般的大学教育的内容，如教授雕塑、历史、音乐、《圣经》以及"在王宫里所进行的跳舞等贵族的游戏"。在这个时期，律师学院成员除了具有中小贵族特别是骑士阶层的背景以外，还包括一些上流阶层，如大贵族、士绅等，这些人的加入使得律师学院名声大噪。"由于在律师学院里，学员们的学习范围很广，一切善良和美德都能在这里得到弘扬，一切邪恶都被废弃和禁止，所以英国的骑士、男爵甚至是最高贵的国王常常将他们的孩子送入律师学院学习，不仅仅是为了学习法律，也是为了形成一种良好的品质和风格，它们同法律学习一样使得学员能快速掌握以便能够熟练运用。"很显然，上层社会的加入使得律师学院的学习水平和名望都得到了很大的提升，这对于塑造成员的高品质无疑是有着重要的意义的。

　　15 世纪，律师学院逐渐形成了一种"学徒式"的法律知识传递方法，即由年长的具有一定资历的律师对新入学的学员口耳相传法律知识。之所以形成这种教育方式，其原因在于当时印刷术尚未普及，法律知识的传播主要靠口头的说教和现身说法以及实践训练的方式获得。在这种情况下，师傅在法律学徒的学习过程中起着重要的作用。这种古老的师傅带徒弟的训练方法在律师学院里得到了最好的应用，其对法律知识的传递发挥着重要的作用。这种"学徒制"的培训方式完全是"实际经验的，并像手工行会一样，导致了专门化"。这种方式的法律教学对法律的态度更加倾向于形式主义——对他而言，具体判例和类推的指导作用要远大于法学家们所推崇的某一一以贯之的抽象规则。因此，通常这种手工作坊式的教育培养出来的律师并不能对法律材料进行总体性的分析与综合，他们更喜欢以实用的契约和控告模式去进行工匠性的努力，去解决实际问题，那怕这并不符合逻辑和某一高大上的理论。所以，受这种"学徒制"的法律知识传递方式的影响，律师学院学员们的学习方式体现出很强的实践性特点。学员们的学习内容主要包括"阅读"（readings）、听取富于实践经验的律师的讲座、参加"模拟法庭"（moots）以及持续的正式和非正式的有关疑难法律问题的辩论等。学徒们与资深成员住在一起，吃在一起，工作在一起，他们参加的是一种准修道院式的公共生活，法律知识是"训练所得而非教授所获"。事实上，他们既实践法律又学习法律。在这种情况下，英国早期律师学院的法律教育更多地侧重于实践和经验，这使得其法律教育更多的是出于一种发展职业技术的需要而不是发展学者型的科学。[1]

16世纪至17世纪，律师学院在英国的司法制度中逐渐占据了中枢的地位。在伊丽莎白一世（1558—1603）统治时期，律师学院制度已经发展到了顶峰。在这个时期，签署了两个有关律师学院管理的重要法令，一个是1574年法令规定了在威斯敏斯特地区法院上诉中律师所要具备的学识水平、资格等；另一个是1594年发布了有关案例讲解、模拟法庭以及其他法律实践活动的法令。从14世纪开始，英国逐步形成了司法工作者须来自律师这样一个惯例，确立了法律工作者一元化的制度，即法官的选任须来自高级律师（资深出庭律师），高级律师又来自于学院监督，而学院监督又是从专门律师中推选出来的。在这个过程中，一名法律学徒从其进入律师学院的那一刻起，如果表现出众，他可以循着内席律师、外席律师、学院监督、高级律师这样的轨迹直至被任命为法官。在这一过程中，法官和律师之间建立了牢固的一体感和相互认同感，这对英国法律职业共同体的形成起到了至关重要的作用。此外，专门律师垄断了在国王法院的辩论权，成为一种惯例。律师学院专门律师垄断国王法院的辩论权意味着其被国家权力核心所认可，这对于提升律师学院的权威性和专门律师的高品格都起到了重要的作用。

17世纪后半叶，随着英国大规模扩张，法律业务量增多，律师学院的正常教学被打乱，出庭律师没有太多时间顾及学徒们，这种古老的学徒制的法

---

1 叶秋华，孔德超. 英国律师学院制度历史考察［J］. 河南省政法管理干部学院学报，2007（3）.

律知识传递方式受到挑战。随着法律文献的迅速增加和法律知识的积累，以至于"阅读"取代了老式的"通过观察和实践去学习"的方法，由律师学院所提供的传统的法律教育受到冷遇并且已经被忽视。1644 年，大法官以及其他法官发布一系列法令试图改革和完善律师学院的管理体制和法学教育体制，如赋予学院监督更为详尽的监管权限，只允许才能出众的学生居住在律师学院，律师学院成员如想获得出庭资格须在律师学院学习满七年并能如期参加律师学院的各种活动，学院监督和讲诵师如拒绝进行"阅读"训练将被处以罚金等，但这些努力收效甚微，如林肯律师学院有记载的最后一次"阅读"训练是在 1667 年，而其他律师学院也差不多在此时废弃了"阅读"训练。鉴于这种情况，1852 年四大律师学院联合设立法学教育委员会，并设置了宪法、法制史、罗马法、普通法、衡平法、不动产法等讲座。1864 年，英国下议院法律教育委员会建议由大学取代律师学院提供专门的法学教育，由法律协会和律师学院负责律师资格的授予和实际技能培训。建议被采纳以后，英国的大学开始提供法学教育，并出现了大量的从事法学研究的专职教授。此后，随着牛津大学等开始兴办法学教育以及 1872 年独立的法律学校的出现，大学法学教育开始兴起，律师学院逐渐演变成为单纯的职前培训场所。[1]

以上仅是律师学院大体的历史描述，英国律师业之所以能坚持并发展壮大，还要从其独特的组织管理模式进行分析考察，总的来说，英国律师学院的组织管理模式可以从以下几个方面来考察：

第一，律师学院的人员构成。英国律师学院的组成人员主要包括学院监督（bencher）、讲诵师（readers）、专门律师（barrister）或称为外席律师（utter – bar – rister）、学生（student）或称内席律师（inner – bar – rister）、代办人以及法院书记官等组成。学院监督负责整个律师学院的管理，由资深出庭律师或成名法官所组成，其主要职责是负责招收新学员以及管理律师学院的财产，决定和颁布学院的规章制度等。他们的决定对全体成员有约束

1　程汉大，陈恒. 英国法律职业阶层的兴起［M］.//中南财经政法大学法律史研究所编：中西法律传统：2 卷. 北京：中国政法大学出版社，2002：315 – 471.

图 3 – 10　英国林肯律师事务所

力，违犯学院监督决定的成员将会被处以罚款或被驱逐出学院大厅以至逐出律师学院的惩罚，这些惩罚类似于圣殿骑士阶层对违反其规定的成员的惩处。讲诵师主要承担律师学院的教学任务，由学院监督从外席律师中选任，任职条件是丰富的学识，长期的法庭实践经验，行为端正、诚实，能够很好地将其实践经验应用到为广大学员的利益服务的活动中去。讲诵师授课内容主要包括重要法规的讲解、典型案例分析以及自己的从业经历等。他们在整个律师界享有较高的权威，其讲课内容常常被辩护律师在法庭上引用。外席律师与内席律师是相对而言的，主要是指律师学院的学员们在参加模拟法庭时按照资质划分时的称谓。整个模拟法庭由学院监督和讲诵师扮演法官，学员分别担任原告和被告，其中高年级的学员坐在长凳两端，称为外席律师，低年级的学员则坐在长凳中间，称为内席律师。在模拟法庭的审判过程中，学院监督和讲诵师会密切观察内席律师的表现，以便决定哪些人可以转入外席律师的行列。通常情况下，由内席律师转为外席律师需要经过七年的不断学习、实践。一旦升为外席律师，就成为学院的正式成员，即律师协会的成员，同时获得出席正规法庭进行辩护的资格。而外席律师要想获得在王室法庭出庭的资格通常还需要五年的实践训练，在这个过程中其主要工作就是指导律师学院和衡平律师学院的内席律师和学员的学习。因此，一个"法律学徒"只有在经过一定时间的衡平律师学院的学习之后，或者以一个出庭律师的身份在律师学院学习满十二年，才能够成长为一个"羽翼丰满"的合格出庭律师。[1]

第二，律师学院的管理模式。英国律师学院采取一种自治的管理模式，基本上是独立的社会团体，它们自定章程和行业规则，决定大律师资格的授予和免除，国王或任何人都无权干涉。它们不像大学那样由国王颁发特许状以保证其继续存在下去。通常情况下，律师学院受到法官出于善意的决定的影响，如推荐候选人参加决定律师等级的选举等，这种影响仅限于学院学员的行为、教育以及学员资格的获取等方面，即使是这些决定也需得到外席律师和讲诵师的同意，对于律师学院的习俗和传统以及内部事务则很少干涉。律师学院这种自治性团体的性质是长期发展过程中形成的，并得到法庭和法官一系列判决的承认。一般而言，法庭大多不愿意干涉律师学院与其成员之间的关系，最早有记载的关于律师学院的判例是布尔曼（Boorman）案。布尔曼（Boorman）是律师学院的律师，被拒绝授予出庭权，因此他向法庭申请令状以取得出庭权，但这个令状申请被法庭拒绝。法庭认为，律师学院不是法人企业，而是服从于政府的自治性社会团体，其有权决定属于律师学院管理的事务。此后，汤森（Townshend）案确立了法庭不得向律师学院发出书面训令，而拉凯斯特劳诉布鲁尔（Rakestraw v Brewer）案则确立了法庭不得干涉律师学院内部管理的原则，并确立了涉及衡平法上对律师的救济应由出庭律师协会受理，后来该案上诉至上一级法院，上诉法院认为律师学院与学员之间的争端须由律师学院自己解决。

第三，律师学院的学习方式。律师学院学员们的学习方式主要有三种：①讲诵师进行"阅读"讲解。讲诵师通常由学院监督从专门律师中选任，一

---

1 程汉大，陈垣. 英国法律职业阶层的兴起［J］. 中国法律传统年刊：卷二.

般选出两个，一个在大斋节期间讲授，另一个在夏季或秋季讲授。在授课之前，讲诵师通常要花六个月的时间进行周密的准备。在进行讲解的那天，律师学院的全体人员都聚集在学院的大厅里，由讲诵师先朗诵自己预先选择的法令，并就该法令的解释发表自己的看法，之后由年轻的律师对讲诵师的见解发表反论，再相继由专门律师和学院监督对讲诵师的见解进行评论，最后讲诵师针对这些反对论或评论进行评说和解释。至此，讲解告一段落。律师学院的其他人在其后两个星期之内可对讲诵师所提出的问题展开自由讨论；②出席法庭旁听律师辩论和法官审案，这是律师学院学员最重要的学习方式之一，这种方式的学习不仅能让学员亲身感受法庭审判的氛围，也为培养其实践能力打下了良好的基础；③举办模拟审判（Moots），这种模拟法庭通常由学院监督或讲诵师担任法官，选定部分学员分别担任原告和被告，以学院监督设计的包括相关疑难法律问题的案例为内容，按照法庭的要求进行辩论。在"休庭"时，其他学员可参与对案件的讨论，这也是其获准授予律师资格的必要条件。律师学院通过这种方式让学员亲自参与模拟法庭审理过程，在实践训练中掌握辩论技巧和法律知识。[1]

英国律师学院除了运用上述教育方式对学员进行资质培训外，也注重在实际生活中对学员加以引导。律师学院生活的根本宗旨是纪律和自由。他们一天的生活大致如下：早餐是面包和啤酒，之后上午 8 点至 11 点学习，整个下午的时间用来学习法律、诵读圣经片断或者进行思考，下午 5 点晚餐。除此之外，在律师学院的早期，如 15 世纪，狂欢和运动也是学员生活的重要内容，这些活动，包括学习唱歌和各种音乐、跳舞以及"猎狐"游戏（fox-hunting）和"捉迷藏"（cat-hunting）、假面舞会以及演出经典戏剧等，以此来培养适合学员个性的品质。因为学院监督认为，这些活动能够提升学员的"文学素养"和培养学员的"社交风格"。学员们在律师学院里有着充分的自由空间，为了维持律师学院的生活秩序，学院实施了多种严格的纪律。例如，学生的胡须不得留至三周以上，禁止佩戴刀剑出入食堂，对服装的形式和颜色也加以限制；纪律的执行亦非常严格，如违反规定一次处以

1　孔德超. 英国律师学院制度历史考察［J］. 河南省政法管理干部学院学报. 2007（3）.

罚金，两次就开除。律师学院严格的纪律约束养成了学员们良好的自律能力，有利于形成良好的职业素质。除了严格的纪律约束，学员们最基本的义务是"按规定次数参加晚餐会"，学院监督、讲师以及所有学员共聚一堂，通过边进餐边议事或听演讲的形式培养学员之间的一种相互认同，塑造学员的优良品德和团队精神，提高学员的专业水平，并为提高学员的职业精神和职业道德打下良好的基础。

第四，"行会式"的组织管理模式。行会本意为享有一定封建特权的封闭性经济组织，这种特权表现在对外拥有从业垄断权，对内则实行强制性的管理和监督。在这里将英国律师学院的组织管理模式称之为"行会式"的，主要是因为其具有一般行会的特点，即封闭性、垄断性，但就其性质而言又不能完全等同一般的行会，因为律师学院并不属于经济组织，而是具有一定的社会职能的组织。这种特点是由其产生的特殊时代环境所决定的。中世纪的英国正处于封建社会的黄金时期，商品经济相对较为发达，各种商业行会组织纷纷建立以维护本行业的经济利益。13世纪时，大部分英格兰城市都已建立了商人行会。可能是受商业行会这种组织管理模式的影响，律师学院的组织管理模式也呈现出较强的封闭性和垄断性特征。封闭性主要体现在律师学院由资深律师组成的学院监督管理学院，注重学院内部以及学员之间的交流，法律知识被当作一种技艺来传授，与外界联系甚少。垄断性主要体现在律师学院有权自定学院规则和行业规则，并垄断法律职业人员的培训和从业，决定律师资格的授予等。一般而言，这些权力不受其他外部势力的干涉。与一般行会相比，律师学院具有一般行会所没有的社会职能，主要表现在律师学院承担着中世纪英国法律教育的重任，在性质上更倾向于社会服务领域。"行会式"的组织管理模式使得英国律师学院能够保持组织上的独立性，排斥了外部势力的干涉。同时，这种模式使得法律知识的学习完全操纵在特定群体的手中，排斥了内部的相互竞争，在一定程度上维护了行业的整体利益，有利于增强内部的凝聚力。

第五，"学徒式"的教育方式。中世纪的英国民众受教育程度普遍偏低，"师傅"因多年的摸索和积累而精通某一技艺，在行会里占据主导地位，"徒弟"靠"师傅"的口传身授来学习技艺。这种原始的技艺学习实际上是

图 3－11　英国法学家威廉·布莱克斯通爵士

一种经验的传递，实践性是这种学习方式最大的特点。律师学院的教育方式也是如此：整个律师学院的教育培训由资深的律师或法官来进行，他们在律师学院里扮演着"师傅"的角色，学员扮演着"徒弟"的角色，只是"师傅"向"徒弟"传递的是一门特殊的技艺——法律知识。在律师学院，这种知识的传递主要依靠案例讲解、参与旁听法庭审判以及参与模拟审判等方式进行，以掌握实际运用法律知识的能力为目的的一种实践性训练。在这个过程中，"师傅"对"徒弟"拥有绝对的权威，法律知识的传递主要是"师傅"的亲自实践或讲解，这种方式无形中强化了彼此之间的认同，使得法律知识的传播与相互信任的情感融为一体。

除此之外，英国还长期奉行法官和律师一体化的传统，法官和律师之间可以相互转化，并且法官必须来自律师。从 14 世纪开始，在律师学院培养的出庭律师中选拔法官逐渐发展成一种惯例，进而形成了一条必须遵守的法则。如今，英国所有高级法官都从资深出庭律师中任命，并且基本都出自 QCs（"queen's counsel"的简称，即皇家大律师，属于资深的出庭律师）这一小小的群体。出庭律师界和法官界因而享有高度共同的文化。所有高级法官都在出庭律师界执业多年，而且许多资深出庭律师都巴望成为一名法官。

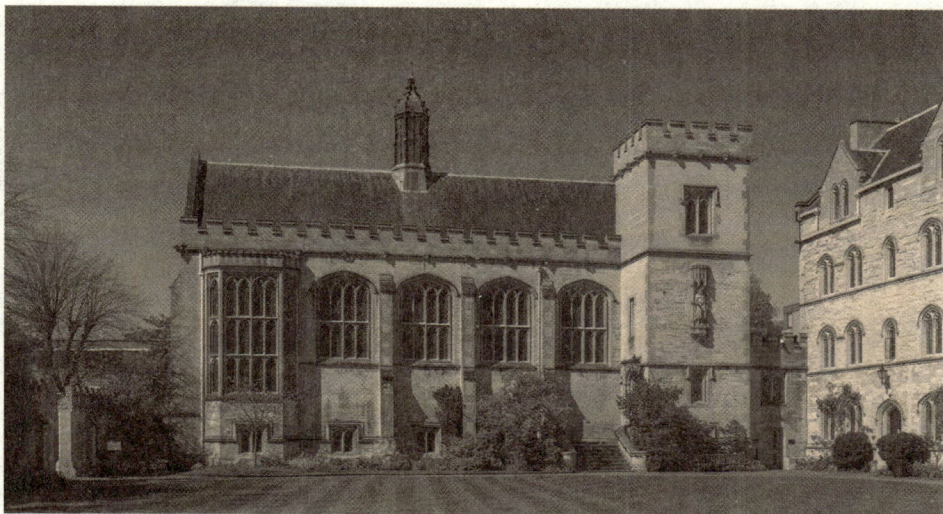

图 3 - 12　牛津大学的彭布罗克学院

　　他们多年在一个小小的、紧密联系的职业共同体中分享着共同的社会化经验。在英国之所以能形成这样一种传统，是因为英国没有专门培养法官的法律教育，法官的职业教育主要由律师学院来完成，这就使得英国的法律教育与司法实践之间在律师学院得到了合理的衔接。律师学院的"行会式教育"和"学徒式"的训练强化了学员之间相互的认同和共同的荣誉感，加之进入律师学院的门槛很高，使得学员之间无论是在家庭背景、知识水平还是在价值观念上都具有高度的同质性，这种同质性有利于在英国法律职业群体内部形成强大的凝聚力，进而使其保持职业团体的相对独立性和高品质。此外，在英国判例法传统下，法律是长期实践经验的总结，律师学院那种注重实践的学习方式和注重交流和经验传递的"会餐制"有利于强化学员之间经验知识的交流，有利于形成基本相同的法律思维方式，这些因素都是形成法律职业共同体的重要条件。

　　律师学院作为一种行会式的法律培训机构，主要讲授的是英国当时适用的法律，主要任务是培养职业的法律人才。与同时期的西欧大陆所实行的"学院式"的注重理论学说的法学教育完全不同。实际上，自布拉克顿（Bracton）于 1256 年辍笔之后，直到布莱克斯通（Blackstone）1758 年在牛

图 3 – 13　1615 年的爱德华·柯克

津开始举行讲座的 500 年间，在英国，可称得上学说著作的著述几近于无。而且，在布莱克斯通之后，甚至无人敢于问津法国和德国那种总括性的"民法教科书"。英国律师学院所进行的教育实际上是由资深的法律家对未来的法律家所实施的教育，在注重法律实践培训的同时，也注重提出反复出现的典型的法律问题，并从日常频繁发生的案件中提炼出法律原则和规则，法律与现实生活紧密相关。但法制的发展离不开人的活动，英国普通法的发展也不例外。中世纪的英国，僧侣、贵族垄断文化教育，普通民众几乎没有机会受到文化知识的教育。这种状况使得英国法律知识的传播被限制在一个较小的范围之内，加之英国自诺曼征服后受特殊的政治环境以及经济因素的影响，使得法律知识的学习更多地成为一种贵族的特权。法律知识的学习被认为是一种精英式的教育，在骑士精神和绅士传统等因素的影响下，这些经由律师学院培养出来的法律人才一直都是英国社会和政治的统治阶层，以至于"在任何一所律师学院，都有许多姓氏显赫的学生在此学习"，如柯克、布莱克斯通、坎贝尔、谢里丹等，都曾对英国法制发展产生过重要影响。

　　总之，律师学院注重实践的教育方式从某种意义上来看是普通法发展的结果和必然要求，反过来，其对普通法的发展亦有着深远的影响。这种影响主要表现在促进英国法律职业阶层的形成和培育出普通法"程序优先于权利"的法律观念上。"程序优先于权利"是最能体现普通法风格和内在实质的特征之一，这种观念的形成与英国律师学院的授课方式息息相关。由于英国普通法的形成深受注重程序的"令状制度"的影响，法律程序不仅能够设定权利，而且意味着权利能够得到有效保障，实践中法官和律师更多地将注意力集中在诉讼程序上。因此，为适应法律实践的需要，律师学院在授课内容上主要以案例讲解为主，教学多以诉讼程序和证据问题为中心，教育的目的是培养具有独立分析问题和解决问题的司法事务家。正是这种教育方式培育出了英国法律职业人员"程序优于权利"的法律观念，为塑造普通法的这一特征奠定了重要基础。

第三节　法官不是官

法官一旦偏离了法律的条文就成了立法者。

——弗兰西斯·培根

法官手中的司法自由权就好比暴君的法律。它的标准无人知道。

——查·普雷德

　　法治社会的实质是良法之治，而"任何一项法律制度，只有当处于其中的人是最好的时候，它才可能是好的"。因此，良法之治的根本保障在于作为有"法律的守护者"之美誉的法官。在现代法治社会，法官的作用不可或缺，社会赋予法官这个角色与行政官员、立法官员不一样，甚至与检察官也不一样的特点。这种差别不只体现在所管辖或处理的事务方面，更体现在人们处理事务或行使权力所用的方式、思考和分析问题的方式、语言的风格、外部行为的风格等诸多方面。以上这些差异，实质上构成了法官文化的内容。基于悠久的历史文化传统，英美法系国家法官在发展普通法、维护正义的过程中，塑造了别具一格的法官文化。而法官文化的形成，又反过来对维护司法公正和社会正义起到了良好的作用。

　　什么是法官文化？这是一个内涵和外延都较宽广的概念，主要包括制度的、物质的和精神的三个层面的内容。在法官文化制度方面，英美法系与大陆法系一样，都建立在分权、司法独立的基础上。事实上，更能体现英美法官文化特点的，主要集中在物质的和精神的层面。因此，要探讨英美法官文化主要基于三个层面而展开。

图 3 - 14　1890 年 20 美元面值
上的约翰·马歇尔头像

第一，法官的知识结构、思维方式。在英美法系国家，普通法是由法官创造和建立起来的，法官承担着传承和创造法律的重任，因此，专业化及博学是成为法官的前提条件。在英美国家，对法科学生的要求非常高，不仅仅要求他们必须具备扎实的法律知识功底，而且要求必须接受过历史学、政治学、经济学、哲学等多门学科的训练。法官来源于律师，要想成为法官，必须具有深厚的法律专业知识，包括认识、判断、推理案件诸能力在内的良好的认知水平，以及广博的社会知识。正如哈佛大学著名的司法程序专家查菲所说，在普通法国家，为了预测一个未来的法官的行为，最好看看他的图书室里的藏书，而不是看他事务所里的诉讼委托人名单。英美法官非常注重经验，以判例形式表现的普通法本身就是司法经验的积累。在长期的司法实践中，基于其知识背景、训练方法、法律思维方式的一致，英美法系的法官凝聚并形成一个"解释的共同体"。同时，借助特定的概念、逻辑推理形式，形成了司法的"方法论自治"。[1]

第二，法官任期、待遇及升迁。英国早在 1701 年即在《王位继承法》中规定法官只要行为良好便可终身任职。在英国，法官是终身职务，只有在违反正当行为原则并在上下两院共同要求下才能由国王予以免职。被任命为法官的人服务的年龄可以达到 70 岁或 75 岁，比政府官员所允许的年龄限度

1　博登海默. 法理学——法律哲学和方法［M］. 上海：上海人民出版社，1992：458 - 459.

多出 10 年。在 75 岁之前成为高级法院法官的许多人可以任职到更高的年龄。在美国，汉密尔顿曾在《联邦党人文集》中写道："对确保司法独立来说，除了终身任职之外，没有什么比将对其与持以固定的条文明确下来更起作用了。"这种思想在美国《宪法》中也有所反映，美国《宪法》第 3 条第 1 款规定，"最高法院与低级法院之法官如忠于职守，得终身任职"。至于法官的待遇，"先于大陆各国形成的对法官优厚的物质待遇，成为英美法各国的传统"。在英国，法官的薪俸非常优厚，大法官的年薪与首相一样。由于各级法官之间的待遇相差并不大，经济利益方面的刺激和诱惑很小，法官对升迁并无多大的兴趣。在美国，美国联邦最高法院首席法官的年薪与副总统相同，总体而言，"法官的薪俸优厚，如果在高一级的法院任职，还会配有秘书和研究助手"。值得一提的是，以简洁、惜墨如金著称的《美国宪法》甚至对法官的"俸金于任期内不得减少"都做了明确的规定。[1]

第三，法官年龄、资历、性格。首先，出任法官的年龄。柏拉图认为，"法官不应是年轻的，他应该学会知道什么是罪恶。但这不是由他的心灵学到，而是由对他人所犯罪恶作长久的观察而得到"。霍姆斯的名言是"法律的生命不在于逻辑而在于经验"，形象地道出了普通法的真谛。普通法对法律职业者尤其是法官的社会阅历和经验要求非常高，在英国，"人们不会遇到非常年轻的法官"，"向法官席的攀登是一个漫长而规律的进程，40 岁以前被任命为法官是极少见的事情"，"法官一般为中年人和老年人"，"一个在律师界开业不足 15 年的人是很难被任命为高等法院的法官的"。事实上，"法官的职位越高，平均年龄也就越大。高等法院法官的年龄不低于 50 岁，上诉法院法官的年龄很少低于 55 岁，而上诉法院高级法官的年龄则不低于 60 岁。在这三级法院中，许多法官的年龄要比上述年龄大得多"。美国与英国的情形相类似，但法官在最初就任时平均年龄比英国要年轻些，不过，据 1970 年的一项调查，也达到了 47.3 岁。

其次，英美国家任命法官对候选人的资历要求非常高。从 14 世纪开始，英国所有各级法院的法官都从出庭律师中产生，而高等法院的法官更是几乎

---

1 高军. 略论英美法官文化及其启示 [J]. 延边大学学报，2008（1）.

全部从杰出的出庭律师中产生。即，英国法官必须从英国四个律师公会的成员即出庭律师中任命。一般来说，担任地方法院法官（不含治安法官）必须有不少于 7 年的出庭律师资历；担任高等法院的法官必须有 15 年以上的出庭律师或 2 年以上的高等法院法官的资历。高级法官基本上都在名牌大学中接受过法律基础教育，他们的父辈的职业基本上都属于资产阶级。可以说，"英国的司法的主干是由少数精英所支撑的"。1963 年，对 100 名英国高级法官所做的一个调查的结果更证明了这一点。在美国，法官遴选制度本身便说明经验是衡量是否授予法官资格的重要因素。一般来说，法官在从事这一职业以前，大约要有 15 年到 20 年职业律师的经历，有近三分之一的法官在担任法官之前具有检察官的经历。实际上，在美国"大多数法官是律师，具有法学学位和职业律师的经验是成为一名法官最普遍的资格要求"。而能否出任法官，则取决于律师执业中的成功、在律师同行中的声望以及政治影响等诸多考量因素。

再次，在英美国家，由于诉讼中奉行的是当事人主义，法官处于消极中立的地位，因此在长期的司法实践中，法官群体逐渐形成了区别于其他行业的职业性格。两位英国法学家在其著作中曾为我们描述了一个英国人眼中的法官："头戴假发，身着长袍，面无表情的法官刻板无味地宣告某个被告做了不应做的事情"。美国学者约翰·小努南曾比较了普通法国家历史上几位最伟大的法官，即布莱克顿、马歇尔、霍姆斯、卡多佐、布兰代斯等，他总结出这些人都具有一个共同的特点，不仅以公正无私著称，而且以简朴的生活方式著称。据此，他认为，法官应当追求简朴的生活方式。按照科特威尔的看法，法官这种职业往往"被看作是超脱狭隘自身利益的"，法官应当在社会交往中保持一定程度的"孤独性"。而流行于英美法系国家的谚语："一个公正的法官是一个冷冷的中立者"，更是形象地道出了法官超然的个性。

第四，法庭仪式及法官装束。在英美法律传统里，宗教与法律具有天然的亲缘关系，因此司法仪式具有宗教般的神圣色彩。以法庭装束为例：在英国，法官至今仍然保留着出庭穿长袍戴假发的传统，"在欧洲大陆国家人士的心目中，关于英国法官，常常有这样一幅浪漫的图像：他们身着绯红色的长袍，头戴巨大的假发，在一所镶嵌华丽的法庭上进行审判"。在美国，也继承了英国法官出庭穿法袍的传统，但进行了一些改革，法官出庭一般都穿黑色长袍，但不戴假发。另外，在英美两国，证人宣誓作证的传统在司法实践中一直被传承。

这些法官文化源远流长，影响深远，它使司法受到尊重，正义得到守护，之所以如此，主要表现在：

第一，保障法官独立。在法官的产生方式上，英国的所有法官以及美国的联邦法官都由行政任命的方式产生，美国各州的法官的产生则有行政任命、选举等多种方式。由于对传统的尊重以及法官"方法论自治"的存在，能使司法与社会保持一定的距离，有利于抵制来自权力的、舆论的压力，因此，法官是否独立，与法官是任命还是选举的方式似乎并无太大的关系。在英国，负责一切司法任命的司法大臣任命法官不再考虑政治观点如何。一经任命，法官便应当避免介入任何党派纷争，司法机构的这种非政治性立场已被普遍接受。在美国，所有美国联邦法院系统的法官都由总统任命，总统任命法官时往往考虑选择与自己政治立场相同的人选，法官的职位可能是一件最有价值的政治上的馈赠品。美国历史上共有104名最高法官，仅有13人任命时与总统不属一党。但是，在美国法官被任命后却并不听命于总统。艾森豪威尔总统曾任命沃伦为最高法院首席法官，布伦南为法官，但他们并没有完全按党派原则凡事都袒护总统，以致艾森豪威尔总统说这是他"犯过的最愚蠢的错误"。詹姆斯·麦迪逊总统任命的法官约瑟夫·斯托利拒不照顾麦迪逊总统的政治密友托马斯·杰斐逊，而伍德罗·威尔逊总统任命的法官詹姆斯·C.麦克雷诺兹立即证明了他几乎反对威尔逊总统所支持和相信的每一件事情。西奥多·罗斯福总统对其任命的法官霍姆斯在反托拉斯案中投反对票感到愤怒，猛烈地抨击说："我用香蕉雕刻出一个法官，也比他的脊梁硬。"据说当时有人把总统的话转告霍姆斯时，他只是一笑置之，并且表明他的想法是"在我接触这类案子时，我是根据法律和宪法办事的"。哈里·杜鲁门说："最高法院的人事安排事项简直没法干——我试过，但是没有用——无论什么时候，只要你把一个人送进最高法院，他就不再是你的朋友了。我敢肯定这一点。"杰出的法院编年史学家查尔斯·沃伦形象地评论说："在最高法院历史上再没有什么比那种希冀法官追随他的总统的政治观点的希望幻灭时的景象更引人注目了。"1969 年，厄尔·沃伦在回顾他的 16 年的首席法官生涯时指出，我个人从来没有"见过一个身在最高法院若干年而不在实质上改变他的观点的人——如果你要在最高法院忠于职守，你就必须改变自己"。这是一种责任，它以多种方式体现着美国联邦政府行政程序中最神圣的东西。美国各个州之间关于法官选任的方式差别较大，如果人们注意的是结果而不是形式，那么，非选举和选举的方式差别不是很大，特别是由于职业合作在这两者中所起的作用更是减弱了存在的差异。

第二，防止法官腐败。在英国，"法官都是处在职业生涯的第二阶段的人物，都是资深的出庭律师，属于一个独立的行会，并分享着这个行会的基本价值"。由于法官出身高贵，"贵族生来就负有对普通民众做出裁判的使命，而且他们较衣食无着之人更不容易腐败"。自 1701 年《王位继承法》制定以来，英国从没有法官被免职；在那里，甚至没有人知道怎样去实施该法中有关罢免法官的原则。事实上，无论是英国还是美国的法官，他们的职业分工虽有不同，但都属于同一个职业共同体。出庭律师在事业的顶峰时可能会进入司法界，法官职位是对他们卓越的才能以及优秀的品行的一种对等的回报，"被任命或选举为法官，常被看成是一生中姗姗来迟的光辉成就，也是对其尊敬和威望在形式上的承认"。因此，他们会倍加珍惜自己的声誉。

第三，有助于维护司法的权威。英美法系国家关于法官年龄的要求，乃是基于理性的考虑，因为司法的消极、被动、中立等特性以及普通法基于传统而形成的保守趋向，要求法官稳重持中，具备一种超乎常人的心如止水的"冷性"品格，过度热情反而容易伤害司法的理性。至于法庭的仪式，弗兰克在《法律和现代精神》中认为，法律方法和法律手续是社会的一种魔力，法官在法庭上穿着法衣，很严肃地坐在高背椅子上，是以神秘的权威和长辈的形象出现的，其目的不仅使人们对法官无限尊敬，而且也有助于维护社会秩序。他在另一部著作中，虽然对法袍崇拜予以冷嘲热讽，但同时也承认，作为仪式化的象征，"作为法官，他们一旦穿上庄严的黑色丝袍，（对大多数公众来说）至少就自然而然地被涂上一抹神圣的色彩"。针对英国法官的装束，贺卫方教授指出，"法官的服饰行头中甚至有一顶马鬃制的白色假发，目的就是要营造一种老化的效果，使当事人相信法官是经验丰富、明智而不惑的"。而伯尔曼则从法律和宗教之间的关系进行了阐述，认为法律与宗教共同具有四种要素：仪式、传统、权威和普遍性，而仪式是法律与宗教的超理性价值联系与沟通的首要方式。"法律的各项仪式，也像宗教的各种仪式一样，乃是被深刻体验到的价值之庄严的戏剧化。在法律和宗教里面需要有这种戏剧化，不仅是为了反映那些价值，也不仅是为了彰显那种认为它们是有益于社会的价值的知识信念，而是为了唤起把它们视为生活终极意义之一部分的充满激情的信仰"。因此，他断言："法律像宗教一样源于公开仪式，这种仪式一旦终止，法律便失去了生命力。"[1]

第四，有助于保障法官的尊崇地位和民众对法官的信任。正是基于长期积淀的传统而形成的英美法官文化，保证了英美国家法官如此与众不同，决定了法官的尊崇地位。英国人认为，大法官是"国王良心的守护者"，享有尊崇的地位。在美国，"法官是一种富有魅力的职业"，"即使只是最基层法院的法官，在美国也是一种非常受人尊敬的职业"。总之，"生活在普通法系国家中的人们，对于法官是熟悉的。在我们看来，法官是有修养的人，甚至有着父亲般的慈严。普通法系国家中有许多伟大的名字属于法官"，法官常被称为"教堂外的教士"，是"社会的精英""有修养的伟人"和"正义之路的开拓者"。"法院是法律帝国的首都，法官是法律帝国的王侯"，更是道出了法官尊崇的地位。社会对法官的人格寄予厚望，美国关于法官的六条标准，都是基于道德和品格方面的，没有一条是专业的。因此，格伦顿认为，英国法制的成功依靠其声誉，依靠其他地方对它的接受，同样也依靠它的品格和原则。伯尔曼认为，英美法律制度在很大程度上，正是依靠法官的自尊心、责任感以及他们的智慧和自制力保证司法的公正。

因此，司法公正的前提固然是司法独立，但司法独立绝非仅仅取决于制度的安排或宪法条文的规定，更重要的可能是司法职业共同体有力量"独立"，而法官与律师作为法律共同体的成员的独立是最重要的。正是因为法

1　哈罗德. J. 伯尔曼. 法律与宗教 ［M］. 梁治平，译. 北京：中国政法大学出版社，2003：22－23.

图 3 – 15　穿法袍的法官

律共同体的形成与壮大，乃至成为一个独立的政治势力，才形成了普通法的
司法中心主义，并促进了法律职业共同体的形成和壮大，才使得司法权逐步
独立并成功地限制了王权等起到了关键作用。像"国王虽高居万人之上，却
在上帝和法律之下"这样的观念才能成为信仰，[1]　法官才可以公然排除国王
对司法的干预。17 世纪的伟大的柯克法官对于自称有理性因而有资格亲自定
案的国王说："这些诉讼只能由法院单独做出裁决"。[2]

　　所以，要实现正义，履行宪法，仅仅局限于颁布法律条文远远不够，
因为我们还不清楚这些法律条文是否被法官严格地适用于对纠纷的实际处
理过程。实际上——古今中外都可以举出这样的例子——有些法律虽然颁

　　1　著名的布莱克顿大法官语。参见考文. 美国宪法的"高级法"背景［M］. 强世功，译. 上
海：上海三联书店，1996：21、35.
　　2　著名的布莱克顿大法官语。参见考文. 美国宪法的"高级法"背景［M］. 强世功，译. 上
海：上海三联书店，1996：34 – 35.

布了，但并没有得到严格实施，更有甚者，立法者本身亦容许这种漠视法律的司法。因此，法官不做官，而去担任正义的守护者，才能使司法真正地独立。

我们回顾西方历史，司法独立是一条漫长曲折的道路，甚至有过中断。在古希腊，法院是独立于行政官的，但法官不是专职的，他们由公民大会选举产生，或全体与会的公民都是法官。在全民都是法官时，司法权属于全民，司法权仅是一半的独立，在法官是选举产生的部分公民时，他们代表社会行使审判权，虽然独立于任何官员，但并不独立于多数人的暴政，虽然有陶片放逐法对强者的警惕，但最终苏格拉底还是被暴民政治淹没。在古罗马，司法权一开始就是社会的，独立于任何官员，但罗马因为公法落后，最终还是走向了专制，司法独立成了一句空话。在中世纪，教会法院掌握重要的司法权，它们是完全独立于国家权力的，但是仅仅出世，却无法在此世实现真正的公义。这些中世纪的种种法院，他们的判决虽然都是人民或人民中的一员独立做出的，不受制于任何外在的权力，但是他们缺少专业的精神及相关的法律技术，因此，心有余而力不足。但是，司法作为一个职业，终究是一步步独立起来，即使在最专制的时代，西方的国王也不是法官，他们同样受司法权的管辖。法王路易十四被认为是最专制的皇帝，即使是他，在民事问题上也受法官的审判。在德国，我们从"磨坊之讼"——磨坊主诉斐烈德大帝之诉中可以明晰地感知。在英国，英王享有特权，但是，即便在封建时代，除了国王，其他的官员无权干预司法。英国争取司法独立的斗争是将司法独立于国王。早在12世纪，布莱克顿法官就说："国王在万人之上，却在上帝和法律之下。"到14世纪时，法院便规定国王不得用给法院院长个人写信的方式干预司法。17世纪初，詹姆斯一世企图干预司法，遭到法官们的抵制。1640年英国革命以后，英国的司法就独立于国王的控制。1688年光荣革命的起因就是国王企图干涉司法。从那以后，英国的司法便独立于王权。至于议会，除了它的贵族院担负有限的司法职能以外，是从不置喙司法的。经过了四百多年，英国一直是在痛苦中摸索，在抵抗中平衡，司法独立来得相当不易。

　　到了现代，司法独立已然成为西方宪法的共通原则。没有司法独立就不可能有法治，就不可能有社会公正，这早已成为现代文明人的共识。现代的司法独立被定义为：法官独立于政治，独立于议会和行政权，它有一系列的制度保障。正义在心中，在人民的努力下，也会行走于世间，然而，道高魔长，独立之路相当漫长。希望，司法能独立，正义能高唱，这是每代法律人的使命。

第四节　纠问与陪审

为一种人，这些不是一个巢，而是一片绿叶成荫的树林，他们看累累的果实，愉快地在其中悦鸣饱啄。

——圣·奥古斯丁

在进入现代社会以后，蜕去远古禁忌、部族习惯的原始外壳以后，随着完整司法体系的建立和司法人员趋于专业，对犯罪的审定开始采用一种比较理性的方法程序。

比如，如果问什么行为构成犯罪，或至少会构成严重犯罪。对于这个问题，在伦敦和纽约的回答与在罗马和巴黎不会有重大差别，问题是如果真的到了法庭，你怎么把理念上的"犯罪可能"在法律的框架下变成符合本地法律精神的"犯罪事实"？

实际上，每个国家有每个国家刑事审判所展开的方式，而刑事审判的方式又影响着对一宗案件的判断。在欧洲大陆以及继受民法法系的国家所实行的制度，一般被称为纠问制（前面曾经谈到过，从教会法开始使用）。在这种制度中，法官在审判的安排和控制方面扮演着重要角色，在这种制度下，要求主持审判的法官在发现真相、实现公正的过程中发挥积极主动的作用。另一种则是英国的陪审制。在陪审制中，主导审判的是双方的律师，决定审判的是由普通人构成的陪审团，法官的作用仅仅像一个足球赛的裁判一样去维持审判的秩序，而不用采取积极主动来保证真相大白和公正实现，只需要确保控辩双方公正地进行对抗以及被告的律师确有机会查究控方事证。这一点体现了西方司法系统的多样性。

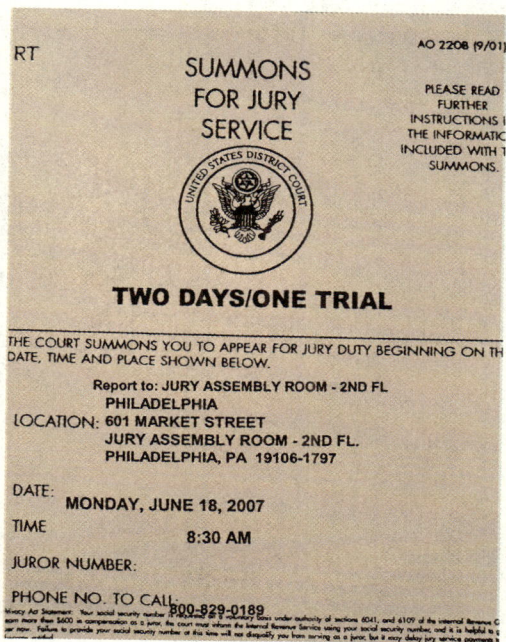

图 3 - 16　候选陪审团成员的转唤状

相比欧洲大陆实行以司法职权为核心的纠问式诉讼和法定证据制度的理性主义，与其隔海相望的英格兰则形成了一种以陪审制为基础、以当事人为主导的抗辩式诉讼，以及一系列旨在规范证据采用和判断活动的证据规则，实际上更重视经验与普通人的常识，而这正是英国法律的特点。

大多数国内外学者都赞同英国法律史学家梅特兰的观点，认为陪审制起源于英国，但其历史渊源却可以追溯到欧洲大陆，即法兰克王国时期的宣誓调查法（sworn inquest）。那时，当王室土地出现争议时，国王经常派遣王室官员就地调查，即从当地选择一部分居民组成陪审团，经宣誓后就争议问题做出裁决。当时，宣誓调查法是国王用以保护自身利益的一种特权工具，其他人若想使用，必须取得国王恩准。后来，法兰克王国陷入分裂，王权衰落，作为国王特权工具的宣誓调查法因此中断。然而，在法国西北角由善于吸收外族文化的诺曼人建立的诺曼底公国中，因公爵权力强大，宣誓调查法幸运地保存下来。1066 年诺曼征服英伦诸岛后，诺曼人把这种古老的审判方法带进了英国。于是，英国才有幸成为现代陪审制的发源地。

当然，把英国陪审制的起源完全归功于欧洲大陆宣誓调查法的简单移植

图 3-17　美国洛杉矶第一个女陪审团

也是不全面的，因为宣誓调查法之所以能在英国落地生根，并迅速结出陪审制之果，还与英国的两个特殊条件密不可分：一个是诺曼征服后建立起来的强大王权及其加强中央集权的政治需要，为宣誓调查法的发展提供了必要的动力源泉。二是英国原始审判制度的控告型模式，为宣誓调查法向陪审制的演变奠定了程序上的历史基础。正如美国学者莱维所说："对于自由史而言，幸运的是，由诺曼人导入的宣誓调查也是英国君主发展中央集权统治的主要手段之一。宣誓调查凭借它与发达王权的紧密联系而存活下来，其特殊的英国形式则是以古老的控告程式为基础的。"[1]

　　最初，宣誓调查法主要被诺曼国王用于行政和财政管理，最著名的一个实例就是 1086 年的全国土地赋役调查。亨利一世时，宣誓调查法被广泛运用于财政、税收、治安、地方政府监督等各类事务，偶尔也用于司法。国王有时委派巡回法官到地方开庭，使用宣誓调查法审理案件。亨利二世时期，

　　1　程汉大. 本是同根生，相去何其远——英国陪审制和欧陆纠问制探源［J］. 美中法律评论. 2004，1（1）.

图 3 - 18　陪审团席位

陪审团宣誓调查发展为一种常规司法制度。亨利二世是一位天才的法律家，他在当政期间，进行了大规模的司法改革。他扩大了国王法院的司法管辖权，建立了专职法院和巡回审判制度，实现了司法的中央集权化。他不相信旧有的审判方法，但他没有采取强迫命令的方式断然取消旧制度，而是首先在国王法院中推行陪审团宣誓调查法，利用新方法自身的优越性，吸引越来越多的诉讼当事人向国王法院投诉，逐步把陪审制推广到各类案件的审判中，从而建立了一套正规的陪审团审判制度。

　　民事陪审制是通过 1164 年到 1179 年的几个法令首先在不动产诉讼中建立起来的。1164 年，亨利二世颁布《克拉伦顿宪章》，其中第九条规定，当某块土地是教会保有制还是世俗保有制出现争议时，应从当地居民中选出 12 名骑士或自由人组成陪审团，经宣誓后对争议问题做出裁决。1166 年又颁布《克拉伦顿法令》规定，如果当事人因自己的保有地新近被他人夺占，可向国王申请相关令状，由郡长从当地居民中选择 12 名可能了解案情的人组成陪审团，出席巡回法庭，经宣誓后做出裁决。这个法令基本"奠定了涉及土地的民事诉讼程序的模式"。1176 年，亨利二世又制定了《北安普顿法令》，规定土地保有人死亡时，发生应由何人占有该土地的争议，须由陪审团裁定。后来，随着土地诉讼种类的日益复杂多样，亨利二世又于 1179 年颁布了《权利法令》，规定在土地所有权争议案件中，被告有权自主选择决斗法还是由国王法庭采用陪审制审理。当被告选择后一方法时，则通过"二级遴选法"挑选陪审员，即首先由郡长从与当事人双方均无任何关系的当地骑士中选出 4 人，然后由这 4 人再从当地土地所有者中另选出 12 人组成陪审团，就谁更有权利占有争议之土地做出裁决。通过上述一系列法令，最终在不动产民事诉讼领域内率先确立了陪审团审判制。

进入 13 世纪后，随着社会的发展和实际需要，国王法院又创制了追偿债务令状、返还非法扣留动产令状、抵押令状、违约之诉令状等。凭借这些新令状，地产案件之外的一切民事诉讼均可投诉于国王法院。这些令状一般都包含有必须组建陪审团进行审判的规定。1215 年的《大宪章》第 18 款规定，国王巡回法院应每年在各郡开庭数次；只要当事人双方同意，任何民事纠纷均可使用陪审制审理。从此，陪审制在整个民事审判领域中的主导地位就确立下来。

在刑事诉讼领域，最先建立的是陪审团起诉制度。1166 年《克拉伦顿法令》规定，当巡回法庭到达某郡开庭时，郡长应从各百户区召集 12 名骑士或"合法自由人"，从各村镇召集 4 名"合法自由人"出席，经宣誓后检举自亨利二世即位以后本地发生的一切抢劫、谋杀、盗窃、纵火等重大刑事犯罪嫌疑人，这是大陪审团（grand jury）即控诉陪审团（jury of indictment）的最初萌芽。受到检举的嫌疑人由郡长立即逮捕，交巡回法官采用冷水神判法审判。若嫌疑人未能通过神判法验证即被判定有罪，将被处以绞刑。即使是通过了验证的嫌疑人，如果平日作恶多端，在当地声名狼藉，法庭仍可将其驱逐出境（相当于流放）。1176 年《北安普顿法令》对上述规定又做了适当补充和完善，一是扩大了陪审团应当检举的犯罪种类，二是改变了有罪嫌疑人的惩罚方式，用残肢、流刑取代了绞刑，即没收嫌疑人的财产、砍掉其右手和一只脚后驱逐出境。实际上，多数嫌疑人自知难逃法网时通常在付诸审判以前就逃往深山老林。通过以上两个法令，在保留个人刑事自诉的传统方式之外，建立了大陪审团起诉制度。

在以后的一段时间内，受到大陪审团检举的犯罪嫌疑人仍沿用神判法进行审判。1215 年第四次拉特兰宗教大会（Fourth Lateran Council）做出决议，禁止教士参与神判过程。教士的退出剥去了原来披在神判法身上的合法外衣——教士的参与神判代表着上帝的判决，因而等于宣布废除了神判法。此后，神判法作为一种司法审判方式在整个西欧趋于消亡。拉特兰大会的决议在英国得到迅速彻底的落实。从 1216 年起，在英国的司法档案中再也找不到一件使用神判法判决的案件记录。[1]

废除神判法后，在刑事审判领域中唯一可用的审判方法就是决斗法了。然而，理性告诉人们，被告的有罪无罪问题通过决斗是无法得到准确验证和公正解决的。于是，法官们便自然而然地求助于更为可信的陪审团宣誓调查法，使陪审制迅速成为刑事审判的主导方式。尽管决斗法一直残存到 19 世纪才从法律上正式废除，但那只不过是一种残余形式而已。[2]

一般来说，英国的陪审团有大小之分。在刑事陪审制产生的初期，大陪审团既负责案件的起诉，又负责案件的审理。不言而喻，这种将控诉和审判职能集于一身的制度往往导致判决不公。追求司法公正的人类本能推动英国人在不久后将控诉陪审团和审判陪审团分开，由此导致小陪审团（petty jury）即审判陪审团（jury of deliverance）的出现。

促使刑事诉讼领域大、小两种陪审团分离的原因，除了控、审合一制度的不公正性外，还有一个历史原因，那就是从英国古代法律传统中孕育成长起来的一种诉讼理念，即：案件的审判主体和审判方法必须得到当事人的同意才具有合法性。这个理念在盎格鲁-撒克逊时代只是作为一条心照不宣的法律原则而存在着。那时，同意由公众法院审判，接受公证人或神判法的验证结果（不管其结果如何），被默认为是当事人的一种法定义务。因为那时的公众法院、公证人被普遍奉为是地方居民体公共意愿的代表，神判的结果被看作是上帝意志的体现，具有至高无上的权威性。受到指控的被告必须出庭应诉，无条件接受法庭决定的任何验证方式和验证结果，如果被告拒不接

1　程汉大. 本是同根生，相去何其远——英国陪审制与欧陆纠问制探源［J］. 美中法律评论，2004，1（1）.

2　程汉大. 12—13 世纪英国法律制度的革命性变化［J］. 世界历史，2005（5）.

受，则被视为否认法律的行为，这等同于自我逐出法律。所以，那时当事人"同意"接受公众法院、公证人、神判法的审判尽管无须明确表达出来，但实际上已经隐含在当事人的"接受"行为之中了。

诺曼征服英伦后出现的陪审团宣誓调查法，原是作为替代原始审判方式的一种非常规性方法从大陆引进的，最初并不具有法定的权威性，当事人可以在新、旧审判方式中自主选择其一，因此，只有在取得当事人同意的前提下方可使用陪审制。不难想象，在控、审陪审团混同一体的时期，被告对陪审团判决的公正性必然心存怀疑，所以拒绝接受它的审判是经常发生的事。每当遇到这种情况，司法进程便陷入困境。为促使被告同意接受陪审团审判，英国法采用过两种性质和形式都截然不同的应对措施。

第一种可称之为"狱中折磨"的逼压措施，主要用于重罪案件中。这是一种不文明、反人道的方式，但一度得到法律的明确肯定。1275 年的一项法规规定，罪行重大的重罪嫌犯如果拒绝接受国王法官和王国普遍法律的审判，应将其送回"条件恶劣的监狱中"，让其遭受痛苦，以逼迫他改变态度，接受陪审团审判（并不是强迫其供认罪行）。在此后的 20 年到 30 年内，所谓"条件恶劣的监禁"蜕化为"折磨式监禁"。被告在狱中经常遭受鞭打，或者被置于烈日下暴晒，或者只给少许饮食，让其天天饥渴难耐，或者让被告四肢伸开，平躺在地面上，身上放置一沉重铁块，使其遭受重压之苦，直至其同意或者死亡。许多人受不了折磨之苦，不得不同意接受任何形式的陪审团审判——不管陪审团是由什么人组成的。不过，有些重罪犯人宁可被折磨致死也不服从陪审团的审判，因为这样可以逃脱法院的正式判决，从而保全自家财产不被国王没收。据历史记载，直至 1658 年被告在狱中受重压而死的事件还时有发生。1772 年，这种野蛮的诉讼方式才最终被废除。

第二种方式是一种富于人道主义的文明方式，即允许被告在审判开始之前，对自己所不信任的审判陪审团成员提出异议，要求其回避，被要求回避的成员必须更换。13 世纪中后期，布莱克顿等人多次提到，被告有权反对自己的世仇宿敌或心怀恶意的起诉人，或可能从案件中获益的人进入审判陪审团。1305 年，王储亨利曾代表他的一位被指控犯有谋杀罪的朋友，明确要求法官在组建审判陪审团时，将所有大陪审团成员排除在外。议会下院也对大陪审团成员兼任审判陪审员的不合理做法多次提出抗议（仅 14 世纪 40 年代就提出过两次）。在被告和议会的努力下，1352 年，爱德华三世批准了议会的一项法规，禁止大陪审团成员参加案件的审判。该法规实施的直接后果就是两种陪审团的构成人员和功能彻底分开。大陪审团仅仅负责审查案件的初步资料，决定是否向法庭起诉。案件的审判权由另外 12 名合法自由人组成的小陪审团和法官行使，小陪审团就案件事实问题进行审理，对被告做出是否有罪的裁决。在小陪审团事实认定的基础上，再由法官根据相关法律做出判决和处罚。14 世纪后期，大陪审团由 23 人组成，小陪审团由 12 人组成成为定制。

在实行小陪审团审判刑事案件的初期，陪审员往往既是审判员，又是知情的证人，或者说被认为是案件知情人，陪审员应从当事人的邻里乡亲选出的早期规则中蕴含着对陪审团证人性质的期望和肯定。如果陪审员不直接了解案情，除了在法庭上通过当事人的陈述了解情况外，还有权并有义务在庭审前主动向有关人员调查取证。梅特兰说，13 世纪英国的陪审团成员有义务"在接到传召后立即就他们出庭时必须发表意见的那些事实进行调查。他们必须收集证据，必须对证据进行权衡，必须在裁决时阐明结论"。所以，那时的陪审员在法庭上"说"远多于"听"，如果出现误判错判也总是以伪证罪论处。不仅如此，当时的陪审团在法律上还被视为唯一的证人，拥有排他性作证权。除陪审员外，对其他证人的证言证物，法庭一律不予采纳。如果有人自愿就某一案件主动向法庭提供证据，即使他并非是要刻意帮助某一当事人，更不是与这个当事人有什么利害关系，也会以包揽诉讼罪（action for champerty）——指鼓动、帮助他人进行诉讼，旨在胜诉后分享一部分诉讼利益的行为——而论处。法律严禁包揽诉讼，目的是为了使陪审团免受不正当影响。

后来，随着社会生产力特别是城市的发展，人口流动性增大，案情日益复杂化，要想找到知晓某一具体案件情况的 12 个人越来越困难，加之陪审员不再从案发地点的居民中挑选，而是从全郡范围内选出，结果，因"知识不足"以至无法对案件做出准确判断，这成为陪审团经常面临的难题。另一方面，人们也逐渐认识到，知情陪审员往往先入为主，带有偏见，影响判决公正性。于是，证人和陪审员逐渐分离开来。1303 年休果一案可视为二者分离开始的标志。休果被指控犯有强奸罪，他以自己是教会执事为由，要求享受神职人员的优惠特权。法官获知休果已经与一位寡妇结婚，据此驳回了休果的要求。休果申辩说，他的妻子在与他结婚时不是寡妇。于是，休果之妻的婚姻史便成为决定此案的关键。当时陪审团对休果妻子的婚史状况一无所知，从而无法做出裁决。在此情况下，法官破例传唤了熟悉休果妻子婚姻史的证人出庭作证。陪审团首先根据证人的证言对休果之妻是否是寡妇做出裁决，然后又就强奸指控做出判决。此后，证人出庭作证不但成为陪审制中一项独立而合法的程序，而且"不知情"成为选任陪审员的资格条件之一，陪审员不得私下与证人接触作为一条新法律固定下来。爱德华三世在1352年颁布法规，其中有项规定，被告人有权要求知情陪审员回避。陪审员只能在公开的法庭上集体听取当事人陈述和证人证词以及双方律师的法庭辩论，然后对案件做出裁决。至此，早期的知情"证人陪审团"完成了向不知情"审判陪审团"的转变。小陪审团真正成为一个超然于诉讼双方之外的客观中立的裁判机构。[1]

与此同时，12世纪至13世纪，当英国建立陪审制之际，欧洲其他国家却走上了另一条不同的司法审判道路——纠问制（Inquisitorial procedures）。

纠问制最早起源于欧洲天主教教会法院，促使纠问制产生的直接原因是13世纪早期天主教会采取的异端迫害政策。在此之前，天主教会虽然早已建立一套以罗马教皇为最高首脑的国际性组织系统，并确立了它在欧洲各国的统治地位，但还未形成严厉的异教迫害政策，对非天主教的其他宗教信仰仍保持着一定程度的宽容性。按照当时的教会法，如果没有反天主教的具体行动而只是单纯信奉其他宗教的异己分子，只不过是一种精神上或心灵上的错误，而不是一种犯罪行为，不应给予任何肢体上的惩罚，所以当时的教会法院没有任何调查、惩处异教徒的法律规定和司法机制。5世纪时的圣徒克里梭斯通和奥古斯丁尽管坚持对异教徒采取排斥政策，但反对使用死刑，更反对强迫异教徒自证其罪。他们认为，一个人只能面对上帝供认自己的罪行，"不能在他人面前控告自己"。甚至晚至1184年，教皇卢修斯三世也只是主张将异教徒开除教籍后交由世俗法院施以处罚，而且处罚方式仅限于罚款、流放和没收财产，而不得伤害其身体和剥夺其自由（即监禁）。神圣罗马帝

1　程汉大. 本是同根生，相去何其远——英国陪审制与欧陆纠问制探源［J］. 美中法律评论，2004，1（1）.

图 3 - 19　盛大的宗教审判场景

国皇帝格拉顿也持有同样观点，认为对异教徒只能处以流放和罚款，不能采用刑讯拷问强迫他们"公开控告自己和自证有罪"。因此，教会法院同当时英国和欧陆各国的世俗法院一样，在审理宗教异端案件以及教职人员的刑事犯罪案件时，实行的是一种控告式诉讼形式（Accusatorial procedures）：诉讼必须由明确的原告人（通常是受害人本人或亲属）提起，被告人可以在公证人的帮助下通过自我宣誓，或者通过神判法为自己开脱罪责。

　　12 世纪末至 13 世纪初，欧陆各国特别是法国南部地区异教徒骤然增多，信仰出现混乱，天主教在西欧精神世界的主导地位面临严峻挑战。为维护自身的统治地位，罗马教廷一改传统的宗教宽容政策，掀起了反异端运动，大力加强对异教徒的镇压。英诺森三世接二连三地颁发命令，扩大教会法官的权力。他要求各地主教作为法官定期巡回各个教区，就地召集虔诚的天主徒，经宣誓后检举异端嫌疑人。这种方式与早期英国国王所采用的宣誓调查法本无二致。但是，英诺森三世对异教徒恨之入骨，授予主教法官以更主动、更自由的调查权，允许他们对宣誓调查团检举出来的嫌疑人进行审讯，以获取有关证据。这样，宣誓调查法在这位专制教皇手中演变成了纠问制。

另外，罗马法之证据法的发展也是导致纠问制产生的一个客观原因。13世纪时，罗马法已经形成一套严格的证据法规则，其中最根本的一条就是任何死刑重罪都必须根据"完整证据"（complete proof），即必须有两名见证人作证才能确定。由于严重犯罪多是秘密实施的，要想找到两名见证人难乎其难，或者说根本不可能。在大多数情况下，法院所收到的只是控告人（通常为受害人或其亲属）提供的"一半证据"。这样，法院便自然而然地把寻找"另一半证据"的希望寄托于获取犯罪嫌疑人的口供上。况且，罗马法还把犯罪嫌疑人的口供奉为"最佳证据"，甚至誉之为"证据之王"，因而对获取口供情有独钟。英诺森三世要求教会法院严格遵循上述证据法规则。为了取得最具证明力的证据，教会法院往往采用严厉的审讯方式逼取口供。对此，伯尔曼说："正是由于这个原因而不是其他什么原因，最终导致了广泛地使用刑讯手段获取证据，尤其是获取'证据之王'——口供。在需要判断的是被告人的思想状态的案件中——异端案件是这方面的一个主要例证——最有资格对思想状态做出证明的莫过于被告人自己，而能够保证被告人供认他的思想处于犯罪状态的有效方式莫过于诉诸刑讯。"[1]

1215 年，英诺森三世主持召开的第四次拉特兰宗教会议在废除神判法的同时，给予纠问制以充分肯定。此后，纠问制便成为教会法院即宗教裁判所的常规审判方法。在教会法院的示范和带动下，大陆各国的世俗法院纷纷采用了纠问制。同年，英国订立了《大宪章》以"同等人审判"条款肯定了陪审制度，所以学术界通常把 1215 年视为英国与欧陆国家在审判制度上分道扬镳的岔路口。

由此可见，纠问制和陪审制都是宣誓调查法的直系后裔，原本是一"母"所生的"同胞兄弟"，只是因为环境的不同及对罗马法的态度不同才造成了二者之间的重大差别。

纠问制和陪审制是两种迥然不同的审判制度，其不同主要表现在：

第一，二者的基本出发点和目标指向有所不同。陪审制的基本目标在于

---

1 在中世纪早期，参与者通常只带他们自己宣誓过的证词和个人声誉到场，纸质证据毫无意义，大多数人因为不能阅读或者认为能阅读的人会欺骗他们，所以只相信亲耳听到和亲眼看到的。12 世纪罗马法的复兴、读写能力的提升、书面文件的大量存在才使纠问制得以发展。

查清案件事实真相，辨明是非曲直，以求公正合理地解决当事人之间的利害冲突，因此，它是以假定被告无罪为基本前提的。而在纠问制下，法官首先假定被告是有罪的，审判的唯一目的是逼迫被告供认被指控的罪行。换言之，陪审制奉行无罪推定原则，遵循的是"先有证据后作结论"的法律程序，而纠问制奉行有罪推定原则，遵循的是"先有结论后找证据"的法律程序。

第二，法官在审判过程中的地位和作用有所不同。在陪审制下，起诉权由大陪审团行使，事实认定权由小陪审团行使，法律适用权由法官行使。法官尽管是国王任命的，但他既不是控告人和起诉人，也不能怂恿或唆使原告人起诉被告人，更不能直接参与取证、审问被告或操纵陪审团的裁决，法官只是一个客观中立的仲裁人。陪审团独立于法官之外，陪审团的裁决直接和最终决定着被告是否有罪。从这个意义上说，陪审团是真正的法官。这种制度使得法官蜕化为一个审问者成为不可能。与之不同，在纠问制下，控、审、判三权集于法官一人之手。法官可根据告密者的秘密揭发，对被告提起控诉，而真正的控告人却"隐藏于法官的头套后面"。有时法官根据社会传闻、流言蜚语、个人猜测也可将一个人推上被告席，然后再通过审问获取口供证据。从逮捕被告、法庭审问到最终判决，整个审判过程完全处于法官的直接操纵和绝对控制之下。[1]

第三，被告享有的权利有所不同。在陪审制下，原告人和被告人的法律地位是平等的，即使是由国王政府官员提起的诉讼，原告人也负有证明起诉理由的义务，即奉行"谁主张、谁举证"原则。审判过程是原告人和被告人、起诉人和辩护人之间的一场平等的对抗争斗。如果被告人有自我辩护能力，他可以质疑或否认起诉人的任何指控，可以要求起诉方提供足够的证据，可以与证人当庭对质，或要求法庭出示证人的作证书，只有叛逆罪除外。总之，陪审制允许被告人享有自我辩护权。但在纠问制下，法官就是法律的化身，自始至终主宰着审判过程，决定着提问的内容和方式，被告人只能被动地回答法官的提问，无权主动进行质疑、反驳和辩解。由于缺乏自我

1　在我国与此相类似的情形中，最有名的就是秦桧的"其事体，莫须有"。在法国大革命的恐怖时期和德国纳粹时期，这种法官独揽一切的情形尤甚。参见莫戈穆勒. 恐怖的法官——纳粹时期的司法 [M]. 王勇，译. 北京：中国政法大学出版社，2000.

辩护机会，被告人往往成为法官任意宰割下的俎上肉。

第四，公开程度有所不同。陪审制的审判过程是公开的，纠问制的审判过程是秘密的。在陪审制下，原告人和被告人都是确定的，并且面对面地对簿公堂。起诉书采用成文形式，格式规范。按照法律要求，起诉书必须明确申明诉由，指明被告人的姓名和具体犯罪行为，包括准确的犯罪时间和地点。起诉书必须经大陪审团审核批准后方可向法庭正式提出，而且必须完整地向被告宣读。庭审在小陪审团面前公开进行，被告人的亲属或其他人均可自由旁听。这种公开审判传统最后凝结为一句在英国几乎家喻户晓的法律格言："正义不但要被伸张，而且必须眼见着被伸张。"但在纠问制下，控告人、起诉人及其指控的罪名通常对被告人和外界保密，从立案、传讯和逮捕犯罪嫌疑人到调查取证、起诉、审讯和判决，一切都是秘密进行的，只有最后的法庭宣判是对外公开的。

第五，发生刑讯逼供的概率有所不同。宗教狂热、有罪推定和秘密审判决定了纠问制中刑讯逼供是不可避免的。1252 年，教皇英诺森四世颁发训令，授权教会法院和世俗法院的法官使用拷刑制审讯被告和逼迫被告自证其罪。教会法院的拷刑方法主要是火刑柱，世俗法院主要采用鞭笞、拉肢刑架等。另外，还有多种多样的辅助性拷问方式，如无限期羁押（许多被告被羁押数年之久方得到审判），关押被告于阴暗潮湿的地牢，利用隔离、饥饿、寒冷、长时间不让睡觉等方式折磨被告。尽管教会法规要求，每一次的审讯时间不得超过一个半小时，但从未限定审讯次数，所以刑讯往往反复使用，直到被告认罪为止。绝大多数被告不堪皮肉之苦，屈打成招。在欧洲几百年的纠问制审判史上，几乎找不出一个判被告无罪的案例。在这个事实的背后，不知有多少无辜生灵变成了冤魂屈鬼，难怪欧陆各国普遍流行这样一种说法："一旦被推上被告席则毫无开释希望。"反观英国，在普通法法庭上，案件的审判是在陪审团和旁听席的众目睽睽之下公开进行的，没有拷刑制的存身之地（只有在不用陪审团的治安法官的预审中和 16 世纪的特权法庭上，人们才能找到拷刑制的些许历史记载），而且，在岁月的流逝中，禁止拷刑制逐步固化为英国普通法的一条基本原则。因此，相对而言，英国的陪审制度更富有平等性、公正性和人性化色彩。

　　有两名西方学者曾对陪审制和纠问制的本质区别做过比较性评论。15 世纪英国著名政论家和法学家福特斯鸠认为，陪审制的精神实质是："即使让20 名罪犯逍遥法外，也比错杀一个无辜好得多"；现代学者亨利·查理·李认为，欧陆各国纠问制的根本特征是："宁肯错杀 100 个无辜者，也不放过一个罪犯"。可以说，这两句风格如出一辙的对仗式评断，鲜明而又深刻地揭示出了两种审判制度的不同特点。

　　那么，为什么在共同的宣誓调查法的历史基础上，英国和其他欧洲国家却发展出了两种不同的审判制度呢？或者说，为什么英国能够独辟蹊径，开创出一条与欧洲各国不同的陪审制道路呢？这是一个很值得深入思考的问题。对此，国外许多学者认为，偶然机遇发挥了决定性的作用。例如，美国学者莱维认为，是"幸运的时机"（fortuitous timing）造成了英国和欧陆国家如此巨大的差异。他指出，在 12 世纪至 13 世纪，以神判法为代表的欧洲古代审判模式日趋衰落，时代呼唤新的理性审判方法，此时英国因为王权相对强大，从而有条件率先迈出了法制改革的第一步。在英诺森三世创建纠问制于教会法院之前，亨利二世刚好完成了一场划时代的司法制度改革，改革的重要内容之一就是建立陪审制。这就是说，英国的幸运在于抢先一步选定了自己的未来之路，才摆脱了欧洲其他国家那种不得不接受教会法院纠问制的普遍命运。莱维甚至使用了"狭路逃生"（narrow escape）一词来形容这一历史机遇稍纵即逝的偶然性，他说，亨利二世死于 1189 年，1198 年英诺森三世登上教皇宝座，前后时差仅仅 9 年，足见历史提供给英国跳出欧洲法制发展一般轨道的"历史出口"是多么的狭窄。

　　这种机遇论观点在英国法律史专家梅特兰、霍兹沃斯以及比利时学者卡内基姆的著作中都有所反映。梅特兰写道："幸运的是，在英诺森三世之前，亨利二世已经完成了（他的司法）改革。"霍兹沃斯则写道：在亨利二世的改革过程中，"国王司法权扩展到哪里，这种（由陪审团）决定事实问题的方法就扩散到哪里。这样，陪审制就和国王法院司法权同步发展，迅速推广，并和由这些法院创造和适用的普通法规则一起成长起来。其发展是如此之迅速，以至于在罗马法和教会法法学家尚未获得时间对其实体原则施加压倒性影响之前，普通法就形成了一套固定的规则。"据此，霍兹沃斯得出结论："这种保留了许多古代思想的英国司法制度发展的迅速性，以及对罗马法与教会法法学家影响的有效阻止，构成了（英国）陪审制早期历史中的决定性因素。"卡内基姆认为，在英国和欧陆国家的历史发展中之所以产生巨大差异，其原因不在于文明基因的不同，因为英国和欧陆国家文明的基本构成元素都是相同的（诸如日耳曼传统、天主教以及以新教为体现形式的基督教、城镇生活、君主制和议会、大学与科学、艺术与农业、商业与工业等），差异的产生是因为各构成元素"出现和产生影响的时机不同"。他说："在英国与大陆之间的历史差异中，时机的重要性始终看得清清楚楚。"[1]

应当承认，亨利二世先行一步的司法改革的确是导致英国陪审制起源的直接原因，但问题的症结在于，亨利二世在采用陪审团宣誓调查法时，为什么没有授权法官直接参与事实调查和决定被告的有罪无罪问题，而是将这一权力保留在陪审团手中呢？而这一点恰恰是区别陪审制和纠问制的关键所在。我们认为，造成这种状况的主要原因在于地缘条件及其在此基础上产生的独特文化心理。英国是一个孤悬于大西洋中的岛国，由此造成了相对封闭保守的文化传统，这使得它对欧陆国家法律文化的影响反应较为审慎和迟钝，"对来自国外的每一种习惯和原则都做出独特的改动，盖上自己的印记"。当教会法和罗马法发展起一套严格的证据法则时，英国的证据法尚处于原始简陋的萌芽阶段，法官办案很容易接受陪审团的调查结果和裁决意见，并将其奉为判决案件的唯一根据。同时，岛国文化的封闭保守性使英国保留了较多的古代法律传统，诸如自诉制度、控告式诉讼模式、法官的中立性等，因此，法官甘愿将事实调查和被告是否有罪的裁决权拱手让于陪审团。由于英国地处欧洲边陲，与欧陆国家有海峡相隔，所以大陆上的宗教纷争和异端邪说不容易传播到英国。在14世纪之前，英国的教会一直保持着稳定统一状态，岛内异端势力微不足道，平静的宗教生活决定了教会法院没有必要采取极端的宗教迫害政策，换言之，在当时的英国没有形成滋生纠问制的宗教土壤。后来（14世纪），当异端势力开始在英国蔓延之时，陪审制已经在这个国度中牢固确立，以至于任何力量都无法改变它了。

1　程汉大. 本是同根生，相去何其远——英国陪审制和欧陆纠问制探源［J］. 美中法律评论，2004，1（1）.

第五节　看得见的正义

即正义必须实现，而且要以看得见的方式实现。

——阿沃瑞《贝勒斯上诉案判决书》

应当彻底除掉那些邪恶的家伙，他们总是密谋反对人权，反对所有人的幸福。

——罗伯斯庇尔

　　上节所讲的审判方式反映了深刻的法哲学分歧，这也是当今西方法学的争论之一：法治是应该追求实体正义，还是追求程序正义？两者的区别就在于是正当程序之治（rule by due process）和正确理性之治（rule by right reason）。从上文的分析来看，英美倾向于前者，欧洲大陆倾向于后者。欧洲大陆国家坚信通过法官娴熟的技巧、认真的态度、国家正义之后盾，就会找到真相，而有了真相，那真理与正义自然可以大白于天下。对他们来说，国家有一部明文法典，会告诉你什么是对错，因而有了真相，量刑审判就只是一个小学数学的简单问题，他们追求的是实行正当程序之治。而英美则并不如此自信，在美国，宪法并不是法典，而是基本底线，它不是列举，而是防止出现问题，英国则连成文宪法都没有，就更不用说法典了。如果要有，他们就只有厚厚的判例汇编，他们在审判时只是做自己应该做的事，不会武断地认为，自己可以得晓真相，[1]

　　1　在美国，除非罪行得到确切证明，任何人都不得被判决有罪。仅仅可能有罪并不充分：如果被告并不情愿做出有罪的答辩，那么犯罪的构成的所有要件必须向陪审团证明，并且，这些要件必须证明到"排除合理怀疑"的程度。参见詹姆士·Q. 惠特曼. 合理怀疑的起源——刑事审判的神学根基［M］. 佀化强，李伟，译. 北京：中国政法大学出版社，2012.

图 3 - 20　雅各宾派领袖罗伯斯庇尔

因此，他们这种既无宪法告诉你什么是对的，也没有在审判时给一个明确的规则，甚至对于一些看似重大的问题都吝于给一个明确的概念。这是英美的普通法发源出来的。它推崇的正义不是因为它知道什么是正义，而是避免告诉你什么是正义，只是在执行的过程中沿着正确的道路走，守着这条通过正义的小路，一步步，那么过程是正确的，是自己理智可以确定的，虽然不知道什么是正义，但总可以保证不会不正义，或许这样，正义就不仅是概念，而是可见的。此为程序正义。

程序性正义源于英国 1215 年的《大宪章》第 39 条，在 1689 年的《权利法案》第 10 条、第 11 条得以重申，于美国宪法第 5 条、第 14 条获得发展，被联合国《世界人权宣言》第 10 条确认为国际社会人权保障的基本原则，受到主张法治的国家的尊重。尽管英国古代法中的自然正义原则（natural justice）和美国近代宪法的正当程序条款（due process of law）产生于不同的历史条件，面临不同的时代主题，处理程序性人权的手法也不尽相同，但程序正义的基本原理没有发生根本变化，即：公共权力在限制、剥夺人权和公民权利之时，其过程应当受到制约。

《欧洲人权公约》中的程序正义条款是英美法治影响下的产物。由欧洲议会制定、欧洲人权法院负责监督，于1950年12月开放签字，生效于1963年5月6日的《人权与基本自由保障公约》（*Convention for Protection of Human Rights and Fundamental Freedoms*），以1948年12月10日生效的联合国《公民权利和政治权利国际公约》为基础，是欧洲议会和欧洲人权法院从事人权保障活动的基本国际法依据。第6条第1款规定："在有关自己的民事权利和义务的决定或针对自己的刑事指控中，任何人均有权在合理时间内，从一个依法建立的、独立和不偏不倚的法庭中获得公正和公开的审理。"[1]

按照英国历史上著名的大法官、法学家爱德华·柯克（Edward Coke）的解释，程序正义的规范表达最早见于1215年英国《大宪章》第39条，规定：凡自由民，如未经其同级贵族之依法裁判，或经国法判决，皆不得被逮捕和监禁，没收财产，剥夺法律保护权，流放，或者加以任何损害。[2]

首次明确提到"正当法律程序"的法律文件是在随后的爱德华三世时代。1350年，爱德华三世重申了《大宪章》的原则，提出除非依据正当的方法，或依据成文的普通法程序，不得判定任何人有罪。1354年，英国国会通过的《伦敦威斯敏斯特自由令》第3章第28条规定："未经法律的正当程序进行答辩，对任何财产或身份的拥有者一律不得剥夺其土地或住所，不得逮捕或监禁，不得剥夺其继承权，或剥夺其生存之权利"。[3] 这是最早明确在法律文件中提到的"正当法律程序"一词。在14世纪后的其他六部成文法中，正当法律程序作为司法的原则被反复表达，程序正义的观念逐渐浮现。它包含的基本观念就是：一个人只应受包含论辩的、体现为书面命令才能被审判。[4] 1368年，英国下议院主张：如果不是在法官面前，或写下记录，或依据本国法律颁布的书面文件，一个人可以拒绝对任何问题的回答。

1　徐亚文. 程序正义论［M］. 济南：山东人民出版社，2004（1：2）.

2　E. Coke. Institutes II［M］. I（London：E & R Brooke）1629；R. E. Cushman，"Due process of Law"，Encycropeda of the Social Sciences，Vol. V，pp，264－365.

3　28 Edw. III Ch. 3（1354）.

4　K. Jurow. Untimely Thoughts：A Reconsideration of the Origins of Due Process of Law，19 American Journal of Legal History［M］. P265（1975）.

图 3 - 21　现存世界最早的大宪章

国王认可了这一要求。16 世纪时，柯克用的是普通法上的正当程序（due process of common law），它的含义是所有的法律程序都必须符合这些要求，而不仅限于审判活动。1628 年《权利请愿书》（Petition of Right）用的是正当程序（due process of law）。这一用语后来传到美国，美国《宪法》第 5 条和第 14 条修正案中用的是 "due process"。

在不同个案中，英国法院有时也将自然正义称之为公平竞争（fair play in action）、普遍公平（common fariness）、程序公平（fariness of procedure）、公平审判的基本原则（the fundamental principles of a fair trail）、皮鞭的公平霹雳声（a fair crack of the whip）等。这些词汇并非要强调遵守自然正义是一项义务，相反，它强调一种法庭的行为举止，即司法或准司法的活动开始之后，裁决要求遵循这些原则，除非有相反的规定。

在公元 7 世纪英国初步确立封建制度时，并未成为中央集权的封建制国家，其政治制度的特点是各地区领主或主教享有较大的自治权，领主控制郡法院、百户法院，并沿用盎格鲁-撒克逊人的习惯法，主教控制教会法院并

图 3 - 22　英王约翰签署《大宪章》（版画）

运用宗教法进行审判。地区差异极大。1066 年，诺曼底公爵威廉征服英国之后，着手建立了欧洲第一个以王权为中心的封建中央集权国家，为统一封建制度创造了有利条件。英王亨利二世（1154—1189）进行了法律制度改革，在封建化的过程中统一了各地差异极大的习惯法，并在 13 世纪形成了以判例为主要渊源的普通法。1215 年在大贵族的威逼下，国王约翰签署了《大宪章》，确立了封建贵族和教会僧侣的特权，限制了国王的权力。《大宪章》以限制王权为己任，将国王的权力置于法律之下，它的许多规定如"非经国法判决"包含了人们只应接受已颁布法律的审判的基本含义，开创了以成文法限制王权的先河；而"任何人，无论其财产状况和社会地位如何"，则为把这一原则扩及普通平民提供了可能性。

另外，《大宪章》具有高级法的效力，可以约束其他普通法。1297 年，爱德华一世颁布《宪章确认书》，命令所有的"法官、郡长、市长和其他大臣，凡是由我们任命且听命于我们的执掌王国法律的人们"都要在处理所有诉讼中，将"大宪章"当作普通法来看待，任何审判只要与之矛盾，皆为无效。对于那些通过行动、提供帮助或予以建议而使审判有悖于"大宪章"或在某些方面超越了"大宪章"规定的所有人，大主教和主教都要给他们以"开除教籍的惩罚"。在爱德华三世统治时期，《大宪章》作为高级法的思想达到顶峰。1368 年，在通常的王室确认书以外，国王又以成文法的形式宣布：任何成文法的通过，如与"大宪章"相悖，则为无效。因此，《大宪章》被认为是保护人民自由权利的最早的成文法。

在以后的历史过程中，程序正义往往以"自然正义"的形式呈现。在英国，人们一直将"自然正义"看作是不证自明、毋庸置疑的道德原则。

自然正义首先被视为衡量法律内容正当性的标准，即自然法。16 世纪以前的英国法官和律师将自然正义同自然法并列，指实体正义。当时，上帝之法（the law of God）、自然法（the law of nature）、自然正义（natural justice）是一致的。例如，1614 年英国的戴诉塞威基案件中，一个人不能够成为自己案件的法官，就被当作是自然平等的原则而不加改变。[1] 1870 年，英国菲利普斯诉爱尔案中，案件的争议涉及一项具有溯及力的殖民地的法律，法官威尔士认为"必须承认具有溯及力的法律不当，否则，法律必然丧失公正"。[2]

其次，特指与管辖活动有关的自然法。当自然正义与法律规则的具体运用相联系时，自然正义就是指形式公正（formal justice）与实现公正（substntive justice）相对应，因为即使是一个公正的实体规则，如果不能类似案件相同对待，不同案件区别对待，也会导致不公正。[3]

在司法实践中，自然正义被当作与管辖有关的自然法，用英文表达就是：No man should be a judge in his own case 和 No one should be judged without a hearing，即，任何人都不应该成为自己案件的法官，当事人有陈述和被倾听的权利。因此，要求除去偏见与倾听的权利就成为两个被视为法庭活动的

1　Day v. Savadge（1614）*Hob.* 85.

2　Phillips v. *Eyre*（1870），6 Q. B. 1.

3　H. L. A. Hart, *Concept of Law*（1961），Oxford University Press, p. 155. C. Perelman, *The Idea of Justice*（1963）Rouledge & Kegan Paul, Paul, passim；J. Rawls, A Theory of Justice（1972），Oxford University Press, p. 238, et seq.

关键的、必须的原则。没有它们，就没有法官。这两个基本原则与其他规则——比如法庭必须坐落在公众场所，必须给出判决的理由，判决理由必须建立在经检验的证据上，被告有权质证、获得法律援助等，被法官阿沃瑞（Avory）在 1912 年的贝勒斯上诉案中表达成：Justice must not be done but be seen to be done，即正义必须实现，而且要以看得见的方式实现，这被视为体现自然正义要求的基本原则。[1]

最后，特指程序正义。形式（Formal）与程序（Procedural）的区别是显而易见的：程序是指用来控制法庭诉讼的开端和过程、规范举证活动的规则。法庭常常会将自己具体、有用但未必正义的法庭程序和举证规则与程序正义的原则对照。"当事人有陈述和被倾听的权利"作为法治的基本原则，衍生了其他具体的"技术规则"。例如听证，一个诉讼当事人有权抱怨这种规则本身存在这样或那样的漏洞，但自然正义的原则不允许有任何"技术上"的漏洞。因为，依法审判易，公平审判难。

程序正义的原则有两个，即：任何人都不应当成为自己案件的法官和当事人有陈述和被倾听的权利。这两条原则是在绝大多数文明社会和许多世纪以来都被认同的自然正义的基本原则，甚至可以说是司法科学。

任何人都不应当成为自己案件的法官，这一原则来源于古罗马。在《法学阶梯》第 4 编第 5 章第 1 款（Book 4, title 5, Law 1）或《查士丁尼法典》第 3 编第 5 章第 1 款（Justinian Codex 3,5,1）中首次明确提到这一原则。在罗马法的深刻影响下，英国学者布莱克顿（H. D. Braction, 约 1210—1268）在《关于英国的法和习惯》（*De Legibus et Consuetudinbus Angiae Libre Quinque*）中提出，如果存在任何有关与案件一方有血缘关系或朋友关系，或对案件一方怀有敌意，或与案件一方有服从关系，或是案件一方的拥护者的怀疑，一个法官就不应当审理该案件。英国著名的法制史学家梅特兰（F. W. Maitland）在《英国教会法中的罗马教会法》（*Roman Conan Law in the Church of England*）中提出，这一原则也是法官有关的教会法原则，在英国

1　Just should not only be done, but should manifestly and undoubtedly be seen to be done, in R V. *Byles* (1912) 77 J, p. 40.

的宗教法庭中同样适用。

在英国，一些重要的案件对这一原则做了较好的阐释。在 14 世纪英国普通法中，法官不能审理自己是一方当事人的案件，最早的判例可以追溯到1371 年的里伯案。当时，在一个巡回法庭审理的案件中，两名法官中的一人是案件一方当事人任命的，该名法官因此回避。在 1409 年的威尔士伯爵案中，尽管案件发生于威尔士，但为了公正审理，威尔士伯爵还是到了位于伦敦街的王座法院接受审判。在库克时代，由于封建法庭和皇室特权的存在，特权人物拥有自己的法院，普通法这一原则更具有重要意义。这意味着在解决涉及自己的争端时，寡头们往往自己参与裁决。例如，在 1614 年，德拜伯爵声称有权在自己的领地切斯特法院中解决自己与约翰爵士的纠纷，但库克认为，切斯特的管理者作为当地唯一的裁决者，不能判决他卷入其中的案件。适当的做法就是由国王的大法官法庭来决断。这一原则后来进一步发展成为宪法领域的重要判例。库克等人认为，国王也无权在自己的法庭里裁决自己的案件，而应当把案件委托给一个独立法庭。因此，这一原则具有了限制王权的意义。[1]

1693 年，与德拜伯爵不同的是，首席大法官霍特（C. J. Holt）竭力克制自己，不参加自己法院的一项关于任免法院主要办事人员的权力究竟是属于皇室还是首席法官的争议裁决。开庭后，为了避免偏见，这位法官不穿法袍，坐在被告律师旁的靠椅上当听众。后来，他在 1701 年伦敦市诉伍德一案中，对此解释道："如果一个人在一个案件中既是当事人，又是法官，就违背了所有的正义。因为如果这样，就存在明显矛盾：一方面，当事人会向法官控诉，法官要听取他的控诉；另一方面，当事人会竭力维护自己的意志，当法官的决定违背当事人意愿的时候，法律的权威使得当事人必须遵守法院的判决。但是，一个人可以违背自己的意愿，或强迫自己遵守判决么？"[2] 由于这个原则所包含的说服力，在 1866 年的冉得上诉案以后，就成为普通法中的基本原则。而 1742 年的格瑞特·查特诉肯宁顿·芭若锡案和

1　徐亚文. 程序正义论［M］. 济南：山东人民出版社，2004：12.

2　City of London［M］. v. Wood（1701），12 Mod. 669 at p.687.

1871 年李诉巴德案中表明，即使是议会也不能通过立法改变这一规则。一直到当今的英国司法界，法院仍坚持这一普通法传统，一旦议会的成文法对这一原则的解释存在歧义，法官就会毫不犹豫地遵循普通法的指引。

任何人都不应当成为自己案件的法官旨在祛除偏见。英国普通法将偏见分为个人偏见和社会偏见。这一原则反对的只是个人偏见。法官个人存在有可能影响公平审判的"偏见"。认定一个人有可能盗窃货币和对盗窃行为的厌恶，这两者的区别很大。英国的克尔尼斯（L. Cairns）法官认为，"当一位知名作家或公众人物卷入案件时，法官对他可能会有个人的感情：喜好或厌恶。如果法官使自己屈从这种感情，他就不适合审理这个案件。在法官跨进法庭大门的时候，每一个经过训练的法官就应将他对某一集团、阶层的感情置之度外"。法律反对的就是这种基于个人好恶的"偏见"或"成见"。

但问题是，法官作为一个职业阶层是否具有偏见？社会选择法官首先是一种偏爱，更不用说需要法官的公正和公平了。他们认为如果一个人没有能为所处时代接受的基本道德水准，没有公益或公害的是非观念，没有喜好婚姻反对滥交、喜好诚实反对欺诈、喜好真理反对谎言的偏向，反而认为贫穷好过富裕、无神论好过有神论、怯懦好过勇敢、封建统治好过法治政府，他就根本不配在任何国家担任法官。法官首先要反对盗窃，才能审判盗贼。因此，法官阶层对某类案件的处理的确存在不公平的地方。尤其是迈向法庭的法官们，有时也会展现出人类所固有的空虚、易躁、偏执、傲慢和其他的弱点。因此，法官阶层的偏见是普遍存在的，而这种偏见就需要用自然正义消除。

在英国，当一个被告声称法官对他抱有成见时，陪审团的狄蒲洛克爵士（Sir Diplock）认为，如果，在这样一个简易的程序案件当中，所有的合理考虑都认定：法官独任审判会比陪审团更经济、更有效率，并能导致公正的结果，那么，仅仅是基于被告错误的认识即法官作为一个阶层都对他抱有成见而轻易改变审判程序的话，这可能就是最不公平的事情了。如果使我们的审判模式在这样一种信仰面前摇摆，我们的法治系统就缺乏公正的坚实基础。法官是社会的权威，并运用手中的权力维护社会秩序。他们代表自己所属的时代、教育背景和所属的阶层，通过审理案件来衡平公共利益。法庭对在社会和道德领域引起的法律予以评论，必然会在一定程度上触动法官阶层和法院，促使他们公正处理这类立法引起的案件。与此同时，如果这种审判是轻率的，舆论也会显示出法官的欠缺，引起社会普遍关注，从而促使法官阶层的改进。

英国普通法对"偏见"的存在状态有自己的判断标准。在早期，由于普通法信奉正义不仅要实现，而且要以人们看得见的方式实现，法院也用它来解释偏见。在1866年的冉得和沃斯上诉案中，法官在判决中就主张，偏见是实际上看得见的，至少需真实展示。后来，又再推进一步，认为，只要存在偏见的可能性（probability of bias）就行，只要有影响案件审理的可能的偏见的存在，就足以启动法官回避或案件撤销程序。在1894年的奥林森诉医药委员会长官案中，法官认为："问题不在于他事实上有或没有偏见，对此，法院不可能探究得出来。在行政过程中，无论是被法院，还是被个人意识到，公共决策的制定规程都要求，为了避免产生对行政决定纯洁性的怀疑，任何参与决策的人都不应处于这样一个位置，那就是他被怀疑存在偏见。"在同年的艾克斯勒诉迈锡港务局案中，法官又写道："无论对高等法院的法官，还是对所有法官，原则都是一样的。这个原则就是：他们不仅不应存在偏见，而且，即使他们被证实不存在偏见，他们也不适合在这样的场合担任法官，那就是：人们——无论是否讲理——怀疑他们存有偏见。"在1956年格林姆斯贝上诉案中，首席大法官戈达德（Lord C. J. Goddard）援引以前的判例写道："我们强调的是偏见的真实可能性（a real likelihood of bias）"，而不是确凿的偏见。其重点就是对偏见的存在抱有"合理性怀疑（resonable suspicions）"，法官不交叉询问证人、在私人房间单方面接触当事人或他们的律师等构成存在偏见可能性的理由。对此，克福子爵（Viscount Cave）曾说，如果有一个什么原则使英国法成为整体，这个原则可能是：从事司法活动的每一个成员必须举止公正。如果有成员受制于对争端当事人的偏见（无论是财产的还是其他，是有利还是不利于当事人的），或处于这样一种位置，即偏见已被感知，他就不得参与案件决定，甚至不得坐在法庭上。这种原则不仅应是司法原则，而且应该是任何权威人士和机构——尽管它不被称为法院——在行使裁断权力时必须牢记的、法律的反复训诫。

除此之外，普通法还授予当事人不可剥夺的权利：陈述和被倾听的权利，即使他是十恶不赦的罪犯。伏尔泰曾说：我不同意你的意见，但我以生命捍卫你说话的权利。西方法律推崇法律面前人人平等，这其中首推"陈述和被倾听"的权利。

"当事人有陈述和被倾听的权利"这一谚语源远流长，可以追溯到剑桥大学上诉案。在该案中，本特利被剑桥大学剥夺了学位。他援引剑桥大学的校规认为，自己在被剥夺之前，校方根本就没有倾听自己的意见。法官认为，即使在伊甸园里，当亚当偷吃禁果以后，上帝也将亚当叫到面前，倾听他对处罚的看法。这一案件表明，法院应该坚持这样一个原则，即如果不给利益被决定者倾听的机会，任何裁决者的决定都不应当有效。这个判例确立了一个重要的司法原则，那就是当政府在处罚他人之时，正当的告知、适当的倾听必不可少。1795 年的本和教会上诉案重申了这个原则：除非将利害关系人传唤到面前、到法院，否则诉讼程序无效。以后的案件还确认，如果当事人经传唤不到庭，会被当作行为不端而受惩罚。这个原则在以后的案件中获得反复确认。在 1837 年的柴郡运输委员会上诉案中，王座法院认为治安官对违法者的处罚是一个司法程序。在处罚前，违法者应当获得正式的警告。法院在审理教会、仲裁庭、会员俱乐部对其成员或申请者予以处罚时，也利用这一原则来衡量案件审理的有效性。到了 19 世纪以后，"当事人有陈述和被倾听的权利"这一原则在专业团体、志愿者组织、仲裁庭裁决纠纷时已获得广泛认同。如在 1888 年的库柏诉旺滋沃思建工局案中，依据 1855 年的一部法案，任何要在伦敦盖房屋的人，都应当提前七天通知建工局。建筑师库柏在没有履行手续的情况下就开始建筑。当房屋建到一半的时候，建工局派人捣毁了该房屋。库柏将建工局告上法庭，要求予以损害赔偿。法院认定：尽管建工局拆毁房屋于法有据，但拆房前没有给予被决定者任何被倾听的机会，作为被裁决人，他有权获得损害赔偿。

现代社会，这一原则被表述为："倾听程序的仪式"（service before hearing of the proceedings），是案件审理有效性的条件。在 1953 年的威斯曼诉威廉曼案中，由于妻子离开了丈夫，丈夫就到法院提出离婚。他提出用在当地小镇晚报上登载广告的办法代替"倾听程序的仪式"，这样一来，妻子的亲戚们就会知道他准备离婚，并会把这个消息告诉妻子。法院对此予以支持。但是要求采取明显、合理的步骤将离婚请求告知正在欧洲大陆的联合国善后救济总署或类似机构工作的妻子，案件最后以被告缺席结案，丈夫的离婚请求得以实现。一年后，丈夫再婚，并生育一子，但这时，其妻子又将其告上法庭。上诉法院认为：丈夫没有欺骗法院，司法程序有效。但是，由于疏忽大意，丈夫的行为使妻子反驳离婚请求、对判决提出上诉的权利均遭剥夺。因此，撤销原判决，重审此案。

在 1933 年的《简明权限（上诉）法案》［Summary jurisdiction（appeals）Act］中，该规定更加细化，它要求法院人员不仅必须要将安排好的开庭时间、地点，而且还要将延期的时间告知当事人，以正当的方式告知就是指涉案当事人可以在合理的时间内获得有效的告知。在 1940 年的城市房屋公司诉牛津市政委员会案中，私营的房屋公司在 1933 年从地方政府当局手中购买了部分物业，准备发展自己的房地产生意。城市规划表明，有两条道路要经过这个地段通向市政府，但物业转让合同并没有为市政当局保留在私人地块上建立道路的权利。1934 年，公司告知市政当局，他们准备在自己的地块上建立围墙，并随后修建了围墙。这样，市政当局的路就被阻断了。市政当局当即宣布，根据 1875 年公共卫生法案和 1892 年私人道路工作法案，当局准备在该公司的领地上建立高速公路。市议会还通过决议，拆毁围墙。但法官本利特（J. Bennett）认为，市政府应该告知他们的拆墙决定，并且说明采取这种手段的理由。他判决城市公司可以重新建立围墙。之所以如此，皆因善虽小，如不为，则众生荼毒；恶虽小，如为之，则万苦难熬。唯有充分理解法律定义，还要谨慎周全护卫底线、追求正义，方能使正义不被歪曲覆盖。这一点一滴看似细碎的规定，就是千百年来无数法律精英总结下来的经验教训，此谓"程序正义"，也可叫作"通往正义之路"。

英国的程序正义，看起来非常烦琐，相比之下，法国曾经追求的实体正义却是另一种景象。这不禁使我们回想起那个激情燃烧的法国大革命时期，对此，雅各宾派的领导人罗伯斯庇尔曾经说过，应当彻底除掉那些邪恶的家伙，他们总是密谋反对人权，反对所有人的幸福。这里，我们撷取一个片段看看法国追求实体正义的道路：

1776 年，当美国《独立宣言》传入法国时，法国人立即对它产生兴趣，甚至是崇拜。拉法耶特曾写信给华盛顿，指出他热切地希望法国也会有一个《权利宣言》和一部宪法，他希望在成就这些事情的同时，能够最大限度地令所有人感到满意，并以一种和平的方式进行。杰斐逊向拉法耶特提出建议，制定一个由国王颁布的确认国民权利和保障个人自由的宪章。然而，当时三级会议充满了革命的弥赛亚主义激情，而国家主权的理念已经扎根于多数代表的心里，这些因素都促使革命党人无法与国王达成妥协。于是，一个同时也有利于国王的宣言流产了。

1789 年 7 月 11 日，拉法耶特将第三稿《人权与公民权利宣言》提交给三级会议审议。拉利·多朗达尔告诫人们对此要谨慎。他指出，《人权与公民权利宣言》独立于宪法而存在，实为不妥，因为自然权利不能与实在权利相分离。一个独立于宪法而存在的宣言将会导致虚假的希望，成为蛊惑人心之说的借口，并最终引起社会秩序混乱。但是，在拉法耶特鼓动下，谨慎的思考没能战胜众多代表的激情。7 月 14 日早上，代表们讨论了拉法耶特的动议，遭到来自贵族中最保守阵营的抵抗。争议的焦点在于：宣言应当置于宪法之前以便使宪法连接人权，还是将宣言置于宪法之后，以表明人权是宪法规定的结果。温和派主张仿照英国模式改良君主制度，而激进派则要求全部推翻后重建。部分激进人士，如克雷尼埃尔起草的宣言深受卢梭理念的影响，认为自然权利不需要附上一个冗长的权利清单，他草拟的宣言只有 9 条。温和派为此感到忧虑，他们认为国民议会可能会很快通过一个充斥着革命思想的简短宣言。

对温和派而言，如果此时宣言诞生，将会十分危险，最好是先完成宪法的起草工作。为此，马卢埃从三方面加以论述。首先，他从理论层面分析，认为一个形而上的宣言在立法上不符合逻辑。由于实证法总会对自然法做出调整，不存在不受限制和没有例外的权利。他主张当务之急在于制定一部宪法，而宣告这些抽象的权利将会把人们引入歧途。其次，马卢埃对当时法国社会的不同阶层加以分析，由于无产者处于依附状态，与广义上的来源于自然的自由相比，他们所期待的首先是一份能维持生计的工作、治安状况良好以及一种持久的保护。最后，马卢埃还驳斥了法国应当学习美国模式的

图 3 - 23　处死路易十六

论调。

　　然而，激进派最终占了上风。8 月 4 日，国民议会几乎以全票确定《人权与公民权利宣言》这一名称，同时确认《人权与公民权利宣言》独立于宪法、先于宪法的属性。8 月 20 日至 26 日，国民议会逐条讨论、批准了包括序言在内的全部内容。正如马克埃所料，在这一宣言中，到处充斥着"权利"的话语，这在当时几乎成了时尚。

　　后世的思想家托克维尔对此评论："那时连政治语言也从作家所讲的语言中吸取某些成分；政治语言中充满了一般性的词组、抽象的术语、浮夸之词以及文学句式。这种文风为政治热潮所利用，渗入所有阶级，而且不费吹灰之力，便深入到最下层阶级。早在大革命前，路易十六的敕令便经常提到自然法与人权。"

　　但有话语的流行，并不必要产生真正的效果，反而由于陈义过高倾向于道德理想国导致灾难，针对法国大革命与 1789 年《人权宣言》的核心理念——"自然权利"（自然法），自然法学家登特列夫认为，近代自然法理论根本就不是关于法律的一套理论，而是有关权利的一套理论。在相似的名

图 3-24 法国思想家托克维尔

　　词掩护之下，一番重大的变迁已经发生。尽管自然法的理念产生于古希腊，人们长期认为关于自然法的学说始于荷兰学者格劳秀斯。格劳秀斯是一位唯理主义者，他相信有可能借助严格的逻辑演绎出一套适当的理性法律体系，其效力将会大到足以约束意志。其后的思想家霍布斯、洛克、卢梭等人在著述中都运用了"自然法""自然状态""社会契约"等概念来建构各自的关于个人与国家关系的理论体系。

　　对法国影响深远的社会契约论的基础就是近代自然法观念。这种理论企图将文明社会的产生解释为它的成员审慎的意志行为之结果。社会契约是一个框架，也是一份蓝图，对它的各种不同的解释都有一个共同的特征：它们的起点是个体。这种哲学上的个人主义与启蒙时代的理性主义自然法关系密切。人们宣称，要获得关于法律的清晰知识，就需要一场真正的启蒙。然而，能够提供这样一种启蒙的，不是信仰，而是理性。因为，法律就在理性之中，思辨理性能够从其自身、从对其自身抽象性质的沉思中推导出表现为公理形态的一切法律、一切道德，以及一切正当的来源。在理性主义与启蒙运动的驱使下，关于某种自然状态的学说以及转向文明状态的形形色色的契

图 3-25　罗伯斯庇尔时的断头机

约理论，为国家提供了一个新基础。然而，事实证明这个基础并不可靠，并且存在危险。

　　在雅各宾派运动中，实施暴力的理由就是为了促使人性"回归"真正的自然法。他们认为，人权不仅仅是为了记忆而加以"宣告"，还必须以强力对待"人民的敌人"，以实现人权。在实践中，人民的敌人是那些缺少"美德"的人。罗伯斯庇尔宣称："对人民的敌人施加恐怖是'适用民主基本原则的结果'，而开展大革命的目的是为了确立人权。"然而，具有讽刺意味的是，卢梭在激发起对"人权"的广泛兴趣后，不久就对此不再抱有幻想。在一封写于 1769 年 1 月的信件中，卢梭抱怨"人性"这个美妙的词被过度滥用。

　　托克维尔声称，"人们研究法国革命史就会看到，大革命正是本着卷帙浩繁的评论治国的抽象著作的同一精神进行的：即本着对普遍理论，对完整的立法体系和精确对称的法律的同一爱好；对现存事物的同样蔑视；对理论的同样信任……遵照逻辑法则，依据统一方案，一举彻底改革结构，而不在

图 3 – 26　审判并处死罗伯斯庇尔和圣鞠斯特

枝节上修修补补的同一愿望而进行的。这是何等骇人的景象！因为在作家身上引为美德的东西，在政治家身上有时却是罪恶，那些常使人写出优美著作的事物，却能导致庞大的革命……在法国大革命中，在宗教法规被废除的同时，世俗的法律也被推翻，人类精神完全失去了常态；不知还有什么东西可以攀附，还有什么地方可以栖息，革命家们仿佛属于一个陌生的人种，他们的勇敢简直发展到了疯狂；任何新鲜事物他们都习以为常，任何谨小慎微他们都不屑一顾……"

　　德国公法学家耶里内克在深刻反思《人权宣言》和法国大革命时指出，法国大革命之后的混乱，更多显示的是匆匆忙忙采用外国制度所可能导致的危险。美国与法国革命史的比较研究已经向世人表明了这个道理。1776 年之后的美国实际上是建立在他们已经拥有的长久的历史基础之上，美国各州依据各种权利法案发展成了一个井然有序的联邦。法国人则撕裂了他们国家的框架，他们希望给予自己现在还尚未享有的东西，即 1789 年《人权宣言》的普遍原则所对应的制度。然而，历史告诉我们，在一个国家中巩固国家的因素在另一个国家则可能造成进一步的混乱。

欲速则不达，当公民、法人的权利受到党化后的行政权力的侵夺后而司法权又不能救济时，积压的社会纠纷就会形成像活火山一样的能量潜伏在地下待机爆发，引发社会革命，破坏法制秩序，形成法治灾难，严重危害法治。这就像捷克作家米兰·昆德拉在《玩笑》中的一段话："世人受到乌托邦声音的迷惑，他们拼命挤进天堂的大门。但当大门在身后怦然关上之时，他们却发现自己是在地狱里。这样的时刻使我感到，历史是喜欢开怀大笑的。"是的，这好似玩笑，但回头看却那曾有过的灾难，希冀当中的绝望，怎能不让人泪流满面？

第四章　上帝的馈赠

除匿之镜中的嘴，
屈向自尊的柱石，
手抓囚笼的栅栏；
把你自己献给黑暗，
说出我的名字，把我领向他。

——保罗·策兰

第一节　独立之女神

秘密不在于华尔街，也不在于硅谷；不在于空军，也不在于海军；不在于言论自由，也不在于自由市场——秘密在于长盛不衰的法治及其背后的制度，正是这些让每一个人可以充分发展，而不论是谁在掌权。因为，我们所继承的良好的法律与制度体系——有人说，这是一种由天才们设计，并可由蠢才们运作的体系。

——托马斯·L. 弗里德曼

严格的执法是廉政最坚固的支柱。

——乔治·华盛顿

正常行使刑法和民法，比任何其他情况要有助于在人民的头脑中形成对政府的热爱、尊重和崇敬之情。

——汉密尔顿

美国是当今最强大的国家，它的司法制度也相当出色，并值得研究学习，而美国人民也深深地推崇与爱戴自己的司法制度，并最终演化成对国家的认同。为什么这样？这还要用司法正义有效维护谈起，用孔夫子的话说，足食只是使民信之，能维护正义，即能使民信之，无论贫富大小，悉能独立公正，这才能建构正义的国度。

乔治·华盛顿曾经说过："严格的执法是廉政最坚固的支柱。"而亚历山大·汉密尔顿在《联邦主义者文集》第十七篇中则认为："正常行使刑法和民法，比任何其他情况要有助于在人民的头脑中形成对政府的热爱、尊重和

图 4 - 1 1783 年《美国宪法》通过时的场景

崇敬之情。"然而，只有法官依法断案，并且被他们周围的人一致认为他们是在依法断案，而不是单凭一己的好恶，或遵从权贵的意愿时，公平的裁决才能给国家的正义和稳定带来好处。司法独立提供了一种凝聚人心的观念，使我们思考并健全体制上的保证措施，从而使法官们能够履行这一重要的社会职责。

时至今日，"司法独立"是现代法治社会中一项重要的宪法原则，是现代国家不可或缺的重要组成部分。所谓"司法独立"，是指司法权由司法机关独立行使，不受立法和行政机构干预的政治原则和制度。它有三方面含义：司法机关组织体系独立；法官地位（主要指任期和薪金）由法律设专门条款予以保障；法官依法独立行使司法权，这是司法独立的核心。前两点上章已有所谈及，而第二条在现代社会尤其重要。在众多国家的司法历程中，美国的司法独立具有非常重要的典型意义。

美国的司法独立并不是一蹴而就的，它经历了非常漫长的发展历程。早在殖民地创建之初，不用说司法独立，实际上，它连专门的司法机构都没

204

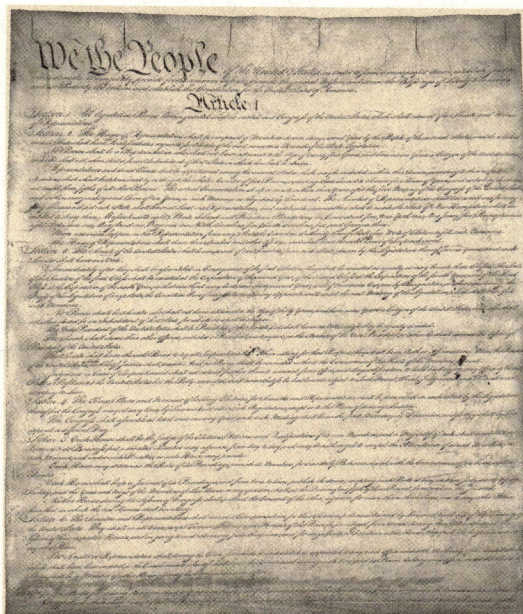

图4-2 《美国宪法》序言

有。也就说，在那个阶段，殖民地的司法事务还未与公共事务相分离[1]，比如说，在马萨诸塞、新泽西、弗吉尼亚等绝大多数殖民地，没有专设司法机构，而是由总督及其顾问机构和议会上院的参事会兼行司法权。为什么会这样？因为在殖民地草创时期，英国殖民当局的目标是扩大殖民疆域，而不是司法机构的设置；同时，人口稀少、诉讼案件不多也是司法机构虚位的重要原因。随着殖民疆域的扩大和移民数量的增多，司法机构先后在各殖民地建立起来。

然而，在美国独立前，无论从组织上还是从职能上来看，各殖民地的司法机关都不是独立的，而是被控制在英国及殖民地行政机关手中，主要表现在以下三个方面：首先，殖民地司法组织体系的非独立性。各殖民地的司法组织呈金字塔形，自下而上依次为：地方行政司法长官，负责处理小型案件；县法院，负责审判一般民事案件和轻罪刑事案件；最高法院（由总督和

1　Lawrence M. Friedman. A History of American Law ［M］. New York：Simon & Schuster, Inc.，1985：37.

参事会兼任），负责初审大额民事案件和重罪刑事案件，并对不服县法院判决的民事和刑事案件拥有上诉审判权。但是，殖民地案件的最高上诉审理权掌握在英国枢密院手中，这是殖民地司法组织非独立性最突出的表现。枢密院"殖民地事务委员会"就不服殖民地最高法院判决的上诉案件向国王和全院提交建议报告，国王据此做出最终裁决，然后以枢密院命令的形式下达至殖民地。[1] 尽管由于交通不便和花费昂贵等因素，英国枢密院实际受理裁决的殖民地上诉案件并不多，但枢密院充任殖民地最高上诉法院这一模式，对殖民地司法制度发展产生了深远影响，它迫使殖民地最高法院在审理初审和上诉案件时，必须使其判决符合英国的法律和利益，否则判决就会面临被修改或推翻的命运。这种体制严重阻碍了殖民地司法向独立方向发展。

其次，殖民地司法权行使的多重性。一方面，殖民地行政和立法机构握有大量司法权。在 18 世纪以前，殖民地议会下院代表议会拥有广泛的司法权，它不仅可以审理某些案件，也可以监督下级法院审判，甚至还可以撤销法院已做出的判决[2]。总督和参事会不仅充当殖民地最高法院，还以"殖民地监护人"的身份充任殖民地衡平法院。[3] 而因为参事会受总督操纵，被称为"总督的婢女"，因此，司法权实际上处于总督的控制之下。另一方面，殖民地司法机关除固有的司法权外，也兼有行政和立法职能，尤以南方殖民地县法院表现为甚。例如，在弗吉尼亚、南卡罗来纳等殖民地，县法院可以发放社会救济金；管理地方贸易和税收；负责道路、桥梁、街道和码头的修建及维护，保证内河航运畅通；有权制定法规法令，为其各项职能的行使提供法律依据等。这种多重性在各殖民地以多重任职的方式普遍存在。如 1762 年，马萨诸塞湾副总督托马斯·哈金森在被任命为最高法院首席大法官时，还兼任参事会成员，萨福克县遗嘱认证法院法官及卡斯特岛民兵司令。虽然是权宜之计，然而，我们知道，人力有时而穷，多重任职难免会使法官在几

1　Charles G. Haines. The American Doctrine of Judicial Supremacy [M]. California：University of California Press，1932：5.

2　George Dargo. Roots of the Republic：A New Perspective on Early American Constitutionalism [M]. New York：Praeger Publishers，Inc.，1974：39 – 40.

3　Ibid.，p. 33.

种岗位上疲于奔命，造成司法水平低下，人民对司法机关信任度降低。

第三，殖民地法官地位不稳定。在英国，1701年《王位继承法》打破了英王对司法的控制，明确规定法官以"行为端正"（during good behavior）标准任职，不得随意罢免。但该法案并未在殖民地实行，而是强调殖民地法官必须由总督按"国王意志"（during king's pleasure）来任免。这种规定虽遭到殖民地反对，但1754年6月，英国贸易部在致北卡罗来纳总督亚瑟·多布斯的训令中明确强调，今后"所有法官……只能以国王意志来委任"，[1]这一原则随后在殖民地被固定下来。同时，英国也不断强化对殖民地法官薪金的控制。按照传统，殖民地法官薪金由代表议会议定，并通过征收必要的税款予以支付。这一惯例使代表议会能够有效控制法官，使其在执法中必须考虑殖民地利益，否则就会冒被代表议会减少薪金的风险。1767年英国颁布的《唐森德法案》规定，今后殖民地法官薪金数量由英国政府决定，从英国在殖民地征收的税款中支出，[2]从而剥夺了殖民地代表议会长期拥有的法官薪金控制权。这一法案不可避免地强化了英国对殖民地司法的行政干预，也严重阻碍了殖民司法的独立发展。

由上述可见，无论从组织体系、权力行使还是从法官地位来看，殖民地司法机关都不是独立的，它完全被控制在英国和殖民地行政当局手中。究其原因，英国强化对殖民地统治是首要原因。加强控制殖民地是英国的一贯政策，而以1763年七年战争结束后尤甚。强化统治的措施之一是加强殖民地总督的权力，控制司法权以压抑人民不满又是其中一项重要内容。在这种情况下，实现司法独立还缺乏必要的外部条件。因为司法独立意味着代表英国利益的总督权力的式微，不利于推行英国强化统治北美殖民地的一系列政策，进而从根本上影响英国的利益。

除此之外，英国混合政府理论的影响是又一重要原因。滥觞于古希腊的混合政府理论认为，国家的稳定有赖于君主制、贵族制和民主制的完美结

1　Joseph H. Smith, "An Independent Judiciary: The Colonial Background," Kermit L. Hall ed.. The Judiciary in American Life [M]. New York: Garland Publishing, Inc., 1987: 591.

2　Barbara A. Black. Massachusettes and the Judges: Judicial Independence in Perspective [M]. Kermit L. Hall, op. cit., p. 62.

合，政府不实行分权，各机构权力既相互混合又相互制约。[1] 这一理论对近代英国宪政影响深远，英王和议会中的贵族院、平民院不仅体现了上述三种政体的混合，而且它们在议会中既共享权力又相互制约。英国宪政中的混合政府思想直接影响了北美殖民地政体的建立，政府中的行政、立法和司法职能在总督、议会和法院三者之间交错混杂，无严格划分。在绝大多数人的观念中，司法是从属于行政的，如著名启蒙思想家潘恩认为，"政府只有两种职能，即制定法律和执行法律，司法行为只不过是行政权力的一个组成部分"。[2] 因此，在混合政府观念支配下，殖民地时期实现司法独立还缺乏必要的理论基础，它还需要新的理论支撑。

但是，英国及殖民地行政当局对殖民地司法的操纵，是以强化对殖民地政治权力的控制为目的的，这就必然与代表殖民地利益的代表议会产生权力冲突。在殖民地时期，绝大多数殖民地代表议会同英国政府及殖民地总督进行了争夺司法权的斗争。

首先是围绕法官任职标准展开的。因为法官是以"国王意志"还是以"行为端正"为标准任职，对保证司法公正和维护殖民地利益是至关重要的。在 18 世纪早期，宾夕法尼亚代表议会就曾通过一项法案，反对法官以"国王意志"标准任职，总督不能随意罢免法官，只有在代表议会确认某位法官行为不端时，才能将其罢免。副总督约翰·埃文斯认为，任免法官是英王授予总督的不可让与的权力，故将该法案否决。在新泽西，1761 年 11 月总督乔赛亚·哈迪虽在代表议会支持下，以"行为端正"的任职标准任命了几名法官，但当英国政府得知哈迪的这一"离经叛道"行为时，迅速将其免职，已被任命的法官被迫辞职。[3] 可见，控制殖民地法官的任职是英国须臾不愿放弃的权力。

与此同时，殖民地还展开殖民地法官薪金控制权的争夺。这以马萨诸塞

---

1 A. J. Beitzinger. A History of American Political Thought ［M］. New York：Harper & Row, Publishers, 1972：16.

2 Raymond Gettell. History of Political Thought ［M］. New York：The Century Co. , 1924：298. 另见 ［英］M. J. C. 维尔. 宪政与分权 ［M］. 苏力，译. 北京：三联书店，1997：49 - 69.

3 J. H. Smith, op. cit. , p. 603.

湾殖民地的斗争表现得最为突出。1772 年初，英国欲在马萨诸塞实施《唐森德法案》，促使矛盾激化。波士顿市镇会议在约翰·汉考克等人的领导下，于 10 月至 12 月期间多次向副总督托马斯·哈金森上书请愿，反对英国在殖民地征税和控制法官薪金，坚持代表议会控制法官薪金的权力，但遭到哈金森的无理拒绝。翌年初，马萨诸塞议会议定了最高法院法官的薪金数量，并将薪金议案上呈哈金森，要求按此议案支付法官薪金。哈金森以需等待英王授权为由，将该议案搁置一边，从而使形势骤然紧张。[1] 1774 年 2 月，马萨诸塞议会以犯有严重罪行和行为不端为由，对公开表态接受英国薪金的最高法院首席法官彼得·奥利弗提出弹劾，但哈金森认为总督和参事会无权审判最高法院首席法官，蛮横驳回了弹劾议案。[2] 马萨诸塞议会争夺法官薪金的斗争暂告失败。

综上所述，我们可以看出：殖民地时期司法机关并未作为独立机构出现，它完全被控制在英国及殖民地行政机关手中。代表议会虽同总督进行过争夺司法权的斗争，但无一例外都失败了。而且就本质而言，斗争的目的并非赋予司法机构独立地位，而是争夺司法控制权。当时绝大多数人的意识中，司法不是也不应该是单一的政府部门，而只是行政机关的附属品。这些都决定了在殖民地时期，司法独立是缺乏实现的必然性的，还属于朦胧阶段，这一点可以从革命与邦联时期美国司法独立的犹豫与彷徨可以看出。

经过革命以后，美利坚合众国建立，殖民地如愿以偿地取得了自己的独立权力，然而，革命并不必然会把社会导向法治的轨道，也不必然获得实际正义。在宪法制定以前革命和邦联时期就是美国司法日趋走向独立的过渡时期。美国独立后，国家政府中没有设置独立的司法机构。第二届大陆会议在 1777 年初成立了"大陆会议上诉委员会"，1780 年初成立了代替该委员会的"捕获物案上诉法院"，并在邦联时期一直作为国家法院负责审理上诉案件，[3] 但它们皆非常设机构，只是在需要审理上诉案件时才被组建。这种国

1　Ibid. , pp. 616 – 621.

2　J. H. Smith, op. cit. , p. 623.

3　William M. Wiecek, "Judicial System," J. R. Greene ed.. Encyclopedia of American Political History [M]. New York：Charles Scribner's Son, 1984, Vol. II, p. 687.

家司法体制未对美国司法的发展产生多大影响，该时期美国司法的主体是各州法院。

革命和邦联时期，除罗德岛、康涅狄格和新泽西三州继续保持殖民地时的宪政结构外，其余十州都涤除了混合政府的宪政原则，确立了三权分立体制，司法也以单一政府机构的形式开始在各州出现。

首先，绝大多数州都建立了组织完善的法院体系。各州法院一般都由基层法院和最高法院两级组成。基层法院审理小额民事案件和轻微刑事案件。最高法院审理本州重大民事和刑事案件，并对不服本州下级法院判决的民事和刑事案件拥有上诉审判权。与殖民地司法体制不同的是，州宪法都把本州案件的终审权赋予了州最高法院，从而使司法机构开始从宪政制度上摆脱了殖民地时期行政机构的干预，有利于司法的组织稳定。

其次，州法官实行专职。一方面，州宪法明令禁止行政官员和立法机关成员担任任何司法官职；另一方面明确规定，除治安法官外，任何法官都不能参与议会事务。[1] 州宪法中的这种规定，是对殖民地时期"多重任职"制度的否定，有力地保障了法官队伍的单一性。

最后，州宪法确立了法官的任职标准。经过美国革命的洗礼，殖民地人民清楚地认识到司法从属于行政是"对人民自由和财产的巨大威胁"，因此，独立后绝大多数州宪法都将法官任免权由行政机关转到立法机关手中，以"行为端正"作为法官的任职标准。[2] 例如，1780年马萨诸塞州《权利宣言》规定，"最高司法法院法官以'行为端正'标准任职，并享有由长期有效的法律所确定的荣誉薪金"；1776年北卡罗来纳州宪法规定，普通法、衡平法最高法院法官、海事法院法官及治安法官都以"行为端正"标准任职，任何法官只有在其执法不公、腐败或违反宪法时，才能由议会或更一高级法院大陪审团通过弹劾予以罢免。[3] "行为端正"标准的确立，是殖民地人民争取法官任职民主化理想的实现，保障了独立后各州法官职位的稳定性。

1　Gordon S. Wood. The Creation of the American Republic, 1776 – 1789 [M]. New York: W. W. Norton & Company, 1972: 160.

2　Ibid., p. 160.

3　J. H. Smith, op. cit., pp. 626 – 628.

革命和邦联时期，州司法机关虽然以单一政府部门的形式出现，摆脱了行政干预，但它在政治上并未实现真正独立。根本原因在于，分权理论的内涵在独立之初和联邦宪法制定后有着本质的不同。独立之初各州分权所借助的是洛克而不是孟德斯鸠的思想，因为州宪法只强调权力的分立而忽视了权力的相互制衡，[1] 因而就不可能杜绝其他政府机关对司法的干预。

首先，州立法机关干预司法是绝大多数州的普遍特点。主要表现为：州立法机关直接充任或部分充任司法机关，如纽约州最高法院的组成人员不仅有司法官员，还包括立法机关上院议长及议员，[2] 佛蒙特立法机关则干脆自任衡平法院，直接参与司法。

其次，州立法机关干预司法机构的审判和裁决。如1783年11月和1784年6月，宾夕法尼亚州两次召开监察官会议，调查宪法所遭到的侵犯，结果发现立法机关对宪法有关司法的规定进行了"明目张胆的违犯"[3]；1875年10月召开的佛蒙特监察官会议经调查认为，其立法机关对司法事务的干预已达到"难以控制"的地步，它不仅可以直接审理案件，还可以延缓法院判决的执行，甚至可以"推翻法院根据正当法律程序所做的裁决"[4]。

最后，州立法机关干预法官的任期和薪金。尽管州宪法都规定了法官"行为端正"的任职标准和固定薪金，但这对立法机关而言似乎毫无约束力。宾夕法尼亚监察官会议就把立法机关时常改变法官薪金当作立法机关违反州宪法的一个重要表现。[5] 佐治亚州议会在1787年规定，重要法官每年任命一次，其他助理法官和治安法官的任免完全取决于立法机关的意愿。[6]

上述说明，独立后州司法机构与其他政府部门相分离的规定还只是停留在"羊皮纸"上，它不过是由殖民地时期行政控制司法的模式变成为立法对

1　James M. Burns et al.. Government by the People［M］. New Jersey：Prentice – Hall, Inc., Englewood, 1975：27.

2　L. M. Friedman, op. cit., p.139.

3　汉密尔顿，杰伊，麦迪逊. 联邦党人文集［M］. 程逢如，在汉，舒逊，译. 北京：商务印书馆，1995：255.

4　C. G. Haines, op. cit., p.78.

5　汉密尔顿，杰伊，麦迪逊. 联邦党人文集［M］. 程逢如，在汉，舒逊，译. 北京：商务印书馆，1995：255.

6　G. S. Wood, op. cit., p.161.

司法的操纵。造成这一状况的主要原因是，独立后各州确立了立法至上体制。美国独立后，革命期间的人民主权思想依旧在人们心中回荡，"人民是一切正当权力的基础这个命题在当时是简直没有争论余地的"[1]。在这种思想指导下，各州人民仍然像殖民地时期那样青睐与信任议会，把它视作人民意志和权利的唯一代表，而对行政和司法机构表现出难以遏制的疑虑。在托马斯·杰斐逊等人看来，司法和行政机构的行为只不过是"反复无常，任性诡诈者的古怪冲动"[2]。因此，尽管绝大多数州都确立了三权分立体制，但名为分权，实为立法至上。在这种情况下，独立后各州议会把在殖民地时期就渴求的司法权控制在自己手中就成为顺理成章的事了。

但是，到邦联后期，司法遭立法干预的困境逐步得以改善，司法独立倾向日益明显。首先得益于众多有识之士开始对立法至上体制展开的猛烈抨击。面对立法至上体制的种种弊端，许多人尤其是一些著名政治家开始变得冷静起来。约翰·亚当斯曾指出，人民权力的过度不仅能诱发混乱，更能导致新的暴政。[3] 杰斐逊在弗吉尼亚备忘录中也尖锐地指出，立法、行政和司法权"集中在同一些人手中，正是专制政体的定义"。他认为，"一个选举的专制政体并不是我们争取的政府，我们所争取的政府不仅以自由的原则为基础，而且其权力也要在几个机构中……划分并保持平衡，以致没有一种权力能超出其合法限度而不被其他权力有效地加以制止和限制"[4]。在许多人眼中，立法机关已用"权力"代替了"权利"，势必摧毁自由政府的根基。凡此对立法至上的种种犀利抨击，使久久萦绕于人们思想中的立法崇拜观念开始幻灭了。

与此同时，司法机关也采取主动行动，向立法至上体制发起了挑战，一些州司法机关开始初步行使"司法审查"权，宣布违反州宪法的立法法令无效。如1784年纽约市法院在审理"拉特格斯诉沃丁顿案"时，宣布《1783

1　查尔斯·梅里亚姆. 美国政治学说史 [M]. 朱曾汶，译. 北京：商务印书馆，1988：29.

2　W. Wiecek, op. cit., p. 685.

3　G. S. Wood, op. cit., p. 404.

4　汉密尔顿，杰伊，麦迪逊. 联邦党人文集 [M]. 程逢如，在汉，舒逊，译. 北京：商务印书馆，1995：254.

年纽约州非法侵入法》无效；1786 年罗德岛最高法院在审理"特里夫特诉威登案"时，宣布该州的一项纸币法违宪；1787 年北卡罗来纳最高法院在审判"贝亚德诉辛格尔顿案"时，宣布州立法机关早先制定的一项没收败产法因违宪而无效。[1] 州司法机关这种努力的实质在于，它们已开始力图在立法至上的宪政体制中寻找自己的独立地位。

18 世纪 80 年代，由于人们对立法至上体制的日渐厌弃和法院自身的努力，司法机关在美国宪政体制中的作用越来越为人们所重视，如何切实保护司法机关的独立地位成为人们瞩目的一个焦点。这时，实现司法独立的时机终于成熟了。

美国司法独立的确立最终因 1787 年联邦宪法的制定而变为现实。联邦宪法从三方面明确规定了司法机构在美国宪政体制中的独立地位。在联邦司法组织方面，联邦宪法规定，"合众国之司法权属于最高法院和国会随时设置之下级法院"（第三条第一项），从而使联邦司法机构的独立地位有了明确的法律保障。在法官地位方面，联邦宪法规定，"最高法院与下级法院之法官如无行为不当得继续任职，并于规定期间领受酬金，该酬金于继续任期内不得减少"（第三条第一项），这使法官任职彻底摆脱了其他政府机构的干预，从根本上保障了法官地位的稳定。在联邦司法管辖权方面，联邦宪法规定，对于"涉及大使、其他使节及领事，以及一州为诉讼一方之案件"，最高法院具有初审权；其他触动联邦宪法、联邦法律（包括成文法与普通法）、已缔结或将来缔结条约的案件，由联邦下级法院初审，最高法院拥有上诉审判权，"唯应受国会所确定之例外与规章之限制"（第三条第二项）。这一规定固定了联邦司法机关的权辖范围，从宪政体制上杜绝了其他政府机构可能对司法权的渗透，使司法权的行使完全独立地掌握在了联邦司法机关手中。

随着 1788 年 7 月联邦宪法的正式生效，独立的联邦司法体制在宪法中确立起来。司法独立之所以能在联邦宪法中最终得到确立，是与 18 世纪 80 年代中期权力制衡思想的发展密切相关的。邦联时期立法至上体制的弊端使

1　G. S. Wood, op. cit., pp. 457–462.

图 4 - 3　美国建国之
父汉密尔顿

许多人认识到，三权分立不应等同于政府三部门之间完全绝对地断绝关系，相反，只有三部门间紧密联系、相互制衡，才能真正实现三权分立，保障人民的自由权利。[1]

　　正是基于权力制衡思想，美国"建国之父"汉密尔顿和麦迪逊等人提出，为使司法机构能够对立法和行政进行有效制约，必须首先保持司法的独立地位。因为与立法和行政部门相比，司法机关力量最弱，它"既无强制，又无意志，而只有判断；而且为实施其判断亦需借助于行政部门的力量"，"司法部门绝对无从成功地反对其他两个部门；故应要求使它能以自保，免受其他两方面的侵犯"[2]。汉密尔顿和麦迪逊等人认为，要实现司法独立，

1　M. J. C. 维尔. 宪政与分权 [M]. 苏力，译. 北京：三联书店，1997：112 - 164.
2　汉密尔顿，杰伊，麦迪逊. 联邦党人文集 [M]. 程逢如，在汉，舒逊，译. 北京：商务印书馆，1995：391.

有两点至关重要：首先，应使法官以"行为端正"为标准终生任职。因为短期任职的法官不仅缺乏从事司法所应具有的素质，而且不论他们"如何任命或由谁任命，均将在一些方面使其独立精神受到影响"[1]。其次，应使法官享有稳定的薪金。正如汉密尔顿所言，"就人类天性之一般情况而言，对某人的生活有控制权，等于对其意志有控制权。在任何置司法人员的财源于立法机关的不时施舍之下的制度中，司法权与立法权的分立将永远无从实现"。法官任期内薪金一经确定不得减少，而且还应随社会发展相应增加，"如此则法官始得确保其生活，不虞其境况的变化而影响其任务的执行"[2]。汉密尔顿和麦迪逊等人的上述思想，打破了长期以来人们不把司法视为独立机构的偏见，突出强调了司法机关在美国宪政体制中的应有地位，从而为联邦宪法确立司法独立奠定了理论基础，提供了制度框架。

根据联邦宪法，第一届国会通过了 1789 年《司法条例》，对联邦司法体制做了明确规定。据此，1790 年 2 月 2 日，联邦最高法院在纽约开庭，独立的联邦司法机构正式开始运作。

虽然联邦宪法明确规定了司法机关的独立地位，但司法独立是否能够得到真正实现还有待于实践的检验。联邦政府成立之初，与总统和国会相比，司法机关的政治地位在一些人眼中还是很低的，许多著名政治家和律师都不愿出任最高法院法官，以至于华盛顿费了几周时间才勉强圈定提交参议院批准的第一批最高法院法官人选。[3] 甚至最高法院的第一次开庭也因法官法定人数不足而延期（原定开庭期为 1790 年 2 月 1 日）举行。

联邦司法机关政治地位如此低下，使其在联邦宪法颁布后一段时期内依然面临着其他政府机构干预的威胁，这种情况在杰斐逊执政之初表现得尤为严重。作为民主共和党的领袖，杰斐逊对联邦党执政时任命的法官抱有很深的成见，他认为"合众国的司法机关像工兵微妙的特种兵部队，经常从地下

1　汉密尔顿，杰伊，麦迪逊. 联邦党人文集［M］. 程逢如，在汉，舒逊，译. 北京：商务印书馆，1995：395.

2　汉密尔顿，杰伊，麦迪逊. 联邦党人文集［M］. 程逢如，在汉，舒逊，译. 北京：商务印书馆，1995：396－397.

3　Patricia C. Acheson. The Supreme Court: America's Judicial Heritage［M］. New York: DODD, Mead & Company, 1961：31. 这跟在当今社会大家对最高法院趋之若鹜不同。

破坏我们联邦结构的基础"[1]。在他眼里，联邦党任命的法官都是"偏私、固执和残忍的人"，他们"遵从的是总统意志而不是法律，并使其理性受制于激情"，他认为，对于这些具有政治倾向性的法官必须加以干预和制约。

面对杰斐逊政府的威胁，联邦司法机关利用强大的宪法盾牌，顶住了诸多干预，巩固了自己的独立地位。在这当中，1803 年联邦最高法院"司法审查"权的行使和 1804—1805 年国会"蔡斯弹劾案"的失败，是美国司法在实践中真正实现独立的两大标志。

1803 年联邦最高法院"司法审查"权的行使又叫"马伯里诉麦迪逊案"（Marbury v. Madison，1803），在美国司法史上地位非常重要。其案情是这样的：1801 年 3 月杰斐逊就任总统后，为打击联邦党在司法机关中的势力，他命令国务卿麦迪逊扣押尚未发出的由其前任总统约翰·亚当斯仓促签署的 17 份"午夜法官"委任状。年底，未接到委任状的马伯里等三人向最高法院上诉，要求最高法院按 1789 年《司法条例》第 13 条的规定，发布执行令状，强制麦迪逊发放他们的委任状。这一棘手的上诉使最高法院处于进退维谷的窘境之中。因为 1789 年《司法条例》第 13 条授权最高法院在"根据法律原则和习惯证明有必要时，可对美国管辖权内的任何法院和担任公职的人颁发令状"，[2] 但是，如果最高法院颁发执行令状，麦迪逊必会置之不理；如果驳回马伯里的上诉，又等于向民主共和党屈服。经过深思熟虑，首席大法官约翰·马歇尔终于制定出一个精明策略。1803 年 2 月 24 日，最高法院公布了马歇尔起草的判决书，裁决马伯里等有权获得委任状，因为委任状的签发合乎法律程序，麦迪逊扣押委任状属侵权行为；但马歇尔又认为，1789 年《司法条例》第 13 条违反了联邦宪法关于最高法院初审权的明确规定，因而是无效的，最高法院不能根据违宪的法律强制麦迪逊发放马伯里等人的委任状。

1　梅利尔·D. 彼得森注释编辑. 杰斐逊集：下册［M］. 刘祚昌，邓红风，译. 上海：上海三联书店，1993：1699.

2　The Judiciary Act of 1789, September 24, 1789, Henry S. Commager and Milton Cantor ed.. Documents of American History［M］. New Jersey：Prentice Hall, Englewood Cliffs, 1988, Vol. I., p. 154.

最高法院对该案的判决，表面上限制了其自身的权力，但这种"小的失利使马歇尔赢得了更大的胜利"，[1] 因为它使最高法院获得了宪法没有明文赋予的司法审查权，即审查国会立法是否违宪的权力，实际上扩大了最高法院的司法权限。在裁决书中，马歇尔强调，"所有制定成文宪法的人，都把自己看作是正在制定国家根本和至上的法律。因此，每个这样的政府都必然会坚信，一项议会立法如违背宪法即是无效的。"马歇尔还指出，"解释法律是司法机关的职权和义务，在特定案件中运用法律的人，必须要阐述和解释法律。如果两个法律相互冲突，法院就必须决定采用哪一个。"如果在一案件中议会立法与宪法相冲突，"宪法是高于任何议会立法的……违宪的法律是无效的，法院和其他部门都应受宪法的约束"[2]。此后，"司法审查"作为一项制度在美国宪政体制中被确立下来，虽多遭非议，饱经沧桑，但历久犹存。它进一步提高了司法机关的政治地位，不仅使法院最大限度地摆脱了立法和行政的干预，以联邦宪法和法律为圭臬独立行使职权，而且也使司法机关能对立法和行政部门予以有效制衡，从而有力地保障了司法独立。

面对民主共和党在"马伯里诉麦迪逊案"中的隐性失败，杰斐逊又授意国会在 1804 年对最高法院法官塞缪尔·蔡斯提起弹劾，试图对联邦党控制的司法机构做再一次打击。蔡斯是美国革命的著名领袖，1796 年被华盛顿任命为最高法院法官。他是坚定的联邦党人，多次公开抨击民主共和党，因而遭致民主共和党的非难。同时，蔡斯因以高压手段执行"处置外侨法"和"惩治煽动叛乱法"，而遭到社会舆论的批评。杰斐逊抓住人们的这一心理，于 1804 年 3 月操纵国会以 8 项罪名对蔡斯提出弹劾，但是经过一年的调查，1805 年 3 月参议院否决了该项弹劾。[3] 从本质上讲，该案是党派斗争的产物，但在客观上形成了政府其他两个部门对司法的干预，损害了司法的独立性。该案结束后，杰斐逊政府放弃了以弹劾干预司法的做法，这表明，在美

1　Robert L. Lineberg et al.. Government in America: People, Politics and Policy [M]. New York: Harper Collins Publishers, Inc., 1991: 617.

2　Malcolm M.. Feeley and Samuel Krislov, Constitutional Law [M]. New York: Harper Collins Publishers, 1990: 30－32.

3　Elder Witt, ed.. The Supreme Court A to Z: A Ready Reference Encyclopedia [M]. Washington, D. C.: Congressional Quarterly Inc., 1993: 198.

国分权制衡的宪政体制中，司法机关已彻底摆脱了其他政府机构对它的控制。

最终，经过"马伯里诉麦迪逊案"和"蔡斯弹劾案"，美国司法机构在获得宪法规定的独立后，又在实践中进一步巩固了自己的独立地位，司法机关真正成为与立法和行政相分离并能对二者进行有效制衡的独立的政府部门，从而给从殖民地时代就开始的司法独立进程画上了一个圆满的句号。[1]

司法独立作为美国政治民主的一项重要内容，它于 19 世纪初的最终确立对美国社会发展产生了深远影响。它使联邦司法部门能以独立"仲裁人"的身份，有效协调联邦和州两级政府间的权力关系，巩固了美国的联邦体制，促进了国家的政治稳定；它加强了司法机关对立法和行政部门的制约与监督，使二者的权力限于宪法明示的范围内，维护了美国分权制衡的宪政原则；它也使美国人民在一定程度上可以利用这一制度维护自己的合法权利（如消除种族隔离和扩大妇女公民权利等）。美国司法独立的确立表明，要建立一个法治社会，必须重视司法体制的完善，重视司法机关对社会的监督作用，唯有这样，才能促进社会文明的进步与发展。

1　朱瑞祥. 美国联邦最高法院判例史程 [M]. 台北：黎明文化公司，1984.

第二节　审查的眼睛

　　大凡认真考虑权力分配方案者必可察觉在分权的政府中，司法部门的任务性质决定该部门对宪法授予的政治权力危害最寡，因其具备的干扰与为害能力最小。行政部门不仅具有荣誉、地位的分配权，而且执掌社会的武力。立法机关不仅掌握财权，且制定公民权利义务的准则。与此相反，司法部门既无军权又无财权，不能支配社会的力量与财富，不能采取任何主动的行动。故可正确断言：司法部门既无强制，又无意志，而只有判断；而且为实施其判断亦需借助于行政部门的力量。

——汉密尔顿

　　美国的司法独立，不仅体现在私法领域具体案件的公正审判，更重要的是对行政与立法公权力的的监督与限制。在美国，它所拥有的这种权力被称为"司法审查"——即联邦法院对联邦政府立法与行政部门的监督。什么叫"司法审查权"？与国会的弹劾与罢免权，以及总统的任命权，或者总统的否决权（与此同时，国会对否决权的复决权）不同，司法审查权在美国《宪法》中并无明文规定。在《宪法》的条文中并没有提到，联邦法院有权审查其他两部门的行为是否合宪，如果违宪，则宣告其无效。

　　从上文我们知道《宪法》第三条第一款创建了美国联邦最高法院，并授权国会创建较低级别的其他联邦法院。《宪法》第三条第二款列举了联邦法院的管辖权，并在最高法院与其他由国会立法设立的低一级的联邦法院之间，进行了管辖权的划分。但在《宪法》第三条中——甚至整个宪法中——

图 4 - 5　美国建国之父詹姆斯·麦迪逊

都找不到授予联邦法院以司法审查权的明文规定。相反，这一司法部门所拥有的最重要的监督权力，正是由于美国联邦最高法院自我宣布"联邦司法部门事实上拥有此项权力"而成立的，最高法院通过其对宪法的解释确立了该项权力。那么最高法院怎么进行司法解释，并怎么行使司法审查权？

　　为此，美国国父们经过讨论在《宪法》第三条第二款赋予联邦法官以广泛的——但是有限的——管辖权。根据第二款之规定，美国联邦法官对九种案件和争议具有管辖权。在日常实践中最重要的三类分别是：（1）对不同成员州的公民之间的纠纷的管辖权；（2）对美国自身是一方当事人的案件的管辖权；（3）由于"适用宪法、美国联邦法律"以及美国参加的国际条约而产生的纠纷。其中，对第三类案件的管辖权——适用宪法产生的纠纷——是最重要的，最高法院正是因此而确立了司法审查权。

　　然而，这个司法权也是受约束的。为了防止权力的滥用，《宪法》第三条又仔细规定了联邦法院管辖权的问题。这一管辖权是指联邦法官受理向其法院正式起诉的特定的案件与纠纷的权力。如果某一案件不属于《宪法》第

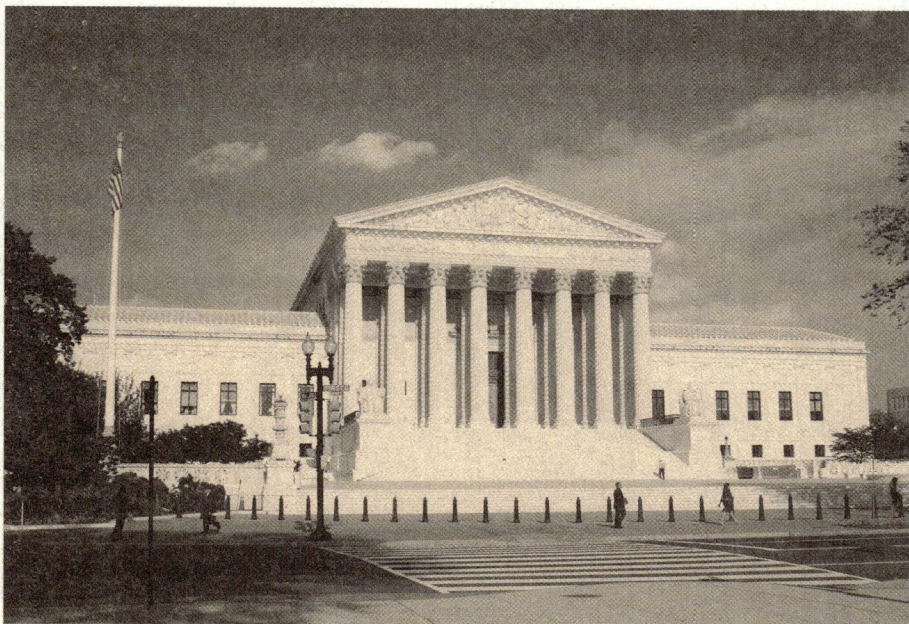

图 4-7　美国最高级别的法院——联邦法院

三条第二款（由《宪法》第十一修正案所修订）所列举的九种类型之一，联邦法院就不具有"对诉讼标的的管辖权"，因而不能受理此案。在这种情况下——当某一联邦法院对案件标的不具有管辖权——则不会发生司法审查的问题，因为联邦法院不能受理此案。并且，即使某一案件属于《宪法》第三条第二款所列举的九种类型之一，联邦法院还是有可能对其不具有管辖权。为什么？因为联邦最高法院曾经做出过司法解释，《宪法》第三条第二款对联邦法院受理某一案件，还有一些默示的行使管辖权的前提条件规定。如果不具备这些默示的管辖权前提条件，案件将被宣告为"不可裁判的争端"而驳回。那么，何为联邦法院受理案件的管辖附加前提条件——即何为"不可裁决的争端"？这类争端有很多，主要有以下几种观点：

　　《宪法》第三条第二款将联邦法院的管辖权限制在对真实案件或纠纷的管辖上。在美国，由于英国的抗辩式诉讼模式，最高法院将此宪法条文的规定解释为，真实的案件或纠纷是指双方当事之间有真实的相互对立的利益关系。如果双方当事人之间没有真实的案件或纠纷，联邦法院将宣布案件缺乏

图 4-8　美国最高法院内部景观

可裁判性而将其驳回。例如，联邦法官将不会受理起诉方即原告没有遭受任何损失或伤害的案件，当被告的行为未造成原告哪怕是一点点的损失，而原告提起诉讼，则原告不具有真正的原告的"法律地位"，联邦法院将不会对案件的实体内容进行审理。[1]

可裁判性的第二个管辖前提条件是指诉讼的时效性。如果原告所遭受的损失尚未发生，并且在将来也不会发生，或者要到将来才发生，那么起诉的案件被称为"时机不成熟的"。联邦法院将不会审理时机不成熟的案件。至于诉讼时效的另一方面，联邦法院对原告的损失已经被给予救济的案件亦不能行使管辖权。此类案件被称之为"已决的案件"。上述内容简而述之，就是联邦法院只能对真实的、现存的案件或纠纷——而不是可能或不可能在将来发生的，或者曾经发生过的但原告所受损失已接受救济的案件或纠纷——行使管辖权。

1　斯蒂芬·K. 奥顿. 从马伯里诉麦迪案到布什诉戈尔案看美国司法审查制度的两百年 [J]. 郭树理，译. 载：法学评论，2002（3）.

　　可裁判性的第三个管辖前提条件是，联邦法法院受理的案件不涉及"政治性问题"。如果美国联邦宪法的条文已经将某些纠纷的裁判权赋予联邦政府的其他两部门之一，则联邦法院不能受理此类案件，而应将其驳回。美国联邦最高法院发展了一整套如何判断某一案件是否因其涉及不可裁判的政治问题而应驳回的方法。这些方法的大部分内容或多或少地归结为，涉诉问题是否为宪法文本划入联邦政府两个民选部门的管辖权限内。

　　可裁判性原理——联邦法官审理某一案件的实体内容的附加前提管辖条件——与《宪法》第三条第二款规定的对诉讼标的管辖权原则一起，限制了非民选的联邦司法部门在民主政府中的作用。正如我们所看到的，这一问题是宪法起草者们辩论的主题之一，这也是联邦法院经常考虑的问题。在1869年的麦克卡特案中，美国联邦最高法院表述道，"拒绝行使未被授予的管辖权，与不折不扣地行使宪法与法律赋予的权限一样，那么，是正确行使司法职能的表现"。[1]

　　也就是说，假设现在有一起案件起诉到了某一联邦法院，法院对此案有管辖权，并且案件是可裁判性的，我们设想被告是联邦政府的某一机构，由于执行某一项拘束原告的行为的联邦法律，原告因此遭受某种损害，其诉称该法律及该政府机构的行为均违反宪法。在正确地考察了案情后，我们假设的这个联邦法官判定原告的诉请有理，判定涉讼的此项联邦法律以及政府机构的执行行为均因违反宪法而无效。

　　那么，是什么给予了联邦法官以权力来执行这样一种司法审查制度？

　　正如前面指出的，司法审查权在宪法中找不到任何规定——或是找不到明文的规定。然而，在亚历山大·汉密尔顿所写的有关呼吁批准宪法草案的文章中，他明确指出，联邦法院应当拥有这种权力。汉密尔顿写道："解释法律是法院正当的、特定的职权，宪法在事实上是基本大法，并且应当被法官们当作基本大法。因此应由他们来阐明宪法的真正含义，以及立法机关通过的任何特别立法的含义。如果上述二者之间发生了冲突，即哪一法律具有

1　斯蒂芬·K. 奥顿. 从马伯里诉麦迪案到布什诉戈尔案看美国司法审查制度的两百年 [J]. 郭树理，译. 法学评论，2002（3）.

最高的效力，从而理应效力优先；或者换而言之，宪法应当比法律优先……"

汉密尔顿的结论是，"违宪的任何立法不得生效"。在其关于司法审查制度的论证过程中，汉密尔顿否定了一些政治领袖们所坚持的一种观点，即每一个联邦政府部门均应有权决定其部门范围之内的行为是否合宪，而无需考虑其他两部门的意见。

1803 年，美国联邦最高法院受理了一起案件，使其有机会决定这一问题。在马伯里诉麦迪逊这一著名的案件中，首席大法官约翰·马歇尔运用了汉密尔顿的推理方法，达成了与汉密尔顿一致的关于联邦法官的司法审查权这一问题的结论。马伯里诉麦迪逊案是美国联邦最高法院所判决的案件中为数不多的最重要的案件之一，该案最终确立了司法审查作为一项宪法原则的地位，通过这一案件，使司法部门由于拥有了对其他两部门进行司法监督的重要权力，而成为与联邦政府其他两部门势均力敌的抗衡者。

简而言之，马歇尔的论证过程如下：联邦政府在成文宪法中规定的权力是有限的、列举的。马歇尔问道，"限制权力的目的是什么？如果这些限制随时可由行使这些权力的人加以自我限制，那么为何还要将这些限制明文规定？"马歇尔回答了他的自我设问，说道："这是一个不证自明的问题，即宪法不允许任何与其矛盾的立法出现。"如果宪法是"高级的、至上的法律"，那么"与其相冲突的立法就不成其为法律"。由于"必须强调，判断何为法律，是司法部门的职责与管辖事项"，马歇尔的结论是，应当由联邦法院来裁判联邦法律与美国宪法之间的冲突，并且宣告与宪法相冲突的法律因违宪而无效。[1]

马歇尔在马伯里一案中的论证及结论，多年来一直遭到一些评论者的批评，有人说马歇尔——与他之前的汉密尔顿一样——轻率地认为任何真理都是不证自明的。正如我们所知，美国宪法对司法审查问题未作规定，但是我们已经看到，《宪法》第三条第一款将美国的司法权扩展到由宪法所产生的

1　史蒂芬·R. 奥顿. 从马伯里诉麦迪逊案到布什诉戈尔案看美国司法审查制度的两百年 [J]. 郭树理，译. 法学评论，2002（3）.

任何案件，因此马歇尔与汉密尔顿的观点基本上是正确的，宪法起草者们意欲使联邦法院拥有由明文宪法建立的联邦政府体制所明确的权力，并且这种权力亦是司法部门在政府体制中发挥作用所需要的。

具有幽默意味的是，马歇尔确立司法审查权的判例中的被告是当时的美国国务卿、宪法之父詹姆士·麦迪逊。更具幽默意味的是，麦迪逊的所作所为服从的是任命他的人，他的朋友——托马斯·杰斐逊总统，后者强烈地反对司法审查制度。杰斐逊坚持认为，联邦政府的每一个部门应有权自由解释宪法对其所规定的限制。就杰斐逊而言，司法审查权可谓是司法部门拥有的凌驾于联邦政府其他两个民选部门之上的——但宪法并未授予其的一种特权。但是在这一问题上，约翰·马歇尔的观点战胜了杰斐逊的观点。事实上，杰斐逊是马歇尔弗吉尼亚州的老乡兼政治对手，还是远房叔伯兄弟。马歇尔的观点通过马伯里一案判决中的一致多数意见得到确认，从此马歇尔确立了美国宪法中的司法审查原则的不可动摇的地位，并且通过马伯里一案，马歇尔一方面加强了联邦司法部门作为与其他两部门抗衡的独立部门的地位，另一方面增加了联邦最高法院作为一个政府机构的威望与声誉。从此，联邦最高法院成为宪法含义的最终裁断者。

现在司法审查的原则已经确立了，剩下的问题是：联邦法院对哪一些政府行为拥有司法审查权？在马伯里诉麦迪逊案二十多年后，还是在首席大法官约翰·马歇尔的领导下，美国联邦最高法院对此问题做出了回答。在马伯里一案中，最高法院已经澄清其有权宣告国会立法违宪。在富莱切尔诉派克案（Fletcher v. Peck）中，最高法院推翻了一项州法律，从而明确了法院有权宣告州政府立法违宪。在马丁诉亨特承租人案（Martin v. Hunter's Lessee）中，最高法院确立了这样一项判例原则，即其不仅有权审查州政府行为是否符合《联邦宪法》，而且有权审查其是否符合《联邦宪法》第三条第二款所规定的其他联邦法律和条约，对成员州最高法院所做出的关于这些事项的不同判决，可以直接向美国联邦最高法院诉请。在柯恩斯诉弗吉尼亚州政府案（Cohens v. Virginia）中，最高法院确认其司法审查权还包括对成员州刑事法庭诉讼程序是否与美国联邦宪法相符的审查权力。

因此，现在已经确立的联邦司法审查权包括以下内容：第一，联邦法院

图 4 - 9　美国第四任最
高法院首席大法官约翰·马
歇尔

是联邦政府其他两部门的行为——国会的行为以及总统与其下属的行为——的合宪性的最终裁定者。第二，联邦法院是成员州立法机关的行为，以及州长及其下属的行为的合宪性的最终裁定者。这一原则在联邦最高法院近年来审理的一些案件中，再次得到了强调，如 1958 年的柯柏诉安龙案（Cooper v. Aaron），该案对美国南部地区对 1954 年及 1955 年审理的布朗诉教育委员会案（Brown v. Board of Education）的判决的普遍抵触情绪，予以了回击。在布朗案中，最高法院宣告了美国公立学校的种族歧视政策违反宪法。第三，联邦法院（特别是最高法院）有权审查州法院的刑事与民事程序法规，以确定这些程序法规是否符合联邦宪法的要求。

直到如今，司法审查的权力可以集中反映在布什诉戈尔案（Bush v. Gore）中，此案结束了当时美国有争议的总统大选。最高法院在该案中的判决建立在平等保护的理由上，最终裁断选举结果对乔治·布什有利。

布什诉戈尔案的众多事实为公众所知悉。在美国，选举总统是通过一种名为"选举团"制度的方式来进行的。《宪法》第二条第一款——由宪法第十二修正案修正并由联邦选举法规所补充——建立了选举总统的机制。在这一程序中，每一个州拥有一些数量的选举代表，由他们来正式选举美国的总统与副总统。每个州选举代表的人数与分配给该州的参议员及众议员的人数一样多。《宪法》第二条第一款授权由州立法来决定总统与副总统选举代表的产生方式。

然而，美国 2000 年的总统大选却出现了非常接近的结果——无论是全国选民的普选结果（选举总统时它并不算数），还是选举团的选举结果（这才是选举总统时唯一算数的）。当最终的官方的选举团选举结果揭晓时，布什有 271 票，戈尔有 267 票。当选总统所需的最少的选举团代表票数必须超过 270 票，而在选举团中没有哪一州的选举票数少于 3 票，因此，只要任何一个州的选举团代表的选票由布什转投戈尔，戈尔将当选美国总统，而布什将还会是得克萨斯州的州长。发生争议的佛罗里达州一共有 25 张选举团选票，如果戈尔赢得这些选票，就足够他轻松地赢得胜利了。

在美国，每一个州都有宪法赋予的权力以及职责——通过法律来决定选举团代表的产生方式，并且一百多年来，每个州的法律都规定州选举团代表由所在州的人民选举产生。所以，当一个得克萨斯州法官到投票站投票，在他的选票上选择戈尔或布什时，他所真正做的是投票决定将代表我投票给他的候选人的选举团的成员。当某一个总统候选人赢得某一个州的选民普选后，他将赢得该州的所有选举团代表的选票，并且这些代表在 12 月 18 日——此时选举团聚会，并投出选举总统与副总统的决定性的、正式的选票——将自然而然地投他的票。

在这一普遍程序上，佛罗里达州与得克萨斯州或其他任何一个州并没有差别。然而由于佛罗里达州选民普选的结果是如此的接近，导致州法律所规定的自动的、机器的重新计票程序启动。在重新计票开始前，布什在佛罗里达州的普选得票领先于戈尔，并且在第一次重新计票后，布什仍然保持领先，但是他的优势已经减少。最后，第一次重新计票的结果起了关键性作用，布什赢得了佛罗里达州的 25 张选举团代表选票，拥有它们，布什赢得了美国总统的宝座。

戈尔对第一次重新计票的结果非常不满。最开始的投票结果显示布什领先戈尔不到 2000 票，并且 600 万张海外选票尚未计算，在第一次重新计票后，布什的领先优势减少为不到 1000 票。戈尔认为在佛里达州的选举过程中有很多不规范的地方，他在州法院提起诉讼，要求进行第二次重新计票，这一次用人工计票，一张一张清点佛罗里达所有选民的选票。随之而来的是一系列诉讼案件及上诉案件，其中佛罗里达州最高法院最后给予了戈尔所想要的救济，判令重新开始手工计票程序，布什则请求美国联邦最高法院介入并判令佛罗里达州最高法院停止重新计票程序。布什诉戈尔案所涉及美国最高法院审查的内容包括：（1）对联邦及州的选举法规的解释；（2）美国总统的选举程序；（3）州政府执行机关澄清影响联邦利益的选举问题的行为；（4）州司法机关在有争议的选举中与此有关的司法行为。换句话说，此案涉及了对州及联邦各级政府行为的审查，这些问题长期以来都是美国最高法院联邦司法审查权的审查范围。

在布什诉戈尔一案的判决中，美国最高法院的意见是五票对四票，乔治·布什获得了他所想要的救济——停止佛罗里达州第二次手工计票程序的命令，简而言之，最高法院的推导方式如下：（1）一旦州法律授予州居民有权选举总统选举团成员，这一选举权就成为一项基本的宪法权利；（2）如果州政府的行为对这一基本权利产生不利影响，这些行为应当接受严格的司法审查；（3）在本案中，佛罗里达州的法律以及佛罗达州法院均没有说明一个明确的标准来进行第二次重新（手工）计票，并且确保每一投票均能以一种平等的方式公平、正确地统计；（4）因此，第二次重新计票，即手工计票，违反了宪法第十四修正案所要求的平等保护以及公正对待——正当程序的要求——该州的每一个投票者。美国最高法院本可将该案发回佛罗里达州最高法院重审，由后者重新发出一道命令，保证手工重新计票能满足平等保护和正当程序的标准，但这种办法存在的主要问题是：事实上时间已经过去了，由联邦法律所规定的 12 月 18 日及 12 月 12 日的最终期限已经到来，因此第二次重新计票，即手工重新计票是不可能的，也没有那么多的时间来开始进行重新计票，并且保证其符合美国宪法的平等保护及正当程序的要求。实际上，针对这个案例的判决书有很多意见：最高法院多数派法官的一致意见，以及四个反对意见——且四个反对意见又各自理由不同。其中史蒂芬·布莱尔的意见最有代表性，他认为布什诉戈尔案引发的是一个不可裁判的政治问题，因此，最高法院本应当驳回诉讼，而不审理其实体问题。

在布莱尔看来，美国宪法和联邦法律均澄清了这是国会的功能，而不是由联邦法院来判断总统大选纠纷。他说："当然，总统大选是重大的国家基本事项，但是这一重要性是政治性的，而不是法律性的。而且最高法院应当抑制其不必要地介入与法律无关的纠纷的想法，因为这样做会危及选举的最终结果……对国会而言，其必须解决这一选举纠纷，无论其是多么棘手和困难，因为它是一个政治机构，比非民选的最高法院更准确地表达了人民的志愿，而人民的志愿正是选举的意义所在。"

考虑到关于司法审查的主要争论所涉及的中心问题，即在民主政府中非民选的司法部门的恰当的作用，布莱尔认为本案仅仅是一个不可裁判的政治问题，应当由人民选出的代表而不是非民选的司法部门来解决。

布莱尔的结论写道，"我担心为使这一久拖不决的恼人的选举过程有一个明确的结果，我们将不能保证充分注意到必要的'对我们自身权力的制衡'，'我们的自我约束'"。大法官布兰迪曾谈及最高法院的责任，"我们所做的最重要的事是不作为"。"最高法院今天所做的，其实并不应该做"。布莱尔在此还指出了另一个重要的问题：对非民选的联邦司法部门的司法审查权的主要制衡来自于法官的自我约束。因为布莱尔相信该案提出的是一个不可裁判的政治问题，他认为最高法院本应当进行自我约束并驳回案件而不触及其实质问题。布莱尔的观点符合上文曾提及的最高法院在麦克卡特案（Ex parte McCardle）中的意见："拒绝行使未被授予的管辖权，与不折不扣地行使宪法与法律赋予的权限一样，是正确行使司法职能的表现。"大法官路易斯·D. 布兰迪也指出，"正如大法官布莱尔所引用过的，美国最高法院所能做的最重要的事情就是'不作为'。我赞成布莱尔的基本观点并同意他的法律结论，假如我是最高法院的一员，我会附和他的反对意见"。

因此，对布什诉戈尔一案的讨论，使我们又回到不仅是司法审查的问题而且还有更广泛意义的美国法治的问题上来。很多法学家、政治家、记者，以及其他观察家认为最高法院在布什诉戈尔案中五票对四票的判决结果是一个实实在在的政治裁决。很多人赞同大法官布莱尔的观点，认为最高法院不应当介入此事件，一些观察家们说道，只有时间能判断最高法院审理此案是否正确，也许将来某一天最高法院将受到赞扬，因为其没有回避一件有困难的案件，并且做出了判决，从而避免了一场更大的宪法危机；另一方面，也许最高法院的形象将因此受到损害，因为多数人民认为其在该案中不正当地行使了司法审查的权力，正如其在多年以前罗切纳时代中创造实质性的、经济性的正当程序时所作所为一样。但是，无论他对此判决满意与否，阿尔·戈尔——这位美国最高法院裁判的失败者，接受了法院的裁决为事件的最终结局，这是他在美国的法治制度下不得不这样做的。[1]

记者托马斯·L·弗雷德曼在 2000 年 12 月 15 日的《纽约时代周刊》上发表短评，他认为最高法院在布什诉戈尔一案中的判决带有政治倾向性。弗雷德曼并未考察最高法院在此案或其他各案中的判决，但是他认为美国强大的关键所在是我们民族对法治的信仰。"判决的失败者接受法治——以及法治背后的制度，为最终的、合法的原则。"弗雷德曼写道：只有通过这种方式——只有当我们重申我们对法律制度的忠诚，甚至即使它对我们不利——制度才能长存、改进并在失误中总结教训。这正是戈尔先生所理解的，在其优雅地退出竞选之际，他说道："这就是美国，我们将国家利益置于党派利益之上。"[2] 可见，司法审查在美国人民心目中影响之深，虽然可能有不同的意见分歧，但只要最高法院做出裁决，人们总会尊重。在新时代，和平已是主流，女神之剑不用以战争等更暴力的形式呈现，正义要发挥作用，终案还要靠人们内心的尊重与认可；美国 200 年司法审查之路，风雨飘摇，矛盾常现，但主线则大致相同，终究是走上了司法审查的正路。

1　任东来，白雪峰，陈伟等. 美国宪政历程：影响美国的 25 个司法大案［M］. 北京：中国法制出版社，2004：471 – 505.

2　托马斯. L. 弗雷德曼. 外交事务：荣誉勋章［J］. 纽约时代周刊，2000 – 12 – 15（A39）.

第三节 克制与能动

法治应包含两重意义：已成立的法律获得普遍的服从，而大家所服从的法律又应该本身是制订得良好的法律。

——亚里士多德

假如有人问我美国的贵族何在，我将毫不迟疑地回答：……美国的贵族是从事律师职业和坐在法官席位上的那些人。

——托克维尔

随着时代的发展，司法审查也会出现超过界线的行为，从而使司法陷入专权的陷阱。毕竟，宪法的制定者、解释者及司法的解释者都只是凡夫俗子，不能像正义女神那样，可以蒙着眼睛，一手持剑，一手提着天平，去衡量正义、实现正义。那只是一个象征。在现实中，正义并不是不证自明，它既体现了司法人员的正义感与专业水平，也受时代风潮、国家结构、党派斗争、经济利益等各种因素的影响，即使是贵为宪法守护者的最高法院也会有彷徨。它们的彷徨就在于司法权到底应该走多远？这实际上就是几百年来，在司法界关于司法能动主义和司法克制主义的争论，其实质就在于界定司法审查权的范围。

司法克制主义（judicial restraint）与司法能动主义（judicial activism）是两种不同的司法哲学，尽管这对孪生概念直到 20 世纪 40 年代末才正式出现于美国学术界，但正如一切社会事物的存在先于社会对它的认识一样，自马歇尔法官起及，或许在此之前，它们就出现于美国司法实践中，并相互交织

图 4 - 10　美国首任总统乔
治·华盛顿

在一起，贯穿美国 200 多年司法审查史的始终。不过，就总体趋势而言，从早期以司法克制为主导到后期司法能动占据主流位置，从原来二者之间的互斥式对抗到近半个世纪的互补式协奏的变化，构成了美国司法审查制度发展演变的显著特点。[1]

　　成立之初的美国最高法院奉行的是司法克制主义，在十几年内没有裁决过任何国会立法或行政行为违宪无效，甚至断然拒绝为政府提供法律咨询。1803 年马伯里诉麦迪逊案首开能动司法审查的先河，不过，在以后的近一个世纪内，最高法院的关注重点始终集中在自身的独立与发展上，对立法权和行政权抱持尊重态度，对能动司法的运用慎之又慎，因为此时法官们把适用议会立法奉为己任，认为"只有当有权立法的机构不仅犯了错误，而且犯了极为明显的错误——如此明显，以至于不再受到理性质疑，法院才能拒绝适

1　同赘. 司法能动性与司法能动主义 [J]. 政法论坛，2011（1）.

用法案"。即使是在立法错误确定无疑的情况下，法官们严格按照宪法的字面意义进行解释，用沃尔夫的话说，此时的司法审查尚处于"传统的"或者说"温和的"阶段。其基本特点是："宪法解释被看作是一种特别的制定法解释……它主要是为了确定各种文件的意义而使用的一套常识性解释规则。解释时，首先看文件用语的通常含义，然后再通过上下文解释它们。上下文包括某条文的其他用词，然后扩展到整个文件更大范围的语境，尤其是关涉文件的结构和主题以及其显然要达到的目的。"一句话，宪法解释和司法审查不是要赋予某个意义模糊的法律条文以明确含义，而是旨在探究、揭示和运用宪法中已经载明的"含义"和"意图"。当时，法律界所认可的一个最基本假设是，宪法具有其起草者给定的、可以确定的含义，这个含义具有至高权威性，宪法解释的目的或目标就在于搞清楚它，"最高法院不过是一部清晰明了的联邦宪法的被动传声筒而已"，司法审查只是在贯彻制宪时代人民的多数意见罢了。如果通过恰当的解释不能探明宪法文件的确切含义，那么司法审查的必要条件也就不具备了。[1]

19 世纪晚期到 20 世纪初期，随着司法独立体制的稳固、司法权自身运作的日趋规范化，司法在国家权力体制中的制约功能开始受到重视，司法机关的自信也逐步增强，法官对待宪法文本的态度和宪法解释方法随之发生变化，于是司法审查的性质出现根本转变。当然，促成这一转变的深层原因还在于法律自身发展规律。诺内特和塞尔兹尼克曾将历史上的法律模式概括为依次为继的三种类型：压制型法、自治型法和回应型法。其中，自治型法与回应型法的一个根本区别是，前者强调法律的封闭性和形式价值，主张法律机构应尽量与世隔绝，以确保自身的安全性和权威性；后者强调法律的开放性和实质价值，主张法律机构应主动应对社会需要，通过广泛参与积极地发挥改造社会的能动作用。19 世纪末 20 世纪初的美国法正处于从自治型法转向回应型法的过渡期，此时的"法院在审理案件时如果仍然就法论法、机械地遵从宪法的简单含糊的条款的话，显然已不再适应经济发展的需要，这时

---

1 聂长建，吴春兰. 司法能力主义，对司法克制主义与司法能动主义的平衡 [J]. 中南大学学报：社会科学版，2012 (1).

考虑实体正义、注重社会公正就自然地成了对法官的要求。"因此，当时的美国法官和学者们纷纷提出，对于新时代出现的许多新情况，当初的宪法制定者是无法预见的，因而不可能反映在宪法的初始文本中，而宪法又不应当也不可能一成不变，所以人们必须根据时代的进步对宪法含义做出与时俱进的解释，不断赋予宪法以新的内涵，只有这样才能保持一部富有生命力的"活的宪法"。要实现这一目的，立法机关的修正案是一种正式而重要的方式，但修正案的立法程序严格而烦琐，需国会参众两院 2/3 投票同意，并由 3/4 的州立法机关投票批准，致使修正案的通过极其艰难。相比之下，通过"非正式"修宪程序即司法机关的能动司法来修正宪法则更为方便易行，"让不具重新选举之忧的 5 个人对某件事表示同意，是比说服国家的立法机关或者大多数州立法机关来得容易。"该时期担任联邦大法官的著名法学家霍姆斯提出的法律社会学和法律实用主义学说，从法理学的角度给司法能动主义提供了正当性论证。他指出，法律的生命不是逻辑，而是经验；由于现实生活是复杂多变的，即使是最伟大的立法者也无法完全预见到未来的变化，这就需要法官判案时结合现实生活经历去理解和发展法律。因此，在填补法律"空隙"这一点上，审判与立法没有区别，不同的只是形式。在法律体系中，具有高度概括性和抽象性的宪法是一个特别不确定的法律领域，尤其需要通过司法性立法来及时厘清其含义模糊之处，弥补其不足。因此，这一时期的宪法解释方法论不再强调对宪法文本含义的探究，转而注重将那些概括性的原则作扩张性解读，以便能够适用于时下的具体案件和社会需要，然后根据案件所涉及的问题给出确切的内容。于是，法官"被赋予权力决定什么政策是最能充分实现宪法的模糊原则。这种新的、更为广泛的宪法解释观点被认为将永恒的宪法原则与不断变化的现实相结合的最好方法"。如果说在此之前的传统司法审查，旨在严格解释与执行宪法所发布的明确命令，故而代表了司法克制主义倾向的话，那么现代司法审查，则强调在包含笼统模糊原则的宪法"缝隙"中进行司法性立法，故而代表了司法能动主义倾向。从此，司法能动主义上升为美国司法界的主流意识形态。[1]

1　程汉大. 司法克制、能动与民主——美国司法审查理论与实践透析［J］. 清华法学，2010（6）.

在能动主义司法哲学的指引下，该时期最高法院大法官充满了自信与自觉，开始积极地行使司法审查权。值得玩味的是，在政治上大法官们却站在保守主义的立场上，因循 19 世纪的传统，固守着已开始盛极转衰的自由放任主义经济哲学，把契约自由、财产所有权奉为不容侵犯的神圣信条，而把公共福利、社会正义等价值置诸脑后，宣布该时期联邦和各州政府为保障劳工阶级正当权益而制定的一系列社会经济立法无效，形成了美国司法史上被称为"洛克纳时代"的第一次司法能动主义浪潮。那时大法官们认为，除非有政府管制的迫切需要，否则在公共福利的旗号下进行的任何经济规制都是不正当的。1923 年，大法官塔夫脱在一个案件中公然宣布："仅仅立法机构宣布某行业与公共利益相关，并不足以证明基于此原因而企图施加的管制的正当性。"言外之意，判断其正当性的终极权威应归属于法院。结果，此时立法机关出台的某些调整经济的立法，诸如劳动时间限制、最低工资、童工法等，都遭到他们的坚决抵制。或许是因为偏执的政治立场，或许是因为 19世纪末 20 世纪初一连串司法能动的成果令大法官们自信过了头而演变成了自负，或许是二者兼有。当 20 世纪 30 年代初罗斯福政府为应对全球性经济危机推出新政改革时，最高法院忘记了三权分立体制下的职能分工、司法和立法的根本区别，宣布政府推出的多数早期新政法律违宪而无效。在当时急需政府积极干预以尽快走出经济困境的紧迫形势下，最高法院不合时宜的蛮横抵制被认为"手伸得过长"，自然不会为政府所接受。加之罗斯福在 1936年大选中以空前的多数票获得总统连任，这说明新政纲领深得民心。罗斯福信心大增，决心挟民意之威与最高法院放手一搏。他根据时任大法官的年龄结构提出了一个"法院填塞计划"（Court‐packing plan），规定如果最高法院的任何一名任职 10 年以上的大法官超过 70 岁仍未打算退休，总统将给该法官任命一名助手协助其工作。据此，总统一共可以向最高法院选派 6 名大法官，足以达到迫使最高法院改变立场、接受新政的目标。或许因为该计划过于激进，隐含着总统独揽大权的危险，或许是担心最高法院将来受制于一时舆论的压力，当计划草案提交给参议院司法委员会审议时，以 70 票对 20票被否决。不过，此事毕竟给予咄咄逼人的激进司法能动主义以当头棒喝，大法官们发热的头脑迅速冷静下来，通过反思自己的经济政策以及司法哲学，退回到了司法谦抑与克制立场，转而支持新政立法，政府的经济规制政策最终获得了胜利。[1] 这次宪政危机说明，司法能动主义与克制主义的分野并不完全对应于政治上的自由主义与保守主义，尽管在逻辑上能动主义与自由主义更为接近，克制主义与保守主义更具亲和性，但"司法能动主义并不总是自由主义的，司法克制主义也不总是保守主义的"，因为能动与克制问题属于司法哲学范畴，指的是"法官在进行自由裁量时享有多大的自由或者受到多大的限制的程度问题"，主要关涉司法与立法、行政的权力关系，表现为司法判决对国会与总统的立法是顺从还是否定；自由与保守问题属于政治哲学范畴，指的是法官判决的实体内容与目标，主要关涉司法的社会政治后果，表现为司法判决对时代潮流、社会舆情是顺应还是逆反。这两组关系的不完全对应性意味着对司法能动与司法克制的利弊得失不能抽象地一概而论，必须根据具体案情和时代环境做具体分析，也说明无论能动还是克制都有其正当理由与合理内核，同时也都在实体价值上暗含着一定的风险，并非必然结出善果，一旦被滥用都有可能给社会带来损害。可见，借助能动与克制的相互钳制以免运用失当是不可缺少的。[2]

在经受了 1937 年"宪法革命"的冲击之后，司法能动主义基本退出了经济管理领域，在此后的一段时间内，最高法院很少对政府规制市场的政策措施进行司法审查。但是，这并不意味着司法能动主义从此偃旗息鼓，因为业已成熟强大起来的美国司法是不会"甘于寂寞"的，现代社会日新月异的需求变化以及新政以来积极宪政的发展趋势也不允许司法"退避三舍"，所以在淡出市场调节领域之后，最高法院又把目光投向了民权领域。实际上，在 1938 年合众国诉卡罗林物产公司案中，支持新政的斯通大法官在判决中写下的"注解四"，已经为司法能动主义的未来发展指明了方向。他写道：在对经济立法或社会立法进行宪法审查时，最高法院应当遵循司法克制的原则，应当遵从立法机关的立法目的和判断。但是以下三种情况属于例外：明

1　任东来，白雪峰，陈伟等. 美国宪政历程：影响美国的 25 个司法大案［M］. 中国司法出版社，2004：162－180.

2　李桂林. 司法能动主义及其实行条件——基于美国司法能动主义的考察［J］. 华东政法大学学报，2010（1）.

显违反人权法案（宪法前十条修正案）某一条款的立法；那些对可撤销不合理法律的政治程序进行限制的立法；直接针对特定宗教、针对民族或种族上的少数人群的歧视性立法。"例外说"不言自明地宣告了在这三个领域最高法院应当继续采取司法能动主义立场。同时，第二次世界大战结束后的美国恰值关注少数弱势群体、追求平等、反对种族性别歧视的自由民权运动勃兴之际，这在客观上又为能动司法提供了大展身手的用武之地。因此，在 20世纪五六十年代，在言论表达自由、种族平等、性别平等、公平选举、刑事被告人权利保障等领域中，沃伦法院将自由主义司法能动发挥到了极致，否定了一大批有害于个人自由的立法，为美国带来了一场史无前例的权利革命。那时的最高法院以其进行社会治理的强烈愿望和大胆开拓精神，俨然以民权的守护神自居，大有取代民选政治机构之势。然而，即使在此时期，司法克制主义因其强调自我抑制和法律程序，在防止司法能动过度膨胀、维护法治和法院权威方面，依旧发挥着自己应有的价值。例如，布莱克原是沃伦法院中的自由派成员，曾支持沃伦完成了许多司法能动的重要判例，随着黑人运动、民权运动愈演愈烈而显露出骚乱危险的征兆时，布莱克转而倾向于司法克制。他多次提出不同意见，致使同伴们对他另眼相看，可布莱克却不为所动，因为在他看来，权利的保障总是同政府权力的有效行使联系在一起的，如果不加限制地一味保障所谓的民权，将会陷社会于无政府主义的混乱之中。在 1965 年考克斯诉路易斯安那州一案中，布莱克在他的保留意见中指出，"宪法并没有剥夺该州依法维持秩序和实现公正的权力，实际上这是它的责任"，考克斯"在法院附近示威抗议"的做法有可能为"狂热、危险而非法的暴徒"对法院施加"强制性的压力"大开方便之门。在涉及议席分配问题的 1962 年贝克诉卡尔一案中，法兰克福特大法官坚持认为，"无视本院司法权有效行使的内在限制而介入本质上属于政治力量之间的冲突……不但注定徒劳无功，而且可能严重损伤本院作为'本国至高法律'最终解释机关之地位，因为诸多必须由本院裁判的法律问题，常与民众的感情紧密相连。本院既不管钱又不握剑，其权威委实深植于民众对本院道德裁判的恒久信赖之上。而此种信赖感须由本院在实然与外表上均完全摆脱政治纠葛，并避免深陷政治决策时政治力量之间的折冲。"沃伦法院的司法能动最终没有越过底线走向极端，并"设法超越了在对待司法审查和民主、自由和平等关系上传统的两难境地"，与部分秉持司法克制主义的大法官们的钳制显然是不无关系的。[1]

1969 年沃伦大法官的退休标志着一个时代的结束，继任的伯格法院将司法能动主义由激进带入了一个较为温和的时期。从推翻立法机关的法律数量看，伯格法院继承了沃伦法院司法能动主义的衣钵。沃伦法院一共宣布了 21 项联邦法律和 150 项州法律无效，而伯格法院推翻了 31 项联邦法律和 288 项州法律，而且被伯格法院宣布无效的法律和沃伦法院宣布违宪的法律同样重要。伯格法院的能动判决延续和巩固了沃伦法院的遗产，把政府权力与个人权利的关系纳入司法审查的重点，强化了言论自由保障，确立了自由优先的审查标准，促进了福利制度的宪法化，在某种程度上使最高法院成为新美国福利国家的监督者。据此，有学者指出，"如果尊重国会是司法克制的酸性检验标准，那么伯格法院的石芯显示出来的颜色和其前任显示出来的颜色几乎一样"；"伯格法院的整个记录——就是能动主义的记录"。不过，伯格时期与沃伦时期的能动主义毕竟有所不同，伯格法院在法理学上似乎有些迷惑不清，它没有自己坚定明确的价值取向，更缺乏有意识地运用法律改造社会的目标追求，被人们讥讽为是一个"共和主义的乡村俱乐部"。它的多数能动判决是通过自由派和保守派左右两派大法官的妥协达成的，这意味着位于中间的温和派往往起着最后决定作用。有时候最高法院还任由社会领域中所观察到的舆论推动着自己，给判决意见打上些许实用主义甚至随波逐流的色彩。从这一点来说，有学者称伯格法院的能动主义为"无根的能动主义"是不无道理的。[2]

进入 20 世纪 80 年代，随着美国政治大气候的变化，保守主义者伦奎斯特于 1986 年接替退休的伯格出任最高法院首席大法官。虽说伦奎斯特法院内部始终存在深刻的分歧（既有自由派和保守派的区分，又有保守派内部新保守主义和旧保守主义两种倾向的不同）甚至呈现某种混乱迹象，自由派的

1　任东来. 论证美国最高法院与司法审查 [J]. 美国研究，2007（2）.
2　施嵩. 美国司法能动主义评析 [J]. 云南大学学报：社会科学版，2010，9（2）.

238

主张主要体现在最高法院重新关注州权的提升与联邦权力的约束，竭力矫正沃伦法院扩张联邦权力的"过度行为"上；保守派的主张主要体现在强调法治下的有限政府在规则适用之前将其内容固定化的必要性，法官的解释只是对规则的适用，只有尊重规则才能限制法官的权力上。不过，总体上保守派一直占据优势，伦奎斯特本人就是一个公认的保守派，早年曾以杰克逊大法官法律助理的身份写过一个备忘录，反对被誉为"美国平等宣言书"的布朗案的判决。他写道，"隔离但是平等"原则是"正确的而且应该被重申"。后在 20 世纪 60 年代初期又积极反对城市公共建设法。因此，回归保守主义成为 80 年代中叶以后美国司法的突出特点。然而，伦奎斯特法院的内部分裂决定了它向保守主义的回归是相当温和的，有趣的是，它的保守主义目的主要是通过能动司法的手段实现的，例如，在联邦与州权的关系上，它根据《宪法》第 10 条修正案有关州立法权保留条款，宣布一批国会立法违宪，从而抑制了联邦政府权力增长的势头，维护和提升了州的权力地位。若是单从否决国会立法的数量来看，伦奎斯特法院共判决 38 个国会立法全部或部分无效，超过了沃伦法院（25 个）与伯格法院（34 个），结果在保守主义意识形态的外衣下，司法审查的领地悄无声息地得到了扩大，最后在干预政治进程的 2000 年总统选举案中，将司法能动推上前所未有的高峰。由此可见，伦奎斯特法院时期严格说来是一个政治上保守的司法能动主义时期。[1]

　　综观美国司法审查历史，时而克制主义略占上风，时而能动主义稍显优势，更经常的是二者纠结一起，呈现某种"混合特色"。因为当某一种倾向位居主流地位时，另一种倾向并非完全销声匿迹，只是暂时退居支流地位并通过钳制主流趋向以免其走得太远的方式发挥作用罢了。因此，在具体案件的审理过程中，经常出现针锋相对、势均力敌的争论，法官一边倒的情形极其罕见，一个案子因争执不下拖延 3—4 年，最后只能以 5∶4 的微弱多数而终结司空见惯。据统计，1949—1973 年间每次开庭所有法官的"不同意见"比例都超过 100%，最多达 200% 以上。甚至同一个法官也经常游移不定，

　　1　王一. 司法能动主义的语境与语义考察——基于美国司法史的梳理［J］. 绍兴文理学院学报，2012（1）.

致使有时候案件的最终判决完全取决于某一中间派大法官投出的关键一票。例如1935—1936年最高法院中的欧文·罗伯茨大法官，伦奎斯特法院中的奥康纳大法官，今日罗伯茨法院中的肯尼迪大法官，都是这样一个举足轻重的角色。在2000年的布什诉戈尔案中，正是中间派大法官奥康纳、肯尼迪的"关键两票"将小布什送进了白宫。可见，司法克制主义与司法能动主义仅仅在理论上代表着光谱系列中的两个对立极端，在实践上法官们所具体面对的并非是一个非此即彼的二维取舍问题。质言之，关键的问题不在于性质区别，而在于程度差异。法院和法官总是自觉不自觉地站在两个极端之间的某个位置上，在此时此案上倾向于克制，而在彼时彼案上倾向于能动，既不存在绝对的司法克制，也不存在绝对的司法能动。可以说，拒绝绝对化既是两种司法哲学能长期共存的原因，又是法官与法院的原则的核心所在。

为什么这样？其实，拒绝绝对化只构成了两种司法哲学得以在相互冲突中长期并存的一个重要但非根本性原因，因为还有两个深层因素更具关键意义。第一，克制与能动都是司法的固有属性：克制是司法的本分，能动是司法的本能；本分自当坚守，本能亦应发挥，两者都具有不容置疑和不可抗拒的合理依据。第二，美国是一个严格实行三权分立和司法独立的宪政国家，司法所受到的外在约束相对较少，法官的宪法解释权和自由裁量权大于其他任何国家，尤其是美国司法审判的民主程序为个体法官的自主判断提供了较大空间，使得少数派法官的立场观点可以通过异议的形式反映在判决书中，保证了各种不同意见都有机会得到表达、产生影响，因此，无论是克制抑或能动都有条件充分展现出来。

不过，一个不容争辩的事实是，随着社会法治文明的进步、司法权的日益强大和司法规范化的不断提高，能动司法日渐强化，逐步上升为美国司法的主流风格，"无论最高法院由哪些人组成，都趋向于增加自己的权力"。与此同时，自伯格法院起司法能动主义也不再如同"洛克纳时代"（1905—1937）那样冲动、高傲与张扬，而是更加审慎、温和与稳健，更加讲究分寸、策略与实效，因为"最高法院已经汲取了历史的教训：只有通过相对谨慎的（根据法院的价值取舍）微调历史发展的轨迹，最高法院才可能对美国现实生活产生最大的影响。相反，如果最高法院投身于那些旨在阻挡强大政治潮流、不顾一切的纲领性宣示，那只会把大法官们牢牢地限制在自以为是的观念内，只会自找麻烦，尤其是在下面的情况下：最高法院扭曲民意、不合时宜的企图引发了民众不满的浪潮，足以冲垮司法构建的大堤。"这意味着早期的两极化思维模式以及克制与能动之间剧烈的正面冲突已成历史，尽管此后对立继续存在，争论仍未终止，有时候大法官们依然需要面对挥舞权杖抑或安分守己两难选择的困扰，但由于司法机关对司法权杖的运用基本做到了进退有制、屈伸适度，二者之间的紧张关系缓和多了，因此，在能动主义趋于强势下，实际是二者相互取长补短、彼此纠偏补正的和声主旋律。所有这些表明，美国的司法审查已由早期克制与能动的互斥式对抗阶段步入了互补式协奏阶段。[1]

然而，在司法审查背后，实践上一直隐藏着的一个矛盾，那就是：作为一个非民权机构怎么跟民选出来的立法与行政机构协调？我们都知道，宪法讲国家主权属于全体人民，但全体人民不可能直接掌握与行使权力，在前面我们也分析过全民掌权会导致全民政治，演化成暴力；司法必须走专业化的道路，但司法的能动主义也好，克制主义也罢，相对于普通人，都太过抽象，在某些情况下，甚至怎么都错，出力不讨好。因此，从刚开始人民就以质疑的眼光盯着司法机关，这其中包括着我们耳熟能详的伟大历史人物，比如杰斐逊、林肯、罗斯福。这几乎成了 200 年司法之路的常见风景，可以说，这个问题的解决，才真正意味着司法独立的成熟，它使司法独立既有合理性，又有合法性。

19 世纪初，马歇尔法院为迅速扭转司法机关的虚弱地位而选择司法能动时，招致了许多人的批评。马伯里诉麦迪逊案判决一出，美国的一家报纸社论就指出："总会有一天人们要质问，为什么法官应该比那些受人民委托立法和执行的人享有更加独立于人民控制的权利？"时任总统托马斯·杰斐逊指责马歇尔法院的法官是在偷偷地瓦解美国宪政大厦的"工兵和坑道工"，并提醒美国人民说，"把法官看作是所有宪法问题的最终仲裁者，将会把我们置于寡头政治的专制之下"；宾夕法尼亚州法院首席法官吉布森尖锐地批

1　李辉. 司法能动主义与司法克制主义的比较分析 [J]. 法律方法，2009（7）.

评最高法院宣布违宪立法无效是司法机关"篡夺立法权"。国会则于 1804 发动了对萨缪尔·蔡斯法官的弹劾，其中虽然掺杂着党派斗争的杂质，但弹劾所依据的宪法理由是最高法院不是一个民主机构，法院的司法审查权构成了对民选国会权威的威胁，具有反民主性质。不过，由于在马伯里诉麦迪逊案之后的 50 年内，最高法院重在巩固马歇尔开拓的疆土，态度谦恭，行事低调，对司法审查权的运用较为谨慎，虽有多个州法律因与联邦宪法相冲突而被认定为无效，但宣布联邦议会法律无效的判例只有可以忽略不计的一个弗雷拉诉联邦案，所以社会反响还不甚强烈。但是，当坦尼法院通过斯科特案否定了国会立法《密苏里协定》之后，最高法院的偏执立场开始引起人们的关注和不满。随后当选总统林肯在就职演说中立足民主，尖锐地批评说："如果一项政府政策是影响到全体人民的重要问题，仍然由最高法院此刻所做出的判决来不可挽回地予以确定，就像在通常情况下决定双方之间的个人行为一样，那么，人民就将丧失对自己的主宰，不得不把整个政府交到那个著名的法院手中。"20 世纪初，总统西奥多·罗斯福在丹佛演讲中也指责法院侵犯了"人民基本的管理权"，他说："法院在我们的政府中占据了一个重要位置，在其他的政府中是绝无仅有的，因为在其他政府中，法院仅仅享有处理争执双方的权力，而在这里，取而代之的是他们审查人民基本的管理权，如同人民通过他们的立法机关和行政官员所行使的一样。"同时，北卡罗来纳州首席大法官沃尔特·克拉克在一所大学演讲时表示，授予法院以司法审查权并非是宪法设计者的意图，"这样的权力在其他任何国家都不存在，并且从来也没有存在过……对民治政府再彻底的否定也不可能将这种毫无制约的权力放在那些非由人民选举并终身任职者的手中。"到 20 世纪 30 年代，"九老院"对新政的顽固阻挠以及此后沃伦法院空前活跃的能动司法，使得司法审查与民主的关系问题迅速成为美国朝野学界的热门话题。1962 年耶鲁大学的宪法学家比克尔教授出版《最小危险部门》一书，提出"司法审查乃是美国民主制度中的一个异常制度""一股反多数主义的力量"，主张法院应秉持"消极美德"（passive virtues）。从此，围绕"反多数难题"（counter – majoritarian problem）的学术辩论步入高潮。许多学者指出，民主是美国宪政体制的基石，多数统治是民主第一要义，而由非民选的最高法院、通过任命产生且任职终身而不要求他们向民众负责的 9 名法官审查民选机构（国会与总统）代表民意制定的法律并可宣布其无效，无疑超越了司法部门的应有权限，侵犯了本应由民主程序管辖的立法决策领域，这是违反民主原则的。这种批评不但来自右翼保守派，也来自左翼自由派，他们都以民主宪政为由，质疑司法审查的正当性和必要性。右翼保守派诅咒沃伦法院是"超级立法者"，认为最高法院日益成为一种"帝王司法"，大声疾呼"废除司法审查，将基本社会政策问题的决定权交回给各州的民众，是我们能够让国家回到政治和社会健康轨道的不二法门"。当时南方各州的右翼保守派试图针对消除学校种族隔离的判决发动弹劾沃伦的群众运动。左翼自由派则批评伦奎斯特法院没有在保护民权方面发挥更大的作用，反而愈益"好斗、任性、集权"，主张用"民粹宪法法"来替代不民主的司法审查，以便让公众"更直接和更公开地参与宪法法的塑造"。2000 年布什诉戈尔案宣判后，673名法学教授联名抗议最高法院的"反民主"做法。拉斯金教授在 2003 年出版的新作《否决民主：最高法院和美国人民》一书中，将最高法院放到了人民的对立面，对保守的最高法院进行了严厉的批评。司法审查"反民主论"在当代的主要理论代表是伊利教授。他认为，司法审查的反民主性是客观存在的，因为法官在司法审查中对宪法进行解读时，或者采用解释主义（interpretivism）方法，即刻意追求宪法的原意，或者采用非解释主义（noninterpretivism）方法，即大量注入法官的主观因素。无论哪种方法，都无法满足当下民主大众的政治要求。

也有学者认为，司法审查与民主并不矛盾。早在美国建国之初，联邦党人就把宪法、国会和人民加以区分，认为宪法所代表的是作为"立宪者"的人民，即人民本身；国会所代表的是作为"立法者"的人民，即人民的代表；人民代表的地位自然低于人民本身，人民代表的权力的行使必须在直接体现人民意志的宪法范围之内。因此，诉诸宪法的司法审查并非反民主，相反，恰恰体现了人民的最高主权地位，"如否认此理，则无异于说：代表的地位反高于所代表的主体。仆役反高于主人，人民的代表反高于人民本身。"19 世纪上期法国学者托克维尔在仔细考察了美国政治法律制度后敏锐地指出，民主内含着"多数暴政"的危险，而司法恰恰是防止这一危险的有效工具，因为法律职业团体和法学家熟悉法律，讲究规范，崇尚秩序，具有审慎稳健的贵族气质，是防止议会专横、抑制民主走向"多数暴政"的强大堡垒。他说："当美国人民任其激情发作，陶醉于理想而忘形时，会感到法学家对他们施有一种无形的约束，使他们冷静和安定下来。法学家秘而不宣地用他们的贵族习性去对抗民主的本能，用他们对古老事物的崇敬去对抗民主对新鲜事物的热爱，用他们的谨慎观点去对抗民主的好大喜功，用他们对规范的爱好去对抗民主对制度的轻视，用他们处事沉着的习惯去对抗民主的急躁。"在当代，仍有许多学者认为，司法审查与民主不但并行不悖，而且可以对民主的缺陷起到必要的矫正和补充作用。例如，纽约大学法学院教授理查德·皮德斯指出，在代议民主制度下，执政党可能会利用其暂时掌握的既有资源，谋求自己再次当选机会的最大化，从而削弱民主竞争的价值，为此必须有一个中间机构负责监督民主政治的结构与过程，这个机构就是最高法院，其主要监督手段就是司法审查。他相信，通过法院对民主进程的监督，可以化解民主失灵问题，使个体的民主权利真正得到保障。希尔斯曼认为，真正的民主不单纯是听从多数人的愿望，"还要保护少数人的权利以反对多数人的专横独断"，而司法审查制度因为能够抑制多数人有时过于多变的欲望，因而恰恰是达到这一目的的手段。国内学者胡伟声称，没有包含司法审查在内的现代司法治度和司法活动，"就没有现代的民主政治"。华盛顿大学法学院教授罗森则更进一步，认为在美国的三权分立架构中，最高法院非但没有反民主，而且是"最民主"的机构。他在 2006 年出版的《最民主的机构：法院如何为美国服务》一书中，一方面通过逻辑推理指出，民主选举难免导致党派两极化而被利益集团所操纵，所以民主具有内在的反竞争性，而最高法院的法官不是由选举产生，身份超脱，因而比民选的国会议员能更好地表达多数人的意愿；另一方面他利用民意调查资料进行了实证，举例说，在 2005 年的一项盖洛普民意调查中，相信或很相信国会者仅占受访者的 22%，相信或很相信最高法院者却超过了 40%。美国政治学家达尔则对最高法院推翻国会立法的历史进行了系统的考察，认为"除了一些短期存在的转型阶段……最高法院不可避免地是占主导地位的国家联盟的一分子"，他由此得出结论说："最高法院里占主导地位的政策观点从来没有长期偏离在国家立法多数派里占主导地位的政策观点"，"最高法院的主要任务是赋予成功的政治联盟所制定的基本政策以正当性"。查尔斯·布莱克法官也认为，"最高法院首要的和最为必要的功能是宣告立法有效，而不是宣告立法无效"，它通过"让人民满意于"政府是在有限权力范围内行使职权而"成了使政府正当化的工具"，并且使人们自愿服从政府决定更加容易实现。

不管怎么说，一个有目共睹的事实是，"反多数""反民主"的理论诘难并没有阻碍司法审查制度的发展。如今，这一制度不但已成为美国民主宪政体制中牢不可摧的一部分，而且走出美国国门，扩散到了世界绝大多数国家。当代美国著名法学家德沃金指出："世界上许多其他民主制国家，包括新成立的以及发展中的国家，都在朝着同一方向前进，即离开多数至上主义而倾向更为有力的司法审查机构，这样的机构将抽象的宪法性保障解释为关于原则的问题。"据张千帆教授对194个国家和地区的最新统计，司法审查制度在世界范围的覆盖率将近90%，其中美洲达100%，欧洲达93%，非洲达98%，亚洲达70%。虽说在不同国家司法审查的主体、对象、程序、模式各具特色，但其维护民主宪政的目的和功能是共同的，效果是良好的，作用是显著的。

在美国，"宪法体现了民主和法治的统一，宪法赋予了民主和法治同样的地位和价值"。最高法院的大法官们作为"宪法代言人的身份在更高的层次上代表了人民的根本意志"。这样，"司法审查与民主，在宪法的平台和框架中，既是两个相辅相成的制度，也是各自独立的价值……这里不是谁要压倒谁的问题，而是相互合作与相互制约的问题"。因为，立国之初，美国一方面通过共和制确认了人民主权原则，据此，最高法院只承受了重大的却是次要的立法解释责任；另一方面，美国又建立了基本法对民意有着绝对控制权的政府制度，据此，最高法院将享有完全的独立。就是说，"美国并没有选择这两者中的任何一种，而是试图取两者之长……这样，美国就有了两个主权者"人民主权与基本法主权（宪法主权）。人民主权的载体是民选机关（国会与总统）及其立法权、决策与管理权，基本法主权的载体是最高法院及其司法审查权。"双主权（dual sovereignty）"宪政结构造就了美国政治文化的二元个性，它既内在地规定了两个主权实体间的相容性，同时又蕴含着双方冲突的不可避免性，因为司法审查的本质是法治，而民主归根结底是一种人治（尽管是多数人之治），二者之间存在固有张力。因此，在美国"宪法的含义从来没有一锤定音，司法的使命从来没有一劳永逸，自我角色地位的磨难从来没有一蹴而就，对最高法院权威的挑战从来没有一刻停息"。也正因如此，才"赋予了最高法院成就伟大事业的机会"。[1]

总之，"民主法治价值均等"原则下的"双主权"宪政结构决定了在美国司法审查与民主是一个对立统一的矛盾平衡体，其中的每一方都无须仰赖对方来证明自己的价值。因为"司法审查和民主都同样履行着反专制职能——如果民主是为了抗衡少数人的专制，那么司法审查是为了抗衡民主体制下的多数人专制。这是为什么在几乎所有宪政国家，司法审查和民主宛如形影不离的孪生兄弟。在这个意义上，司法审查和民主之间虽然存在一定的矛盾，但在本质上是一对相互依存、相互补充和相互制衡的共生体"。这是一种看似不切实际却是富有想象力的精致巧妙的制度安排，要保持这个矛盾平衡体顺利运行，需要相当的政治策略与操作技巧，其中最为关键的是矛盾双方都必须懂得自我谦抑和尊重对方，"这样一种奇怪的安排得以维持，只是因为合作伙伴了解自我约束的意义"。由于美国的制宪者们深受司法机关是"最小危险部门"（实际上的确如此）理念的影响，当初在设计宪法时对如何约束立法权和行政权的措施规定得较为完备，而对司法权的制约措施规定相对不足，因此，要维护法治与民主的平衡，司法机关的自我约束具有特别重要的意义。因为，作为司法之本分的克制和作为司法之本能的能动，对于确保民主与法治二者得兼都是必不可少的，但前提是克制与能动都必须保持适度——如若不然，无论是能动抑或克制，都会因其过度或不及而对民主与法治产生负面作用——其中，相对于民主来说，适度能动可以激活司法的延伸功能，弥补民主本身的潜在不足（如遏制多数人专制，保护"孤立而分散"的少数人权利等），关键时刻还可以化解民主过程中偶尔出现的政治僵局；而适度克制则可以有效避免司法能动流于盲动与妄动，从而给民主过程预留下必要而足够的空间，保证民主决策优势（如协商、妥协、凝聚共识

1　李勤通. 论美国的司法能动主义［D］. 苏州大学硕士论文，2012.

等）的正常发挥，还可以通过对立法和行政机关立法和政策选择的合宪性认定而给予民主过程与结果以正当性支持，促进民主进程。相对于法治来说，不但适度能动可以直接扩大司法权限和提升司法权威，而且适度克制也会产生同样效果，因为克制体现着司法权对立法权和行政权的尊重，因而往往赢得后者的对等性回报，收到"投桃报李"之效，所以"当最高法院试图克制地使用权限时，它却获得了更多的权威"。可见，无论司法能动抑或克制，只要保持适度，对于民主和法治的发展都是一种积极力量。

对于司法克制与能动、民主与法治之间复杂微妙的辩证关系，美国最高法院最初没有也不可能有一个清晰的认识，更不可能准确把握，因为这种关系只有在司法能动与司法克制持续不断的博弈互动过程中才能充分展示出来，只能通过长期不懈的实践探索和经验积累，人们才能逐步掌握它的规律。因此，在早期的美国司法审查中曾多次出现偏差，如最高法院在新政初期为抵制政府立法而采取的过度能动行为，在麦卡锡主义时代为配合政府的冷战政策和政治迫害运动而采取的过度克制行为等，都是有失偏颇的典型例证。但是，自20世纪中叶以后，类似的失误日益减少，无论最高法院选择能动还是克制，都更加冷静理性、注意分寸，基本做到了克制有节、能动有度。至此，正义女神手中的天平才基本恢复平衡，女神的形象才真正矗立在历史的长河当中。怎么让美女与野兽共舞？美国的能动与克制协奏，就给出了一份非常有益的答卷，对于我们这些漫步人生路的司法初学者来说，它值得我们屏住呼吸，认真学习。

参考文献

一、中文书目

1. 弗朗斯·德瓦尔. 黑猩猩的政治——猿类社会中的权力与性［M］. 赵芊里，译. 上海：上海译文出版社，2009.

2. 刘稚. 宗教与习俗［M］. 秦榕，译. 昆明：云南人民出版社，1991.

3. 西格蒙德·弗洛伊德. 图腾与禁忌［M］. 杨庸一，译. 北京：中国民间文艺出版社，1986.

4. 倍松. 图腾主义［M］. 胡愈之，译. 上海：开明书店，1932.

5. 弗雷泽. 魔鬼的律师［M］. 北京：东方出版社，1988.

6. 恩斯特·卡西尔. 人论［M］. 上海：上海译文出版社，1985.

7. H. W. 埃尔曼. 比较法律文化［M］. 贺卫方，高鸿钧，译. 上海：上海三联书店，1990.

8. 罗杰·科特威尔. 法律社会学导论［M］. 潘大松，刘丽君，林燕萍，刘海善，译. 北京：华夏出版社，1989.

9. 博登海默. 法理学——法哲学及其方法［M］. 邓正来，译. 北京：华夏出版社，1987.

10. 梅因. 古代法［M］. 沈景一，译. 北京：商务印书馆，1984.

11. E. 霍贝尔. 原始人的法［M］. 严存生，译. 贵阳：贵州人民出版社，1992.

12. 夏之乾. 神［M］. 上海：上海三联书店，1990.

13. 彼得·斯坦、约翰·香德. 西方社会的法律价值［M］. 王献平，译. 北京：中国人民公安大学出版社，1990.

14. 理查德. A. 波斯纳. 法理学问题［M］. 苏力，译. 北京：中国政法大学出版社，2002.

15. 威廉·伊恩·米勒. 以眼还眼［M］. 郑文龙，廖溢爱，译. 杭州：浙江人民出版社，2009.

16. 理查德·A. 波斯纳. 法律与文学［M］. 李国庆，译. 北京：中国政法大学出版社，2002.

17. 亚里士多德. 政治学［M］. 吴寿彭，译. 北京：商务印书馆，1965.

18. 唐士其. 西方政治思想史［M］. 北京：北京大学出版社，2002.

19. H. 伯尔曼. 法律与革命——西方法律传统的形成［M］. 贺卫方，译. 北京：中国大百科出版社，1993.

20. 罗纳德·L. 约翰斯通. 社会中的宗教［M］. 薛利方，译. 成都：四川人民出版社，1991.

21. 约翰·福蒂斯丘. 论英格兰的法律与政制［M］. 袁瑜琤，译. 北京：北京大学出版社，2008.

22. 叶明德. 政治学［M］. 五南图书出版股份有限公司，2006.

23. 洛克. 政府论：下篇［M］. 叶启芳，瞿菊农，译. 北京：商务印书馆，2007.

24. 孟德斯鸠. 论法的精神：上册［M］. 张雁深，译. 北京：商务印书馆，2004.

25. 霍布斯. 利维坦［M］. 黎思复，黎廷弼，译. 北京：商务印书馆，1997.

26. 弗里德里希·冯·哈耶克. 法律、立法与自由：一卷［M］. 邓正来等，译. 北京：中国大百科全书出版社，2000.

27. 秋风. 立宪的技艺［M］. 北京：北京大学出版社，2005.

28. 戴雪. 英宪精义［M］. 雷宾南，译. 北京：中国法治出版社，2009.

29. 布鲁诺·莱奥尼. 自由与法律［M］. 秋风，译. 长春：吉林人民出版社，2004.

30. 哈罗德·J. 伯尔曼. 法律与宗教 ［M］. 梁治平，译. 北京：中国政法大学出版社，2003.

31. 彭小瑜. 教会法研究：历史与理论 ［M］. 北京：商务印书馆，2003.

二、英文书目

1. Christopher Rowe et al. （eds.）. The Cambridge History of Greek and Roman Political Thought ［M］. Cambridge：Cambridge University Press，2000.

2. Michael Gagarin and Paul Woodruff. Early Greek Political Thought from Homerto the Sophists Salomon ［M］//H. P. and Sassoon, I. S. D., in Saraiva, Antonio Jose. The Marrano Factory. The Portuguese Inquisition and Its New Christians，1536－1765（Brill，2001），Introduction pp. 250.

3. Murphy，Cullen（2012）. God's Jury ［M］. New York：Mariner Books － Houghton，Miflin，Harcourt

4. Medieval Sourcebook： Inquisition－Introduction， http：//www. fordham. edu/Halsall/source/inquisition1. asp

5. Lawrence M. Friedman. A History of American Law ［M］. New York：Simon & Schuster，Inc.，1985.

6. Charles G. Haines. The American Doctrine of Judicial Supremacy ［M］. California：University of California Press，1932.